人事と権力

人事と権力

日銀総裁ポストと中央銀行の独立

軽部謙介

Kensuke Karube

岩波書店

はじめに

少々古い話で恐縮だが、二〇一三年の春、リフレ派の唱道する金融政策に魅せられていた当時の首相、安倍晋三が、「官邸主導」で黒田東彦(はるひこ)を日本銀行の総裁に任命した。

「そうか、こういうやり方があったのか」と妙に感心すると同時に、人事で金融政策の行方が左右され得ることへの疑問がわいた。

黒田は安倍の要望に応えて「異次元緩和」を実行に移した。このとき、日本の統治機構の中に、人事を通じて政治が中央銀行を操るという回路が完成した。ただ、日銀のトップが政治任命(ポリティカル・アポインティ)化されるという事態をどうとらえたらいいのか分からず、それ以降、のどに小骨が刺さったような違和感がずっと続いている。

安倍の行為に対して「法律から逸脱したものではない」、「内閣は人事権を握っているのだからその権限を行使して民主的統制を果たしているだけだ」などの声も聞こえてくる。

しかし、四半世紀前、議論の末に日銀法が改正された意味は小さくない。中央銀行としての独立性が付与され、制度的に政治の世界から一定の距離を置けるようになった。その背景には、時の政権や大蔵省による「日銀支配」で生じた経済のひずみが国民生活に大きな影響を与えたことに対する反省があったはずだ。ならば、政治家が総裁を替えて特定の政策を実行させるというやり方は許されるのか。疑問は膨らんだ。

それから一〇年。安倍が去って官邸の強権的な姿勢はやや弱まったように見える。しかし、日銀総裁に関して言えば、黒田が任期満了を迎えた時の首相、岸田文雄も一年かけた周到な準備の末、次の総裁に植田和男を選んだ。政策転換に向けての意欲は安倍ほどギラギラしたものではないが、それでも二代続けて政治任命の色彩が強く出た人選となった。

日銀の在り方をめぐる歴史的経緯を振り返り、人事と独立性に関する吟味を深める必要があるのではないかという思いが強まった。

この報告はこんな問題意識から出発している。しかし、経済や金融の理論から検証を進めていこうという試みとはなっていない。政治任命化をどう評価するにせよ、まず人事決定のプロセスで何が起こっていたのかを知る必要があると思うので、ファクト・ファインディング(事実の探求)に徹した内容となっている。ジャーナリストの末席に控える者としての責務だからだ。

安倍に投げかけられた「人事権の濫用」とはどんな実態だったのか。政治家によるポリティカル・アポインティ化はなぜ危ういのか。そして、人事を用いて中央銀行の方向性を変えることがなぜ問題となるのか。それらを事実の集積を通じて考えてみたい。

また、人事を通じた権力行使の実態を観察しておくことは、政策の帰結とその責任を考える際の補助線ともなる。この一〇年間の金融政策に関する検証が盛んな昨今、今日的にも重要な意味を有しているだろう。

政治任命化への対抗軸、言い換えればチェック・アンド・バランスの機能はどう発揮されたのか、権力構造にどのような変化が生じているのかなども、事実の探求をベースに計測していく。

この報告の材料としたのは、関係者へのインタビュー、公文書、議事録、メモ、備忘録などだ。「首相動静」をはじめとする新聞記事なども活用しており、記述の根拠は巻末注に収めてある。この数年間で一〇回近くインタビューにお付き合いいただいた方も含め、お話を伺った関係者の数は延べで二〇〇人に迫ったが、官僚や日銀当局の方々の多くは、ニュースソースとしての名前を明らかにしない「バックグラウンド」をインタビューの条件とした。このため、お名前を明示する許可を得たケース以外は文中で情報源の名前は明らかにしていない。ご理解いただければ幸いである。

また、大蔵省は二〇〇一年に財務省へと名称変更された。この報告の中では、「大蔵省(現財務省)」とするのではなく、特に断りをつけずに両方の表記を混在させている。また、報告の中には、『週刊東洋経済』や『週刊新潮』、『NIKKEI Financial』、時事通信社が配信する『炉辺解説』などに発表した記事やコラムを部分的に援用した箇所もある。ご理解を願いたい。なお事実関係は可能な限り裏付けたつもりだが、万一誤認があればそれは筆者の責任である。

登場人物の肩書は原則として当時のものであり、敬称は略させていただいた。議事録などからの引用は、読みやすさを優先し、趣旨が変わらない範囲で修正している箇所も多い。合わせてお許しをいただければと思う。

目次

プロローグ

二〇二三年二月八日は水曜日だった。

午前九時から開催された衆議院予算委員会。経済分野で大きな関心を集めているテーマで質疑が交わされた。中央銀行の次期トップについてだ。

元首相で立憲民主党の野田佳彦（よしひこ）がこう聞いた。

「日銀総裁の人事ですが、どういう人がふさわしいと思うか」

首相の岸田文雄が答えた。

「日銀総裁人事は経済政策の基本的な方向に関わるもので、金融界・経済界から多くの注目を集めている。金融市場に与える影響などに細心の注意を払いつつ、今人選しているところだ。主要国中央銀行トップの緊密な連携、内外の市場関係者に対する質の高い発信力と受信力が格段に重要になってきている。こうした点に十分配慮して人選を行っていきたい(1)」

五年に一度の日銀人事は注目が集まる。金融政策という重要な分野のかじ取りを誰に託すのか――。

岸田の人選は否応なく注視されており、このやりとりを傍聴していたメディア各社は一斉に報じた。

「岸田首相は日銀総裁人事について「中央銀行トップの緊密な連携、市場関係者への質の高い発信力が格段に重要になってきている。これらを十分配慮する」と述べた」(2)

メディアだけではない。市場も、各省庁も、そして国会も、次の総裁が誰になるのか強い関心を寄せた。

この質疑から数時間後、冬の夕暮れが迫る中、国会や首相官邸にほど近い名門ホテルに、何人かの男たちが人目を避けるように入っていった。

彼らはばらばらに到着したが、そのたびにホテルの係員に案内され人目につかない位置にあるエレベーターに乗り込んだ。VIPの出入りに使われることが多く、一般にその存在は知られていない。

この日午前中に岸田が「今人選しているところだ」と答弁した日銀総裁人事は、実はすでに結着していた。これからホテルの一室で行われるのは、二日後に予定されている事実上の公表に向けた最終的な打ち合わせだった。

指定された部屋に集まったのは、官邸から首相首席秘書官の嶋田隆と首相秘書官の宇波弘貴。財務省からは事務次官の茶谷栄治と総括審議官の奥達雄などごく少数の高官。彼らが相対したのは、三人の男たちだった。

彼らは幾分緊張しているように見えた。

一人は東京大学名誉教授で共立女子大学の教授だった植田和男。もう一人は金融庁長官を退任したばかりの氷見野良三。そして最後の一人は日銀理事の内田眞一。

この三人は、岸田から次期正副総裁への就任を要請され、受諾していた。官邸で中心的な役割を果たしている嶋田立ち合いのもと、所管官庁である財務省幹部と日銀新首脳陣の顔合わせのような会合だった。

日銀総裁選びは「秘中の秘」。情報漏れがないように細心の注意を払っている。官邸内でこの案件に関与しているのは、首相の岸田と官房副長官の木原誠二、そして嶋田の三人だけ。官房副長官で内閣人事局長を兼務する栗生(くりゅう)俊一が人事の実務的な作業を担当するが、人選段階ではこの三人以外に事態の展開を知る者はいなかった。首相秘書官などの肩書で各省から出向してきている官僚にも全く悟られないように三人、特に首席秘書官の嶋田は動いてきた。

ただ、報道は過熱気味だった。「日本経済新聞」は二月六日の朝刊で「日銀総裁、雨宮氏に打診」との「スクープ」を放つ。「雨宮氏」というのは、この時副総裁だった雨宮正佳(あまみやまさよし)のこと。総裁人事の下馬評で常に最有力候補とされてきた日銀マンだ(3)。

日銀総裁人事はメディア各社の経済部にとっては落とせない取材テーマだ。他社よりも先駆けて報道することには意味があった(4)。

日銀は幅広い業務を手掛ける。お札の発行とその管理、銀行経営に対する考査、市場の監督と操作——など、日本の金融インフラを支える役割だ。その中でも日銀人事上、最も重視され、エースと目される人材を投入しているのが金融政策をつかさどる「企画局」という部署だ。彼らはよく「企画ライン」という呼び方をされた。企画担当理事—企画局長—企画課長というような人々を指す。

一九七九年入行の雨宮は金融政策を担当する企画第一課長(現企画課長)をつとめ頭角を現す。その後も順調に出世していき、量的緩和、異次元緩和、マイナス金利、イールド・カーブ・コントロール(YCC)などと続く、いわゆる「非伝統的金融政策」の仕掛け人となった。

雨宮は副総裁として黒田の異次元緩和を支えてきた一人だ。当然、黒田の後継レースの先頭を走っているとみられていた。異次元緩和はアベノミクスの中核をなしてきた政策であっただけに、この人選なら安倍派も納得するだろうと、大半の関係者が考えた。二〇二二年七月、銃撃事件でリーダーを欠いた後も安倍派は衆参合わせて約一〇〇人の規模を誇る最大勢力だった。決して無視はできない。

首相官邸は、過熱している報道を横目でにらみながら、情報管理を徹底せねばならなかった。この情報遮断は対マスコミだけではなかった。政府部内でも、日銀の内部でも、そして政治の世界でも、二月初旬に正副総裁三人の名前を正確に言えた者は、岸田、木原、嶋田以外いなかった。

官邸が会合の案内を財務省に伝えたのは前日の七日。この案件には財務省でもごく限られた幹部しか関与していなかったが、彼らはこのとき日時と場所を指定されただけで、財務省事務次官という自分たち事務方のトップが一体誰に会うのか、何の会合なのかも知らされなかったという。

何とか日銀の人事に関しての説明だということが分かったものの、総裁が誰なのかははっきりしなかった。ただ、財務省は「この会合に雨宮は来ない」という情報を得ていた。ということは、総裁は大本命の雨宮ではないということになる。

「だとしたら、消去法で植田さんしかいないだろう」

財務省の幹部たちの予想は的中するが、その段階では「予想」でしかなかった。

結局、財務省が次期正副総裁に誰が就任するのかを正式に官邸から知らされたのは、二月八日夕刻、実際の顔合わせを行なった時だったことになる。

「昔、財金研に在籍していたんですよ」という植田の昔話など、会合はあいさつと雑談で始まった。

「財金研」というのは大蔵省の一部局だった財務金融研究所の通称で、現在の財務総合政策研究所のこと。しばらくして本題に入ると、人目を忍んでホテルの一室に集合した意味合いがよく見えてきた。それは「市場対策」ということだった。

この人選は二月一〇日に与党の幹部に連絡されるというスケジュールだ。政治家に伝えれば事実上の公表に等しい。あとは市場がどのような反応を示すかが問題だ。この日を含めて残りの三日間で、万一この人事情報がどこかから漏れれば、植田たちのところには記者が殺到するだろう。そのときにどういう態度を示し、何をどういう風に発言すればいいのか——。そんなことに関する詰めの作業がこの会合で行われた。

仮に植田が「異次元緩和からの脱却」を強く望んでいるなら、市場が荒れようが、メディアが速報しようが、そう発言すればいいようにも思えるが、やはりマーケットの反応は気になるところだ。特に黒田が打ち出した異次元緩和を継続するのかと問われた場合が焦点になることは明らかだった。

「一刻も早く出口を出るようにする」とか「物価も上がっているので引き締めに転じる」などという答えは市場にとってNGになるだろう。ここは慎重に行くべきではないかという意見に対し、植田はそれをあっさりと受け入れた。実際そんな経済状況でもないと認識しているのだろうと想像させた。想定問答づくりはスムーズだった。

この場にいたメンバーの一人から後日会合の様子を聞かされた政府関係者は「首相官邸と植田の間で、これまでに相当詰めた議論がなされたのだな」と理解した。

一部には、「新総裁が就任するときに、この政策を修正すると発信するべきだ。大きなチャンスだ」との意見もあったようだ。しかし、総裁就任には国会の同意が欠かせない。政治の現状を見れば、そこまで一気に舵を切ることは難しい。これまでの路線を当面は継承していくという姿を見せておくことが重要だというのが官邸側の認識だった。

ホテルの一室に集合したメンバーは、次の議題に移った。「議題」といってもあらかじめ参加者に提示されていたわけではない。かなり即興的な側面もあった。

ただ、このテーマは最初の市場対策よりも、大きく重いものだった。それは「共同声明」の扱いだった。

共同声明というのは正確に言えば、「政府・日本銀行の共同声明」。

二〇一二年暮れ、総選挙に臨んだ自民党総裁の安倍は「デフレからの脱却」を公約の柱に据えて、遊説では「インフレターゲット達成のため、無制限に緩和していく」「建設国債を全額日銀に引き受けさせる」などと訴えた。そのたびに、株は高くなり円安も進行。民主党政権を倒し、首相に返り咲いた。

その直後に作成されたのが「共同声明」だった。日銀は二%の「物価目標」を定め、「できるだけ早期に」達成するとされた。一方政府は財政再建と構造改革への取り組みを求められた。

安倍は米国の先例に倣い、これを好んで「アコード」と呼んだ。アコードは米政府と連邦準備制度理事会（FRB）の間で結ばれた協定。日本での理解とは異なり、FRBの独立性強化が目的の文書だった。ただ、安倍にとってはそんな細かな話はどうでもよかったのだろう[5]。

いずれにしてもこの共同声明で日銀は初めて二%の物価目標、いわゆる「インフレターゲット」を定めた。それまで導入に反対の姿勢を崩さなかった日銀が、政治の圧力に屈した形だった[6]。

安倍統治の八年間を含めて、この共同声明見直しの議論は何回か浮かんでは消えている。一六年八月には黒田と財務相の麻生太郎がわざわざ「共同声明の再確認」を記者団にアピールしていた[7]。またリフレ派の副総裁だった岩田規久男が総裁の黒田に対して「クーデター」を企てたとき、その旗印は消費税増税を封印するための共同声明見直しだった[8]。

このように常に焦点となってきた共同声明をどうするのかが、岸田の選んだ正副次期総裁と財務省の間でいきなり議論されたわけだ。

普通、この手の話は下の者同士の議論を経て、問題点や課題をつぶしながら幹部に上がっていく。しかし、この日は違った。共同声明を継続していくのかどうか、いきなり日銀次期総裁と財務官僚トップの話し合いに持ち込まれたわけだ。

確かに「二%」という目標のみならず「できるだけ早期に」というタイミング的にずれてしまった表現をどうするかは、次期総裁だけでなく日銀全体にとっても大きなテーマだった。一方の財務省にとっても大事な案件であることは間違いがなかった。しかし、結論はすぐに出た。

「共同声明は見直さない」

いきなりの見直しは市場の混乱を招く。しかも共同声明を見直すことになれば、何を、どう修正するのかで、政治を巻き込み大きな議論になるだろう。ホテルの一室で行われた数十分間の議論でできるわけがないという事情もあった。

とりあえず、「見直さない」と打ち出しておいても、新総裁に与えられた時間はいくらでもある。

実は官邸の中には「共同声明を変えるべきだ」という意見があり、それが一部に報じられたこともある[9]。

具体的に日銀や財務省に話が降りてきたわけではなかったし、彼らから「どこを修正するのか」などと問い合わせもなかった。しかし、こう推測できた。

おそらく新総裁になっても、すぐに政策変更というわけにはいかないだろう。引き続きしばらくは黒田の敷いた「異次元緩和」路線を進むことになる。しかし、そうなると「なんだ、それだけか」と新総裁指名のインパクトが薄れる。ならば、官邸としては共同声明を見直して刷新した感じを出したいと思っているのではないかというわけだ。

共同声明の見直しをしないことが、あっさりと決まったことについて、「そりゃそうだろう」と思った官僚もいた。今変える意味がない。植田に対する市場の信認も確立していない。不測の事態を招かないためにも、今はとにかく事を起こさない方がいいに決まっている——。

こんな重大な話をこんなに即席に決めてもいいのかという意見も出そうだったが、日銀の背後には「マーケット参加者」と称する投資家が何千、何万と控えている。中には政策変更を希い、自らのポジションを張り市場で存在感を示す勢力もあった。共同声明をやめる、異次元緩和をやめる、金利を引き上げる——。彼らはそのタイミングを待っていた。

ある当局者は、それで儲けるような連中に材料を与える必要はないと考えていた。彼らを撃退するためにも、そして当面安定的にコトを運んでいくためにも、共同声明の見直しを行わないということを、官邸・財務・日銀の間で明確にするのは必要だとも思えた。

市場対策や共同声明の話をしているとき、財務省側は政治情勢を話に織り交ぜていた。

「緩和姿勢を継続させると明言するのは、そうでないと安倍派の人々を敵に回してしまうので」

詳しい政治情勢の説明ではなかったが、自民党最大派閥の幹部たちは「安倍なきあと」のアベノミクスの庇護者だ。下手に事態をこじらせたら岸田にとっても大変なことになるという警告は、日銀の新しい首脳たちに直ちに理解された。「彼らが政治の中心にいる中で取れる選択肢はそう多くない」

という見立ては一般的だったが、新しい日銀総裁にも政治的な情勢を正確に知っておいてもらうことは、官邸や財務省からみれば必須と思われた。

「学者総裁」には懸念が伴った。一〇年前、安倍が、黒田ではなく、当時、学習院大学教授の岩田規久男を有力候補としたときのことだ。安倍の盟友として財務大臣になっていた麻生太郎が「学者は大組織を運営したことがないからダメ」と強く忠告したのは有名な話だ。学者は政治的な駆け引きにも不得手で関心もないという評価も一般的だった。

顔合わせに出席した幹部からこの日の話し合いについて概略を伝えられたある財務官僚の第一印象は、「国会対策は大丈夫なのか」。学者トップも不安だが、それを支える氷見野も内田も、長年、国会対策でもまれてきたわけではない。

政治の世界は義理と人情、貸しと借りなどという合理性の向こう側で動いている。根回しの順番などを間違えると大変なペナルティをくらうなどというのも理解不能の世界だった。

「政治に対するときは胆力が大事だ」などとアドバイスする国会議員もいたが、「胆力を最大化する定理」などというのはどの経済学の教科書にも載っていなかった。

総裁、副総裁の中に、国会対策などを含めて政治の世界と向き合える人材がいないときついぞ。財務官僚の反応はそういう意味だった。

彼らの懸念は自分たちのプライドの裏返しでもあった。政治家と蜘蛛の巣のように密につながり、「霞が関」で最強の「国会対策力」を誇る財務省から見れば、日銀であれ、他省庁であれ、あるいは自分たちの同僚であっても、政治家と付き合ってなんぼの主計局や主税局育ちでなければ「不十分」に見えた。

正副総裁の情報を知った官僚が国会対策を心配したのは、もっと正確に言えば氷見野に対する心配でもあった。大蔵官僚ではあったが、主計局などでもまれてきたわけではない。国際的な知己は多いし、金融制度や金融システムなどに関する知識は深く広いが、海外生活が長かった分、日本の政治家を熟知しているわけではなさそうだった。

もう一人の副総裁となる内田は「合理的な人」という評判だった。政治家という「非合理」の塊のような人種を相手に駆け引きを駆使できるタイプとは異なっていた。

そうは言っても必要に迫られれば何とかやってくれるだろう。そのためにも政治の現状について知っておいてくれ――。そんな期待を込めての会合でもあった。

極秘ミーティングが終わり、参加メンバーは周囲に気づかれないように外に出た。冬至のころよりもずいぶんと日は長くなってきているとはいえ、刻一刻と周辺の木立はその輪郭が薄闇に溶け始めている。誰かに見つかってはまずい。参加者たちは足早にホテルを離れた。

次期総裁が植田であることを財務省が正式に確認したのは、正式発表の二日前だった。

やはり時代は回ったのだ――。

あの日あの場にいた高官たちは、日銀・大蔵が総裁選びで舞台回ししていた時代を肌感覚で理解できる最後の世代だった。それだけに、「官邸主導」「官の地盤沈下」という現状を思い知らされた。

一〇年前、黒田が選ばれたときも財務省は蚊帳の外だった。人事が権力の源泉であることをよく理解している財務官僚は二回連続でこのような重大事の決定に加われなかったことになる。ちなみに日銀の所管は財務省理財局だ。

八日の夜、岸田は麻生と自民党幹事長の茂木敏充の三人で会食した。官僚や政治家、そしてその周辺にいる人々は翌日の新聞で「首相動静」[10]欄をチェックするのが日課だ。権力者が、誰と、どれくらいの時間会っていたかは重要な情報になる。

彼らは九日の朝刊を見て驚いた。普段は一、二時間で夜の宴席を切り上げる岸田が、麻生、茂木と三人で三時間半にわたり四谷の日本料理屋で過ごしているのだ。異例の長さだ。多くの関係者はここで日銀総裁人事が議論されたのだろうと思った。

「岸田が「実務、学識、国際性のすべてをもつ人でないと難局は乗り切れない」と麻生や茂木に説明したようだ」といった話が出回ったが、岸田周辺は「その前提となる正副総裁の名前は一切出していない」と説明した。

それまでの極秘プロセスを終え、第三二代総裁、正確に言えば総裁候補者が、財務省に初めて紹介され、政治家には引き続き秘匿されたこの日、二〇二三年二月八日はこうして過ぎていった。

その誕生以来、政治に振り回されることが多かった日銀は、一九九八年四月一日施行の新日銀法で独立性を確保したとされた。しかし、二〇一三年の黒田に続き、二三年の植田と、実質的な政治任命が二代続いたことで、人事という回路を通じて中央銀行の独立性が侵されているのか、いないのかの検証は、必要性を増している。そもそも法改正時に「日銀の独立性」と人事の関係はどう議論されたのか。まず、それを吟味するため、時計の針を一九九六年にまで戻すことにする。

第一章　日銀の独立と総裁人事

――「内閣任命」はどう議論されたのか

日本で中央銀行の「独立」がまがりなりにも確保された一九九八年施行の新日銀法。旧法改正の機運が高まったのは、大蔵省の権限を縮小させるという政治的な動機に基づくものだったが、総裁人事が「内閣任命・国会同意」となったのもこの時の議論が出発点になっている。ただ、当時多くの関係者は、引き続き大蔵省や日銀が総裁を選定し、官邸が追認すればいいのではないかと考えていたこともわかる。

「朝合宿」での議論

日本銀行の朝は早い。

日本橋本石町の本店には、午前七時くらいから続々と職員が出勤してくる。幹部たちの黒塗りの車も時折「北門」と通称される出入口から構内に吸い込まれていく。

一九九六年六月二八日。梅雨時の蒸し暑い空気の中、この日の朝も同じような光景が繰り広げられていたが、いつもよりかなり早く玄関をくぐる幹部たちの姿も目についた。

この日はのちに「朝合宿」と呼ばれることになるミーティングの初日。日銀法改正という自分たちの組織の将来を決める重大事の下準備を始めなければならないのだ。

「大蔵省日本橋出張所」などと揶揄されていた日本の中央銀行にとって、ようやくめぐってきた「独立」への好機だった。法改正に向けて詰めるべき点は多数ある。しかし、幹部たちの日中はそれぞれの担当業務で忙しい。そこで、朝の一、二時間を使い準備を本格化させることにした。

一九九〇年代半ばから後半にかけては、大蔵省に対する批判が集中した時期だった。バブル経済が崩壊し、不良債権問題が次第に頭をもたげてくる。小さな金融機関の経営破綻が始まり、住宅金融専門会社、いわゆる「住専問題」をめぐる議論が白熱し、六八五〇億円もの巨額の国費が投入され大きな社会問題となった。九五年九月には大和銀行ニューヨーク支店の巨額損失事件(1)で、大蔵省が事前報告を受けながら米当局に報告せず国際的に批判された。

それと同時に、大蔵官僚たちの様々なスキャンダルが噴出。幹部候補だった東京税関長が破綻した信用組合の理事長と香港旅行に行ったり、主計局次長が接待だけでなく副業で多額の収入を得たりしていたことが発覚した。

大蔵省を改革しなければだめだと、政治の側から様々な対応策が検討されたが、最初の「標的」に選ばれたのは日銀法改正だった。

まだバブルが崩壊して間もない時期。[2] 二信組問題[3]など、不良債権にまみれた金融機関からは腐臭が立ち上ってきていた。

なんでこんなことになったんだ、それはバブルが崩壊したからだ、なぜバブルが崩壊したんだ、それはバブルが形成されたからだ、それではバブルが形成されたのはなぜか、それは大蔵省が日銀を指揮できるとの権限を背景に日銀に金融緩和の圧力をかけ続けたからだ——。

戦時中はともかく、戦後の日銀の歴史をみても、一万田尚登（いちまだひさと）のような一種独特のパーソナリティを有する総裁の時代は別として、基本的には政府の圧力に日銀が従うという力関係が継続されてきた。政治家と日銀総裁の関係に大蔵省（現財務省）が絡み、露骨な政治介入と相まって、実体経済にも多大な影響が及んだ。円の切り上げとインフレ、プラザ合意とバブルの生成などだ。

そんな認識が広がり、「ならば日銀法を改正して大蔵省の権限を排し、中央銀行としての独立性を与えればいいのではないか」という思考回路のもと、自民、社会、さきがけの与党三党はプロジェクトチームをつくり検討を開始した。当時の自民党政調会長をつとめていた山崎拓はこう回顧する。

「〔日銀法改正は〕橋本〔龍太郎〕総理が言い出したのではないか。少なくとも、私でも加藤さん〔紘一自民党幹事長〕でもない。〔大蔵省改革で〕最初に橋本さんと話をしていたころ、日銀法改正の話はなかっ

た。途中から橋本さんが日銀法改正があるんじゃないかと教えてくれた」(4)(〔　〕内筆者、以下同)

当時の大蔵省銀行局長、山口公生はのちにこう話している。

「これまでの大蔵省と日銀との関係についていえば、大蔵省が政府として日銀の政策判断に何らかの影響力をもっていたことは事実だと思います」

「今回の法改正で最も問題となったのは、日銀の政府からの独立性をどうするか。それから、具体的には国の経済政策との整合性をどう規定するか。日銀の組織形態をどうするか。予算の認可制度を変えるか。政府の議決延期権を認めるかなどでありました(5)」

当時銀行局に在籍しこの問題を担当していた官僚はこう振り返る。

「省内で日銀法の問題について議論してこちらから仕掛けたわけではない。政治の方から日銀法を変えるべきだという意見がでてきてからの準備だった」

ただ、動機はどうであれ、日銀法改正に向けて動きが顕在化してきた(6)。

急に動き出した政治を横目に見ながら、日銀も態勢を強化した。法改正に向けた準備チームをつくり、実務問題の担当に「企画課長」の稲葉延雄(7)を指名した。企画課長というのは金融政策をつかさどるポジションで、日銀内では将来の幹部候補生が就くとされていた。また、チームの事実上のトップとして副総裁の福井俊彦が議論に参加。中央銀行として総力を挙げて取り組むという意思を示した。

このとき日銀という存在の根拠になっていたのは一九四二年(昭和一七年)制定のいわゆる旧日銀法(8)だった。戦時立法で「総裁の解任権」「業務指揮権」など独立性とは程遠い規定が盛り込まれていた。

戦後に二回、全面的な改正の機運が盛り上がったことがある。最初は五七年。この年の八月から金融制度調査会が全面的な改正を目指して審議を始めたが、二年かけても政府と日銀の意見が一致せずに法制化に至らなかった。最大の争点となったのは、金融政策に関して政府の「指示権」を認めるのか、日銀が決めようとしていることに「待った」をかけられるだけの「議決延期請求権」にとどめるのか、というポイントだった。

その後、六四年から六五年にかけて再び法改正に向けた動きが活発化。大蔵省と日銀による協議の結果、五七年に始まった改正作業で最大の論点となった「政府との関係」について、①日本銀行は常に政府と緊密な協力関係を保つべきこと、②大蔵大臣が必要と認めたときは日本銀行は大蔵大臣と協議して政策の調整を図るべきこと、③緊急な場合における大蔵大臣の業務命令を規定すること——で合意に至った。

条文案も「大蔵大臣が、日本銀行の運営に関する重要事項について政府の政策と調整を要すると認め、日本銀行にその旨を通知した場合は、日本銀行は、すみやかに、大蔵大臣と協議し、意見の調整を行わなければならない」となっていた[9]。

しかし、法案は国会にも提出されずお蔵入りとなってしまった。六五年の通常国会は審議が遅れ気味で、夏の参議院選挙を控え審議に必要な時間が取れないことが確定的になったためなのだが、行内には敗北感も漂っていたようだ。当時、全国の支店長あてに送られていた行内の通知文書、通称「総務部長私信」にはこう書かれた。

「本行としては、折角改正案が纏まったことでもあり、この機会に国会に提案してもらいたいと思い、その方向で努力してきましたが、今となっては成行きを静観せざるを得ない状況にあります。(中略)改正案の国会提出が見送られた場合、今後の取り扱いをどうするかについては、まだ見当がつきません[10]」

それから三〇年。再び法改正に追い風が吹いてきた。日銀は準備を急いだ。ただ政治はいつ何時、何が起こるのかわからない。「官と政」の権力闘争という側面もある。法律のどこをどう変えたらいいかも明瞭ではない。日銀がその気になって突っ走ると、梯子を外される可能性もある。この段階で調子に乗って動かない方がいいと思えた。ただ、法案作りを担当する大蔵省との折衝や政治家への説明もある。行内的な意思統一は急務だった。「自分たちのポジションは固めておこう」――。福井たちのチームは行内での議論を始めることにした。

存在事由は何か

一九九六年の夏。「朝合宿」と称されたこの会合には法改正担当の企画局から毎回、問題提起や論点を記したペーパーが提出された。

例えば、九六年六月二八日の第一回会合には、「目的規定の意味」「日本銀行の理念」などについて論点を示した「日銀法改正の論点検討(第一回:目的規定)」という資料が配られた。本文三枚、関連資料五枚のペーパーをもとに、初日から議論は白熱した。

目的規定を物価の安定にしぼるのか、成長や雇用といった一般的な経済政策の目標をどの程度視野に入れるのか――という問題提起に対して、企画局の稲葉たちはこう説明した。

「短期的な個別物価の変動はともかく、中長期的な「物価の安定」の達成は中央銀行のみが担うことができるものであり、目的に明記することがふさわしい」

「物価安定が国民経済の発展の基盤となることははっきりさせておくことが適当だし、安心感も与える」

「ただし、それ以上の経済政策目標、例えば雇用の確保などが前面に出過ぎるのは適当ではない」米連邦準備制度理事会(FRB)が、物価の安定だけでなく、雇用の最大化を目的として掲げていることを意識した説明だった。

法律の目的や理念に関する規定は、その組織の存在事由を示すもの。日銀が何のためにあるのかということを内外に宣言する効果もある。旧法では目的とされる第一条の「通貨ノ調節、金融ノ調整及信用制度ノ保持育成」、運営の理念としては第二条の「国家目的ノ達成」がそれに該当した。

第一回の会合では、これらを参考にしながら様々な意見がでて議論となった。

「物価の安定に絞るのか。成長・雇用といった一般的経済政策の目標をどの程度視野に入れるのか」「通貨価値の安定という表現は、物価の安定と金融システムの安定の両方を含む、より高次元の理念として議論されることがあり、その内容があいまいになるのではないか。対内価値と対外価値(為替)の両方の安定を含む概念として理解される可能性があるため、中央銀行の目標として掲げることは不適当だ」

どれも中央銀行の本質論に直結したものだった。

日銀の「朝合宿」で配られた資料によると、「物価の安定に絞るのか。成長・雇用といった一般的経済政策の目標をどの程度視野に入れるのか」という問いに対して、同時に「それ(中期的な物価の安定)以上の経済政策目標(例えば雇用の確保等)が前面に出過ぎるのは適当でない」との意見で集約が図られたことがうかがえる。[11] また、七月二五日の通称「丸卓」(役員集会)に報告された「日本銀行法改正の論点検討(中間報告—I)」にはこう書かれた。

「日本銀行の目的は「物価の安定」と「金融システムの安定」の二つである。これが国民経済発展の基礎となることを明記することが適当である」

福井は六〇年代の改正作業に「一番の下っ端」として参加していた。当時を知る数少ない現役の一人だ。それだけにいったんやると決めた法改正には期するところがあるのだろうと日銀内ではみられていたし、実際自ら試案を起草するなど、積極的に議論に関与した。(12)

当然とされた「内閣人事権」

そんな中で「政策委員会の枠組み・委員の任免」という討議テーマが設定され論点を掲載したペーパーが配られたのは七月四日、五日の会合だった。総裁人事の決め方はここで議論されている。ペーパーにはこう書かれていた。

●政策委員会メンバーは、現行法通り、国会の同意を得て、内閣が任命することでよいか。

——現行法上、総裁・副総裁の任命は国会の同意不要。

——また、三五年答申・四〇年改正案では、任命委員についても、国会の同意を不要とすることとされていた。

——ただし、我が国のほかの独立行政委員会における任命との平仄を合わせるとすれば、国会の同意は必要。

●総裁・副総裁の任期(五年)、任命委員の任期(四年)は現行のままでよいか。あるいは、任命委員の任期も五年とするか。

●身分上の制約(法令により公務に従事する委員とみなす、政治活動・他業への従事・商業の禁止)、身分保障の扱いについては、総裁・副総裁と任命委員とは同じとする。
――ただし、現行法上任命委員の身分保障についても十分ではない。特に、「職務上の義務違反」、「心身の故障」による罷免の判断を内閣に認めているのは不適当ではないか(政策委員会が判断することが適当ではないか)[13]。

ここでいう「現行法」はこのとき効力をもっていた一九四二年の旧法を指している。また「任命委員」とは、当時政策委員会を構成した政策委員のこと。内閣任命によって就任するためこういう呼ばれ方をしていた。

この当時、総裁と副総裁は内閣任命のみで就任できた。国会同意が必要なのは商工界や農業の代表者からなる政策委員だけだった。しかし、九六年の議論で日銀は正副総裁も国会同意が必要だろうという認識を示していた。

その理由については「ほかの独立行政委員会」と「平仄を合わせる」ためだとしている。つまり公正取引委員会や人事院などと同じようにした方がベターだろうという見解だった。

確かにペーパーがいうように、五〇年代に盛り上がった改正論議のとき、総裁人事はこんな形でまとめられていた。

「総裁は内閣が任命するものとする」[14]

つまり、国会の承認は不要とされていたわけだ。また、幻に終わった一九六五年の改正法案でも総裁は内閣による任命だけで、国会の同意は求められなかった[15]。

しかし、大蔵省改革の一環として出てきたこの議論で、総裁人事をめぐり国会を無視できると考えられるほど世論は甘くなかったし、朝合宿に参加したメンバーも、自分たちのボスは内閣が任命し、国会が同意するような形で落ち着くしかないと思っていた。

そういう発想の背景には、憲法があった。日銀の独立性を議論していくと必ずぶつかるのが「憲法六五条の壁」だった。「行政権は、内閣に属する」という短い条文は、戦後日本官僚制度の拠り所になっていた。たとえ日銀のように、公なのか、民なのか、性格上はっきりしない組織であっても、人事や予算で内閣につながっていれば憲法違反にならない――。官僚たちはそう主張した。

日銀当局者たちも、何か政府が無理筋のことを要求してきたときにどう対抗できるのか、要請されれば日銀は自動的に議決を延期せねばならないという「延期権」を政府に認めるべきなのか、それとも採決を次回金融政策決定会合まで延ばすことを求める「議決延期請求権」にするべきなのか、という問題などを中心的イシューとして意識していた。

つまり国会同意が必要なのかについて議論の余地はあるが、憲法六五条との関係もあり、内閣任命というのは日銀にとっても「所与の前提」だった。

それを示す文書が朝合宿期間中に作られた。九六年七月一〇日付日銀企画局作成の文書は「準備率」について触れている。準備率というのは民間金融機関が日銀の当座預金に預けておかねばならない最低限の金額だ。文書にはこう書かれていた。

「準備率に関する権能は、民間金融機関に対する強制力を有する点で行政行為的であり、これを行政機関ではない日本銀行が行使することは適当ではない、との議論がある」「本行としては、本行が決定権を持つことの妥当性や、行政法上の問題については三五年答申・四〇年改正案ですでに解決済みであることを主張していくが、主務大臣の一般的監督権限を残すことを前提とした議論をしていた当時とでは事情が異なるとの反論もあり得よう」

そして自らこう結論づけている。

「政策の内容からいって独立性と中立性が要求され、他方で、任命権を通じた政策委員に対する内閣のコントロール手段が確保されていれば、準備率の設定・変更・廃止についての権限を政策委員会が有することとしても、直ちに違憲というわけではない[16]」

準備率の変更は金融政策としても活用されていただけに、日銀としてはこの問題で大蔵省の認可は必要ないということを言っていた。そして、その根拠として「任命権を通じた政策委員に対する内閣のコントロール」を挙げていた。つまり「内閣には人事権があるのだから、その代わり準備率のように金融政策にも直結するようなことは自由にやらせろ」というわけだ。裏を返せば、内閣による人事権のコントロールは日銀にとっても当たり前のこととなっていた。

金融機関に対する準備率設定の問題は、日銀自身が九六年夏の段階で、内閣の人事権が確保される前提で政策を自由に仕組める状態が独立だと考えていたことを示す。

首相が総裁を政治任命化して自分のやりたいようにするという構図、つまり「人事を利用した政策変更」という方法を想定していた節はうかがえない。少なくとものちに、アベノミクス実現のために使われた「総裁人事で政策を根こそぎ変える」という手法と中央銀行の独立性に関する議論が交わされた記録は残っていない。多くの日銀マンの発想の外だったようだ。

「中央銀行に完全な独立性などあり得ない」という主張も強い中、日銀は「金融政策を含む一般的な業務での独立性を獲得することが大事」と考えていたので、こんな主張になった。しかも翳りが見え始めたとはいえ、当時官僚の力はまだ強かった。政治任用で総裁が決まるなどという事態はなかなか考えつかなかったようだ。

一九九六年七月二五日、日銀は急ぎ中間的な結論をまとめた。「日本銀行法改正の論点検討（中間報告―Ⅰ）」と題する二枚紙には、「政府（大蔵大臣）の政策委員会への議案提出権と、必要と認める場合の出席権」はＯＫだが、「インフォーマルな意見交換は引き続き行なうにしても、法律上「協議」は規定すべきではない」などと記され、政府からの独立に向けて細部が詰められていった。しかし、この大事なペーパーに内閣任命の問題点は何も言及がなかった[17]。

「政治の危険性」

日銀で朝合宿が始まったのと相前後して、一九九六年七月一日付で、こんな書類が内閣内政審議室[18]から発送された。あて先は中央銀行研究会のメンバーに内定した有識者たちだ。この研究会は日銀法改正を議論するために首相の「私的勉強会」として新たに設置された。

「中央銀行研究会の運営にあたり、七月一五日～一〇月中のご予定を把握させていただきたい」

こんな文句で始まる書類は、カレンダーに予定を記入させるようになっていた。委員はこれに各自の予定をいれて「一二日の午前中」までに内政審議室にＦＡＸで送るよう要請されていた。「その日の会合に出席可能時間帯は一七時から一九時」というときは「〇　一七～一九」と記せ、出張などで長期間不在の場合は出張先と期間を明示せよ――。

一つ一つの文末は「お願い申し上げます」「幸いです」など丁寧だったが、有無を言わせぬ威圧的な文章だった[19]。ある委員は、面倒だな、こんなことまで書く必要があるのかな、などと思いながら、締め切りまでにＦＡＸをかけた。

第一回の会合が開かれたのは七月三一日の午前一〇時から正午までだった。場所は首相官邸の二階の「大客間」と称する広めの部屋。いよいよ、日銀法改正に向けた議論が正念場を迎える。関係者は気を引き締めた。

通常、法律の改正を行う場合、所管の官庁が審議会に諮り、方向性を固めるという手法をとる。もちろん、この方向性は官僚たちがもくろむものと同一になるのだが、手続きや前例を重んじる霞が関にとっては重要なプロセスだった。

日銀法改正となれば、所管は大蔵省になり「金融制度調査会」という大蔵大臣の諮問機関が法改正の原案を審議する。しかし、同調査会の事務局は大蔵省銀行局だ。自らの権限を削る法改正をその該当の役所に任せるというのは政治的にも得策とは思えない。そこで橋本龍太郎政権は「中央銀行研究会」という組織を内閣官房に設置し、金融制度調査会での審議の前にここで方向性を出すことにした。つまり通常のプロセスを前半の中央銀行研究会と後半の金融制度調査会の二段階に分けたのだ。

この動きに対し大蔵省は、「日銀の所管は自分たちである」として、中央銀行研究会の事務局を省内に置けないかと官邸に働きかけた。しかし、関係した元官僚によると「瞬時に否定された[20]」という。ただ、内閣官房で引き受ける場合でも、この時の内閣内政室長には大蔵省出身の田波耕治が就いており、その下にも大蔵省からの出向者が何人かいた。

つまり、大蔵省の権力を削っていこうとする試みに着手する際、その実務を当該官庁に任せるのは問題だと内閣官房に回してみたが、結局、実務を担当するのはほぼ大蔵官僚たちだったのだ。

同時に様々な論点で日銀などとのすり合わせもスピードアップされた。法案は大蔵省が作るが、その前に日銀との詰めは不可欠だった。当初は総裁人事の決め方も大蔵省と日銀の意見が異なっていた。

日銀でこの問題に関与した関係者によると、大蔵省は「総裁、副総裁は国会同意なし」と主張していた。日銀側は「政策委員は国会同意が必要なのに、正副総裁は国会承認を経ないでいいといっても無理ではないか」と思っていたし、「そんな法案は通らないだろう」と考えていた。しかし、大蔵省はこう懸念を示した。

「国会同意なんて、そんなにうまくいかない。人事が不安定になってしまう」

もし緊急に総裁の指名が必要になった場合、国会の閉会中であればどうするのか。衆参で採決が割れたらどうするのか——などだ。国会を関与させる＝政治の権限が増大することへの懸念があったのだと回顧する関係者もいる。この議論に関与した元大蔵官僚はこう振り返る。

「日銀の独立という意味は、よき理解者である我々の庇護を去り、直接政治の下に入るということ。官邸や国会からもろにプレッシャーを受けるということだと思っていた。しかも政治と官僚の力関係が変わってきていた。それを考えれば日銀法改正でも、総裁人事が政治に振り回されることはありうるかもしれないと、個人的には想定していた」

また、別の元大蔵官僚は振り返ってこう話す。

「あの時、日銀は政治の危険性を認識していなかった。マイナス面を考えていなかった。日銀は世の中が自分たちを応援していると思っていたようだが、政治も世論も敵に回ったら、これほど怖いものはないことの理解が足りなかった」

新日銀法施行後、この懸念は現実のものとなる。

本来なら審議会のトップ人事は大蔵省が気心のしれた学者や官僚ＯＢを据える。しかし、この研究会の座長には慶應義塾大学塾長の鳥居泰彦が就いた。首相である橋本の出身校、慶應義塾大学の人脈と言われた。

金融制度調査会という「後半戦」が控えてはいるが、前半戦で勝負がついてしまえば復活はなかなか難しい。それぞれの組織の担当者たちも委員回りに全力を挙げた。ある委員のところには日銀の当局者が説明に来た直後、大蔵省の官僚たちが訪ねてくるなど、双方の説得活動は熱を帯びていた。

日銀は企画課長の稲葉が指揮をとり、大蔵省は銀行局総務課長の窪野鎮治が取りまとめ役を果たした。法律改正に向けた両者の協議も繰り返された。あるとき日銀が、のちに審議委員と名前が変わる政策委員の人数について「四人」でどうかと大蔵省に言ってきた。

審議委員の人数は単なる数字の問題ではない。日銀の総裁は一人、副総裁は二人となるとみられていたが、そうなると日銀の「執行部」と呼ばれる人々で三票入ることになる[21]。

もし、審議委員を四人にすれば、あと一人を味方につければ残りの審議委員が反対しても「四対三」で可決が可能になる。

窪野は「それでは緊張感が失われる」と異を唱えた。この官僚は西ドイツ（当時）に駐在していた経験をもつ。その時、時にドイツの中央銀行、ブンデスバンクが総裁の提案を否決しかねないような厳しい議論を戦わせている実態を目の当たりにした。

常に日銀執行部の考えていることがそのまま是認されるような会議体では意味がない。少なくとも委員の数を六人にして、総裁提案に対する承認のハードルを上げ、金融政策の運営に緊張感を持たせるべきだ——と主張した。

結局、大蔵省の主張通り六人で決着するのだが、実はこの問題は日銀内部でのチェック・アンド・

バランスという統治上のテーマにつながっていくものだった。

新日銀法施行以降、金融政策決定会合や毎週火曜日と金曜日に開かれる定例の政策委員会で総裁が議長として提出する案件が否決されたことはこれまでのところない。しかし、もし問題の多い提案を総裁が行なった場合、それを防ぐことができるのは審議委員のみだ。言葉を替えれば、総裁が代わり、これまでとは大きく異なる政策が打ち出されようとしたとき審議委員はそれを阻止できる。

例えばアメリカでは、FOMC(米連邦公開市場委員会)の電話会議で「利下げ」を提案したアラン・グリーンスパン議長に反対が相次ぎ、結局議長は「裁決しない」という異例の選択をしたことがある。[22]もっと古くは、一九八六年二月にポール・ボルカー議長の提案が否決された。[23]

実際、「白から黒」と言われた二〇一三年の黒田総裁誕生時に日銀のチェック・アンド・バランスは試されることになるのだが、その時の状況は後述する。

中央銀行研究会のスタート

現在、首相公邸として使われている建物が官邸だったころだ。一九九六年七月三一日、その二階の「大客間」周辺は、取材の記者やカメラマン、官僚たちなどでごった返していた。

中央銀行研究会の初日の会合がここで開かれる。集まってきたメンバーは、鳥居泰彦・慶應義塾大学塾長、今井敬(たかし)・経団連副会長(新日本製鉄＝現日本製鉄＝社長)、神田秀樹・東京大学教授、佐藤幸治・京都大学教授、須田美矢子・学習院大学教授、館龍一郎・東京大学名誉教授、福川伸次・電通総研社長の七人だった。そして座長を補佐する形で、慶應義塾大学教授の吉野直行が専門委員として議論に加わることになっていた。

この研究会の発足をめぐってはこんな解説記事もでた。

「首相は研究会に大蔵省、日銀や金融業界の関係者の起用を意図的に避けた。七人の委員のうち五人が学者。鳥居座長も含め複数が金融は専門外だ。首相周辺は「狭い金融村の発想でなく、大所高所の多角的な議論を」と強調する[24]」

確かに学者と言っても金融政策を専門に研究しているわけではなかった。憲法、商法、国際金融などの専門家の寄せ集めという見方もできた。通常ならこの手の審議会には必ず何人か入ってくる官僚のＯＢは、通商産業省で次官をつとめた福川だけだった。

初回となったこの日は日銀総裁の松下康雄から「日本銀行の現状について」という説明があることになっていた。議論するにしても、現状を知らねばというわけだ。松下は大蔵省事務次官のＯＢだったが、福井に法改正の仕事を任せるとあとは日銀内の作業に何も口出ししなかったという。

松下は「ご教示を賜りたいと考えております論点」を指摘した。言い方は過剰と思えるくらいへりくだっているが、要するに委員会は自分が示すポイントについて結論を出してほしいと言っていた。

独立性の問題に関して松下はこう説明した。

「中央銀行の独立性は、それだけをとり上げて単独で議論するのではなく、あくまで政策責任のあり方と表裏一体のものとしてとらえる、という考え方です。具体的に申し上げれば、中央銀行をもって、中立的かつ専門的な判断に立った政策運営に専念させるとともに、政策運営の透明性を高め、責任を明らかにする仕組みを講じるという方法です」

そして「ちなみに海外の立法事例をみれば」としてこう述べた。

「第一に、政府は、中央銀行の役員に対する任命権を保持し、個々の政策決定は中央銀行の責任にゆだねる、第二に政策の経済政策との関係が問題となる場合には、例えば、政府が中央銀行に動議を提出し意見を述べることができる、といった仕組みを講じている例が多いようです」

海外の事例を引いたとしても総裁が公の場でそのように説明すれば、「日銀も同様の仕組みで」と示唆しているに等しい。

このあいさつの内容は日銀事務当局が詰めたものだった。松下が説明した「中央銀行の役員に対する任命権」を政府が保持することを前提にした議論の組み立ては当然、日銀内で行われた朝合宿の成果を踏まえていた(25)。

官邸はこの研究会に一〇月中の報告書提出を求めている。日銀はきわめて多くの複雑な業務をかかえ、その一つ一つを理解し議論していくだけで相当骨が折れそうだった。わずか二、三カ月で結論などだせるのか。かなりスピードを上げて議論を展開していくことになるのか——。

松下の説明を聞いていた委員の一人は、こう考えたし、京都大学教授だった佐藤幸治はのちに「研究会の議題は私にとりきわめて難儀なもの」だったと正直に振り返っている(26)。

中央銀行研究会が開始されたとき、メディアの論調には特徴があった。それは大蔵省に焦点を当てて書いた記事が多いということだった。まな板の上に乗っているのは日銀だ。大蔵省ではない。しかし、紙面にはこんな見出しが躍った。

「問われるべきは大蔵省」(「朝日新聞」)、「大蔵主導で「独立」骨抜き?」(「毎日新聞」)

これらの記事は日銀法改正の狙いが、戦後続いてきた大蔵省による日銀支配の終焉にあることをはっきりと示していた。

大蔵省が日本のエリート主義の中心的存在だったことに異論をはさむ人は少ないだろう。しかし、バブル崩壊とともに、その権威はしだいに失われ、日銀法改正、そしてそのあとに控えた財政と金融の分離で、この組織は決定的に力を失っていくことになる。そんな状況に抵抗し少しでも権限を失うまいと奮闘する大蔵省こそが法改正の本丸であると、メディアは見抜いていた。

日銀側でこの折衝に関与した当局者はこう振り返る。

「大蔵は監督権限を残そうと必死になっていた。それに対抗するためにも、日銀は総裁・副総裁の人事は国会同意にした方がいいのではと主張した。国会を間にかませれば相対的に大蔵の力は弱くなるからだ」

憲法六五条と日銀

九月四日の第四回会合から、本格的な討議に入った。

部屋の真ん中に据えられた大きなテーブルの片側には座長やこの問題を担当する内閣内政審議室長らが席を並べ、出入口を背にした「下座」に委員たちが顔をそろえた。大蔵省と日銀の課長クラスは横のテーブルに並び、発言機会を待った。まず本格的な議論の口火を切ったのは新日鉄の今井だった。

「民主主義の下における政府というのはどうしても民意を取り上げますと、景気指向になったり、極端なことを言えば、多少インフレ傾向になったりと、こういうことになりますので、そこで中央銀行の物価の面での独立性ということが非常に重要なのではないかなと思うわけです」

そのあと続いたのは電通総研の福川だった。

「私もこの物価の安定というのが、長い目でみると、国民経済の健全な発展に貢献すると思います。

確かに短期的にみると、為替が大きく動いたというようなときに、若干政治がいろいろな情勢に動かされるということもあるでしょうから、中央銀行が番人としてきちんと動くということが大事だと思う。それは長い目で見れば国民経済の健全な発展につながるはずです」

福川は唯一の官僚出身者。霞が関の平均的な考え方を述べた。

次に発言したのは憲法学者の佐藤だった。憲法に定められた財産権の保護と物価の安定を関連付けて考える必要性を強調しながらこう話した。

「財産権の保障ということの基礎条件として物価の安定ということが据えられる必要があるのではないかというようにも考えておりまして、そういう観点から日銀がこれを果たすのに最もふさわしい存在であるということは世界的にも言えるわけであります。これを第一義的に掲げるべきで、国民経済の健全な発展というようなことはその背後にあるものとしてとらえるべきで、正面から掲げるべきではない」

金融制度調査会の会長ながら、ヒラの委員として中央銀行研究会に加わっていた東京大学名誉教授の館は、物価の安定、信用秩序の維持、国民経済の健全な発展の三つを目標や理念として掲げておくべきだとの考えを示していた(27)。

「政府の銀行」としての日銀の役割をどう考えたらいいのか、金融システムの安定も日銀の目的として掲げるべきではないか、為替介入は大蔵省が一元的に責任をもつ体制を変えるべきではない——。その後の会合でも様々な意見が脈絡なく開陳された。

佐藤が憲法学者として、中央銀行にはなぜ独立が必要なのかという観点から意見を開陳した。

「なぜ中央銀行には独立性が必要なのかということですが」と切り出して、六〇年にだされた金融制度調査会の答申を引用する形で「通貨価値の安定を脅かすような勢力によって政策が軽々しく左右されないように、特別の配慮が必要だ」と紹介。そしてこう話した。

「政治学的観点で触れておきたいと思いますのは、この金融経済のグローバル化で金融政策の担い手を、選挙を意識する政治というものに全面的に委ねていいのかどうかという認識が大分強くなってきているところがあるんじゃないか」

そして佐藤は「行政権は、内閣に属する」という憲法六五条との関連を説明した。

この条文は簡潔に一行しか書かれていない。内閣から独立して行政権を行使する機関を設けるということは違憲の疑いがあるという考え方も根強かった。行政権とはどこまでの範囲を指すのかをめぐっては憲法上大きな論点になっており、日銀法改正でも議論の的になった。官僚的には「全くの独立はあり得ず、人事、予算を内閣がコントロールする必要がある」という解釈がもっぱらだったが、佐藤も従来の政府見解としてこんな考え方を紹介している。

「人事あるいは予算といったような点において内閣の権限下にある以上、憲法に違反するものではない」

人事や予算で内閣とつながっていれば、日銀の機能に行政権限的なものがあったとしても、それは統治の原則に反するものではないということを言っていた。この考え方は当時の平均的なものだった。ただ、そこから先について佐藤の考え方は官僚たちの解釈とはやや異なっていた。それを佐藤は開陳した。

「行政権は内閣に属するという意味は、内閣は国会が設ける仕組みを通じて国会が制定する法律に従って行政を行う。そしてそのことについて連帯して国会に対して責任を負う。そういう仕組みということではないか。まず行政権ありきではなくて、国会が作っている。国会が「それが行政権だ」として与えている。そういうものを行使することについて国会に対して連帯して責任を負っている」

要は行政の範囲は国会が決めるということで官僚たちには受け入れられない考えだった。[28]

「政府との調整の仕組み」に関して今井はこう話した。

「調整の仕組みをどうするかということになりますと、一つはやはり任命権を政府が持つ、総裁、副総裁とか、あるいは政府委員は〔政府が〕任命権を持つと、こういうところで一つの調整が行われると思いますし、一般的な経済政策の枠組みを日銀が尊重するという義務を負わせるということも大事だ」

今井が言っていたのは、内閣に任命権を与えたならば、人選の時に政府と日銀が話し合うことになるだろうから、そこで日銀も政府の考え方を前提にして政策を打ち出すようになるという趣旨と理解された。

新生日銀には総裁、副総裁のほかに「政策委員」とよばれる人々がいた。彼らは新日銀法では「審議委員」と呼ばれるようになるのだが、任命方法が問題になった。日銀の役員である理事を誰がどういう風に指名するのかも議論の対象だった。

今井はこうも話した。

「今までの委員の方を前提にして考えないで、新しくどういう委員の方になっていただくか。この運び方というのは私はよくわからないんですけれども、これはやはり今までと同じように、日本銀行と金融当局とかが話し合ってしかるべく選ぶんだろうと思います。それで最後は国会の承認を得て内閣の任命になるんだろうと思います[29]」

発言の中の「金融当局」とは文脈から大蔵省のことを指していたとみられるが[30]、その発想はこの当時のきわめて常識的な内容だった。

つまり、新しい日銀法に生まれ変わっても、総裁や副総裁も含む「委員」について、「今までと同じように」「日本銀行と金融当局とかが話し合って」選ぶ、そして「国会の承認を得る」――。首相による政治任用化などは視野の外だったことがわかる。

中央銀行研究会の議論でも、日銀の朝合宿と同様、人事そのものを利用して中央銀行に圧力をかけるというような政治の姿はあまり話題になっていない。

人事はどうするのか。内閣総理大臣が中央銀行総裁にある人物を恣意的に任命したら、それは誰がチェックするのか、そのあたりは素通りのまま、中央銀行研究会での議論は重ねられていった。

問題は国会同意

一〇月三一日午前一〇時から官邸の大客間。いよいよ大詰めの審議だ。示された報告書の原案をめぐり議論は再び錯綜したが、人事に関連してもめたのは、総裁、副総裁以下、任命される役員たちの人事に「国会の同意」を必要とするかどうかだった。報告書の原案はこうなっていた。

「任命委員の任命については、憲法上の要請も踏まえ、政府に任命権を認めるのが適当と考えられる」

それ以上は踏み込んでいなかった。

この部分をめぐってこんな議論が交わされた。憲法学者の佐藤がこう問題提起した。

「委員の任命ですが、両議院の同意というようなところは議会ではどこかで出てくるんじゃないか。

そうすると、ここでは何も触れておかない方がいいのか。あるいは少なくとも総裁、副総裁ぐらいについては両議院の同意と書いておいた方がいいのか。何も触れておかないというのは、どっちみち議会で議論になると思うんです」

議会で議論になるというのは、法案を審議する過程で国会が問題にするだろうという意味だったと思われる。座長の鳥居が「なりますね」と同意した。

旧日銀法では、総裁、副総裁が内閣任命・国会同意不要で、当時の政策委員は内閣任命・国会同意必要という構造になっていた。国会同意が必要ということになれば審議がもめることもある。「総裁がなかなか決まらないということになったら困るんじゃないですか」と須田が聞いた。

佐藤が受けた。「でも、総裁、副総裁を国会が決められないというのは世界の恥さらしですから、それはあり得ないことじゃないかと思うんです(31)」

官僚出身の福川がこう返した。「私は、やはり相当独立性を、ということになると、今のいろいろな行政の仕組み、憲法の仕組みから言うと、総裁も副総裁も政策委員の両議院の同意ということは入れておいた方が好ましいと思う」

須田は新たな問題を提起した。

「総裁に関しては、内閣がどんどん変わったときにどうするんですか。国会のお墨付きを受けたと言っても、その総裁とは違うということになりますね」

須田の言いたいことはこういう意味だった。ある内閣が総裁を指名した。しかし、何らかの事情で総裁の任期中に内閣が変わったとする。そうすると、日銀総裁は新しい内閣が任命したものではないという事態になる。そのときはどうするのか——。

確かにこれまでの日銀総裁も、自分を任命した首相が変わるという体験をしていた。例えば、松下を任命したのは村山富市内閣だったが、この時は橋本に代わっていた。前任の三重野総裁時代は、海部俊樹、宮澤喜一、細川護熙（もりひろ）、羽田孜（つとむ）、村山と五人の首相が政権運営を行なった。

内閣の意思として総裁を任命するわけだから、その内閣が退陣したら総裁はそのままでいいのか——という問題提起に対しては佐藤がこう受けている。

「同意を必要とするのは確かに政治的なあれにもなりますけども、他面、やはり日銀というものの位置を、民主的な正当性を評価するという意味もあるんですね。正当性を強化するということです」

内閣は代わっても、国会の同意を得ておけば、その正当性は揺るがないというのが佐藤の主張だった。確かに法文上は「内閣は」と書かれており、任命するのは集合体の内閣であり内閣総理大臣個人ではない。しかし、そうではないケース、つまり首相が自分の意見を反映させる総裁を選んだ場合、その首相が退陣したら、日銀総裁もやめるのかというのは重要な問いだった。

国会同意は不要との立場から須田はこんな懸念も披露した。

「要するに政府からの独立はいいのだけれど、それがそのまま議会の下にくっついていくということに対しては反対なんです。今アメリカを見ていると、議会のためにいろいろなことができなくなっているということをすごく感じているので」

須田の言うように、米国で連邦議会の力は強い。三権分立が厳格に運営されているという側面もあるのだが、現実の政治として、議会のおかげで重要法案がつぶされるとか、人事が通らないなどという事態は日常茶飯だ。

日銀が大蔵省などから独立したように見えても、今度は国会の下に入る、つまり国会からの圧力で金融政策がゆがめられたら大変だという懸念を、須田は言いたかった。

しかも、日銀は政治に弱いという認識は当時一般的だった。中央銀行研究会から審議に関与してきた館は、国会への業務報告について蔵相を経由して行うと定めた[32]ことに関連し、雑誌のインタビューに答えてこう話している。

「残念ながら日銀は国会に対して直接報告し、政治からのプレッシャーをはね返せるだけの訓練を受けていない。金融政策の独立性を確保していくうえで、政治との間になんらかの緩衝材が必要だと考える[33]」

日銀は「政治圧力に弱いし、日銀も政治を軽蔑している」というのは当時の一般的な観察だった。だからこそ、大蔵省を防波堤にしようという発想で旧法下は運営されてきた側面もあった。

実は六〇年前後の日銀法改正議論に際しても、やはりこの問題が議論されている。総裁・副総裁の国会同意は不要であるという改正法案の日銀バージョンを当時の政策委員に説明した際、当時の日銀職員はこう言っている。

「総裁・副総裁の任命は内閣単独で行い国会の承認を要件としないのは、総裁・副総裁は執行機関として重要な地位にあり、これが国会の空白等で任命が遅れる等のことがあると、業務執行に支障を生ずる惧れがあるからである[34]」

日銀行内の事務処理は総裁の決裁を必要とするものも少なくない。国会同意にすると政治の都合で総裁の任命が遅れるとも限らない。そうしたら業務に支障がでる恐れがあるではないか。だから国会同意は不要なのだ――。このロジックは、四〇年近く経った議論でも使えそうだった。

国会同意に触れていない報告書が政治の荒波に耐えられるかという指摘がでたあとに、福川が予算の議論にからめてこう議論をまとめた。

「予算に対する公的介入をできるだけなくして大蔵省の方（関与）をやめて、今度はそれではこの予算はどうやってもいいということにはならないわけです。国権の最高機関にひっかけるということになれば、NHK方式みたいになるわけですね。しかし、そういうことになることがもっと政治の介入を許すことになる。政治が何回も予算とか決算を通じてもっともっと文句を言えるような状況になってしまう」

「私はむしろそういうのは避けたほうがいいんじゃないか。確かにNHKなどを見ていると相当ご苦労なさっていらっしゃいますから、私は今の公的介入のところは、やや漠然とした表現にしておいて、そして予算が国会にもって行かれちゃったときにはもっとひどくなって、したがって私は任命のところだけ国会にひっかけておく方が、現実的には一番日銀の独立性がうまくいくんじゃないか」[35]

結局、政策委員などの任命に国会を関与させるのかについては、はっきりした結論がでなかった。事務局を担当した官僚はこう述懐する。

「国会の関与で議論になったのは、総裁、副総裁の国会承認。それは議論になったが、国会同意は必要だという雰囲気ではあった。ただ、人事権は政府にあるという意識はあった。任命したらその後首は切れないのだから。政府と日銀の関係で最も重要なのは日々のことではなく任命権にあると思っていた。したがって、誰かを「送り込む」ことは想定されていた。少なくとも政府から完全に独立した機関ではないわけだし」

議論の裏にいた官僚の中には、このように政治任命化を予見する者もいたが、議事録に残るような議論の場では最後まで取り上げられなかった。

最終的に一一月一二日に首相の橋本に手渡された報告書は、こんな表現になっていた。

「日本銀行の独立性と憲法との関係については、物価の安定のための金融政策という専門的判断を要する分野においては、政府からの独立性を認める相当の理由があり、人事権等を通じた政府のコントロールが留保されていれば、日本銀行に内閣から独立した行政的色彩を有する機能を付与したとしても、憲法六五条等との関係では、違憲とはいえない」

「日本銀行が金融政策を遂行していくには、強い独立性・中立性を付与することが必要であるが、国会が主権者たる国民を代表し、その国会の信任を得て内閣が存立するという我が国の制度の下では、日本銀行は国会や内閣から完全に独立した存在ではありえない」

「総裁をはじめとする役員及び外部の有識者から任命される政策委員については、憲法上の要請も踏まえ政府に任命権を認めるべきであるが、政府と意見が異なることを理由とする解任は認めるべきではない」[36]

最後の議論で須田が提起した「内閣が変わったときはどうするのか」という問題はこのとき、会議参加者に少々突飛と受け取られていたようだ。三重野の時は五人の首相が入れ替わり立ち代わり官邸の主になった。そもそも政権政党も変わった。しかし、誰も三重野に辞めろとは言わなかった。[37]社会通念として、政権交代と日銀総裁の人事は別という考え方が当然のような状態ではそれでもよかった。しかし、のちに安倍晋三は金融政策の中身を選挙公約に掲げて選挙を戦い政権交代を実現させた。その時、日銀総裁はどうするべきだったのか。日銀総裁という存在が政治化したとき、「内閣任命」の背景が変わったとき、そんなときはどうすればいいのか――。

よく考えれば、須田の問題提起は根本的な命題を問うものでもあった。

予算認可はひとひねり

日銀法改正は舞台を変えることになった。

一九九六年一一月二六日。合同庁舎四号館の一二階。金融制度調査会第一回日銀法改正小委員会が開かれることになっていた。

金融制度調査会は、日本国内の金融行政などで指針を示してきた。大蔵省が事務局となっていたので、彼らの意見を政策に反映させる際の「隠れ蓑」的な役割を果たしていたのだが、「体制寄り」と言われようが、「御用学者」と言われようが、この会合の委員になることは、履歴に箔をつけるものだと理解されていた。

日銀に関する法改正は金融制度調査会を通ることになっている。しかし、この調査会の事務局は大蔵省。大蔵省の権限縮小をはかるために実施されている今回の法改正の事務局が大蔵省ではまずいのではないか——。そんな配慮から、まず中央銀行研究会を作って関与させることにしたのだが、鳥居以下メンバーたちが報告書を提出したので、舞台は回っていた。ただ、首相官邸からは急ぐように言われている。

「一月に結論をまとめると簡単に言うけど、あと二カ月じゃないか」

委員たちはタイトなスケジュールとも戦わなければならなかったが、小委員会の議事録には中央銀行研究会と同様、様々な意見がでたことが記録されている。

初回の会合で通信社の記者出身である藤原作弥がこう感想を述べた。

「（日銀法改正の）具体的な実現を目指した時期が日本経済のシステム全体がこういう時期に差しかかったというのは偶然ではなく、オーバーに言えば歴史的な意味があると考えている」

経済記者として活動してきた藤原の観察眼からすれば、バブルの生成があり、そして崩壊があり、部分的とはいえ金融機関の経営に陰りが見えている時期に日銀法が改正されるというのは歴史的なものだったようだ。この時は九七年一一月に発生する金融危機の寸前というタイミングだったが、当時は誰も事態がそこまで深刻になるとは思っていなかった。

人事の決め方をめぐってもいくつか意見がでている。

「政策委員も総裁・副総裁も国会の承認を得て総理が任命するという形にするのが、ふさわしいと思う。国会の承認を得なければならないとなると、客観性、重みがでて、しかも広い意味でガバメントとしての色合いもでる」（東京商工会議所副会頭の中西真彦）

「政策委員は総理の任命人事であり、国会の承認制だが、中銀研の報告書ではこのことは外している。しかし、独立するということは、より国民・国会に責任を負うことであるから、現行の承認制は継続すべきであり、そこから抜けている総裁・副総裁も整合性をもって承認制にするべきである」（国際経営コンサルタント顧問の西崎哲郎）

中銀研の議論にも参加していた東京大学教授の神田秀樹がこう補足した。

「中銀研の報告は国会の承認を外すということを言っているのではなく、触れていないということである。相当議論が行われたけれども整理が行われなかったため、中立的な立場で触れなかっただけで、不要ということではない」

一九九六年も押し詰まった一二月二〇日の第四回会合では西崎が、「国内の独立機関は、委員長も国会の同意を得て任命、委員も同意を得て任命という方法と、もう一つは、国会の同意を得た委員が委員長を選ぶ方法もあると思うが」と疑問をぶつけた。

これに大蔵省銀行局の担当者がこう答えた。

「国会の同意については、会計検査院の検査官、公取〔公正取引委員会〕の委員と委員長、国家公安委員会、人事官、これらはいずれも国会の同意人事である」

質問とはややかみ合っていなかったが、互選であろうとなかろうと、国会の承認が必要であると言っていた。

やはり中銀研のメンバーだった小委員長の館がこう引き取った。

「これについては中央銀行研究会でも議論したが〔中略〕、国会同意が欠け、なかなかクリアされないと、定員が欠けた状態でいろいろ決めることもあり、そういうことを考えると、同意を条件にするかどうか、ということについて考えてみなければならない」

「国会の権威が高まるということは望ましいことではあるが、今後のいろいろな政治情勢を考えると、国会承認人事にすることは難しい面もある。すべての人事を国会承認にすることがいつでも本当にいいのかどうか」

事務局の大蔵省は、最後まで「内閣任命のみ」の主張を下ろさなかった。

憲法六五条を考えれば、任命と予算に関して政府のコントロール下に入らねばならない、したがって人事は政府に任命権を与えるのは当然だ、審議委員は「国民の意見」という観点からも検討が必要なので「両議院の同意」を要件とすることを続けていこう、他方、総裁・副総裁は日々の業務執行を担当しており、日本銀行の日々の業務運営に重大な支障をきたすことがないかとの観点から、現行通り内閣任命でよい――。

小委員会の中で反対がでる。

「総裁および副総裁については、国会の承認を得て内閣が任命することとすべきである」

各国の体制はどうなっているのかという質問が何人かからでた。大蔵省銀行局長の山口や総務課長の窪野はこう説明した。

「アメリカは、議長、副議長、これは委員の中から上院の助言と同意により大統領が指名する。委員は大統領が上院の助言及び同意を得て任命する。各地区の連邦準備銀行総裁は、各地区連銀の取締役会が連邦準備制度委員会の承認を得て任命します」

「イギリスでは、総裁、副総裁、理事いずれも国王による任命であり、立法府は関与していない」

「ドイツは、政府の推薦に基づいて大統領が任命しており、立法府の関与はない。政府は推薦に際し、委員会の意見を聞かねばならない」

「フランスでは、総裁、副総裁、委員とも閣議により任命されている。委員は上院議長、下院議長らにより作成された候補者リストの中から、内閣が任命している[38]」

金融制度調査会の答申としてまとめられた時、「国会同意」の対象は「総裁・副総裁を含む」とされた。

内閣任命・国会同意という人事以外に、憲法六五条の関係で問題となったのは予算だった。予算を届け出だけにするのか。政府の認可とするのか。

最終的には、「日銀の経費が通貨発行益で賄われるという公的な性格を有することと、日銀の独立性確保を両立させるやり方」として、「大蔵大臣の認可とするが、大蔵省が認可しない場合は、その理由を公表しなければならない」という形にして、日銀も意見を公表できるようにした。

この問題に幹部として関与した日銀関係者はこう説明する。

「予算は一ひねりした。認めないときはその理由を公表させると。でも人事は内閣の関与がはずせないからね。ただ、人事は国会をかませることで、党派ではなく大所高所の議論が期待できると思っていた。政治家が短期的なことばっかり考えているという状況ではなかった。総理経験者などがアドバイスをしていた」

中央銀行研究会や金融制度調査会と同時に、その裏側では、日銀と大蔵省の折衝が進み、大蔵省と内閣法制局の調整も進んでいた。

法案を作成・提出するには、法制局との折衝が不可欠になる。法案自体は課長補佐や企画官という課長手前の若手が原案を作成するが、法律用語、法文構成などをめぐっては、言ってみれば法制局の「添削」を受けることになる。

法制局に提出する資料は法案だけではない。その背景となる資料を提出せねばならない。この時、大蔵官僚が法制局に提出した「日銀法改正関係資料(法制局審査用)」という表題の分厚いペーパーには、他の法律で「金融機関」という言葉はどう定義されているのか、日銀の組織はどうなっているのかなどからはじまり、「日銀の業務規定からみたオペレーション」「国庫金取り扱いにおける業務」など詳細にわたっている。

日銀総裁の任命の仕方についても、大蔵省は様々な法律がどのように書かれているのかを調べて法制局の審議に臨んだ。旧日銀法は「総裁及副総裁ハ内閣ニ於テ之ヲ命ズ」と国会同意は必要ない条文だったが、例えば独占禁止法では「委員長及び委員は(中略)内閣総理大臣が、両議院の同意を得て、これを任命する」になり、国家公務員法で定められた「人事官」[39]は「両議院の同意を経て、内閣が、これを任命する」と規定されていることなどが提示された。逆に「国会同意の不要」な任命の書き込まれ方も研究され「総裁及び監事は、内閣総理大臣が任命する」(日本開発銀行法)、「理事長及び監事は、大蔵大臣が任命する」(預金保険法)などの条文が紹介された。

もちろん、「国会同意が必要なのかどうか」は中央銀行研究会や金融制度調査会で議論されているし、それよりも何よりも、日銀と大蔵省の間で主張が交わされているが、どうなってもいいように法文を抜かりなく準備するのは官僚の役目だった。

「人事権」議論の不足

一九九七年二月六日、金融制度調査会は「日本銀行法の改正に関する答申」を三塚博蔵相に提出した。「日本銀行法の改正に関する答申」で金融制度調査会はこの部分を「総裁及び副総裁は、両議院の同意を得て、内閣が任命する」と書いた。そしてその「説明」としてこう記した。

「総裁・副総裁についても(中略)国民の意見が反映されるよう、両議院の同意を必要とすることが適当である」

この直前に委員らに示された案には、総裁・副総裁の人事で「両議院の同意」はカギかっこに入っていた。外れることもあり得るという意味だったが、政治決断で国会同意が入ってきたことになる。

この法改正で最大の焦点だったのは、日銀の独立性がどれだけ確保できるかだった。確かに総裁の解任権や一般的な業務指揮権など極端な条項は削除されることにはなる。しかし、大蔵省に対する世間の目は依然として厳しかった。

紙面一ページを全部使って金融制度調査会の議事の推移を検証した「読売新聞」の記事には「大蔵ペースの日銀法改正」「譲歩迫られた委員側」などの見出しが躍り、「一般的監督権」が残ったことや、予算が届け出制でなく認可制になったこと、議決延期請求権が導入されたことなどを挙げながら、「大蔵、強引な「日銀独立」封じ」と報じた。(40)

大きな問題となったのは、それまで「独立性」として議論されていた文言が、法律条文では「自主性」となっていたことだ。

「日本銀行の通貨及び金融の調節における自主性は、尊重されなければならない」(第三条)

会長の館龍一郎・東京大学名誉教授はのちに雑誌のインタビューでこう話している。

「私は、その政策が国民に非常に大きな影響を与える中央銀行が、あらゆるものから独立していることが望ましい状態だとはもともと考えていない。憲法とのかね合いから日銀の独立性に制約があるということは、中央銀行といえども国民から独立した存在たりえないということだ」

「物価の安定という目的についての独立性を確保する一方で、公共的性格に鑑みて国民がチェックできるといういわゆる「相対的独立性」をいかに実現するかがポイントであり、最も苦労した点だ」(41)

一方、金融制度調査会日銀法改正小委員会のメンバーだった内閣法制局第三部長の阪田雅裕（さかたまさひろ）はこう発言している。

「日本はアメリカのように大統領府が直接国民に責任を負っているという憲法体系にはなっておらず、行政は内閣に属し、内閣は国会に連帯して責任を負っている。もちろん行政は国民に責任を追っているのだが、その負い方として、内閣は国会に連帯して責任を負っているということなので、内閣から離れた行政というのは国民に対する責任の負いようがないということである。そういう視点から、公正取引委員会のようなものは問題があるのではないか、という疑問がだされるが、少なくとも予算、人事をチェックしていればギリギリ内閣の統括の下にあるといえると思う[42]」

改正法案を国会に提出するのは大蔵省になる。「日本銀行法案について」という銀行局決裁文書は大臣、政務次官[43]のほか、事務次官、銀行局長以下、銀行局の企画官クラスまでの認印やサインで満杯になった。

「日本銀行法案について　標記法律案を第一四〇回国会に提出する必要があるので、別紙法律案及び理由を添えて閣議を求める」

蔵相の三塚が首相の橋本に宛てた文書に基づき、政府は三月一一日の閣議でこの法案を了承。国会に提出されることになった。

国会の審議で「五年間首を切らない制度になっているが、政治家のいうことなどは聞く耳を持たなかった日銀は、誰に対して責任を負うのか」「総裁ポストが日銀と大蔵出身者のたすき掛け人事になっている」など様々な指摘がでたものの、改正日銀法は九七年六月一一日に成立した。

ただ、その年の一一月に三洋証券、北海道拓殖銀行、山一証券と巨大金融機関が相次いで経営破綻。翌年には日銀も大蔵省も、金融機関からの過剰な接待に関するスキャンダル[44]で東京地検特捜部の強制捜査を受け逮捕者を出した。特に大蔵省は合計一一二人という官僚が処分されるという前代未聞の不祥事となり、最終的には「財政と金融の分離」ということで銀行局や証券局などが大蔵省本体から切り離される。そして、「財務省」と名を変えたこの役所は急速に力を失っていく。

日銀関係者は、「法改正当時の前提が崩れた」という表現を使う。

「法改正当時は大蔵省の力がまだまだ強かったし、いろいろスキャンダルはあるが、その力は維持されるだろうと思っていた。人事にしろ、推薦とか、承認とか、日銀と大蔵省の事務方が連携を取りながらやれば、何とかなると思っていたが、あれだけ強かった大蔵の力がこんなに弱くなるとは。あそこは強すぎるのが問題だったのに」

総裁人事は、それまで大蔵省や日銀がそれとなく阿吽の呼吸で決めてきた。それは旧日銀法の時代から続いてきたやり方だった。そして、九六年から九七年にかけての法律改正時、総裁の決め方も、またこれまでのようなやり方が続くのだろうという前提で議論が組み立てられていた。

しかし、大蔵省は力を失い、「政治主導」の名のもとに経済政策の意思決定過程が官僚機構を離れようとしていた。そして財務省と名を変えたあとも、この役所は自身のスキャンダルもあり、さらに地盤沈下が著しくなっていく。

日銀と大蔵省の二人三脚で日銀総裁人事も決められると思っていたら、相方が途中で転んでしまい政治とのバランスが崩れてしまった――。

この日銀関係者が言いたかったことはそういうことだった。

法改正のプロセスを人事という狭い断面で切り取れば、大きな焦点となったのは国会同意が必要か否かというポイントだった。内閣が総裁を任命するという行為については限定的な問いかけがあった程度だ。政治家が、特定の金融政策を実行させるために、特定の考え方をもった総裁を送り込んでくるかもしれないという発想はほとんど痕跡がない。

新日銀法施行の九八年から黒田就任の二〇一三年まで、日銀には政治的なプレッシャーがかかり続けるが、財務省が旧法時代のようにこの組織を監督すると同時に庇護役も果たすことはなかった。日本の中央銀行は政治の圧力に直接さらされ続けたのだ。そのことは「言うことをきかない日銀」というイメージの定着につながり、リフレ的言説に心酔した政治家が出現したとたん、総裁人事に介入されてしまった。当時、横から法改正の作業を眺めていた元日銀金融研究所所長の髙橋亘は雑誌の座談会でこう述べている。

「反大蔵省の動きの副産物として独立性が与えられたということです。これを私自身は、不幸な歴史の始まりと申しております。当時、政治側に日銀を積極的に独立させる意思は弱かったと思います。その結果、法改正の終盤では本来は立憲的な立場から強められるべき独立性について、政治の側から民主的コントロールという逆の支配の動きが強調され、干渉が強まる方向で今日に至っているということです(45)」

一方、日銀総裁をつとめた白川方明(まさあき)はこの法改正作業を振り返りこう評している。

「九八年の独立性の議論は、全体として金融政策の決定プロセスという「上部構造」をめぐる議論に集中し、組織の独立性など「下部構造」に関する議論がやや不足していた面は否めないように思う(46)」

何はともあれ、日銀法は改正された。この法律の枠内で何ができ、何ができないのか――。ここから一五年間、日銀はいばらの道を歩むことになる。

第二章　エリート主義の終焉
――政治主導の波は人事にどう影響したのか

一九九八年の新日銀法施行に合わせ、速水優が新しい日本銀行総裁に選ばれた。接待汚職事件の直後だったこの時の選考基準は「クリーン」かどうかだった。五年後の二〇〇三年。この時は日銀と財務省がそろって「大本命」だった福井俊彦を推挙し、政治もその人選を是とした。これが「エリート主義的」に総裁人事が固まる事実上、最後のケースとなる。〇八年は総裁候補となった財務事務次官経験者の国会同意が得られず迷走。日銀総裁が空席になるという前代未聞の事態に追い込まれた。

総裁就任はコーリング

藤原作弥が、官房副長官（事務）の古川貞二郎から電話を受けたのは、一九九八年の三月だった。事前の打診も何もない。突然の出来事だった。

北海道拓殖銀行や山一証券などが相次いで破綻に追い込まれた、悪夢のような九七年一一月の金融危機を何とかしのぎ、疲れ切った当局者たちが次の大波に備えている時期だ。

金融制度調査会の日銀法改正小委員会のメンバーとして議論に参加していたが、通信社の解説委員長を退き「さてこれから何をしようかな」という藤原に、古川はこう告げた。

「日銀の副総裁をお願いしたい」

この時、日銀はピンチに立たされていた。大蔵省を襲った接待汚職事件は中央銀行にも広がりをみせ、行内からも逮捕者がでて東京地検特捜部の家宅捜索を受けた。創業以来初めてのことだ。

その責任をとって、総裁の松下康雄と副総裁の福井俊彦が辞任した。[1] しかも四月からは新日銀法が施行される。そんなタイミングでの副総裁就任要請に藤原は「目を白黒させる」だけだった。

古川の話によれば、総裁は元日銀理事で経済同友会の代表幹事を務めた日商岩井（現双日）の元会長、速水優（はやみまさる）に決まっているのだという。

「ぜひあなたに」という古川の要請に対して、あいまいな受け答えのまま受話器を置くと、しばらくして今度は三重野康から電話があった。三重野は八九年一二月から五年間、第二六代日銀総裁をつとめ、「バブルの紳士たちを退治した平成の鬼平」とも「急激な引き締めでバブルを崩壊させた戦犯」とも言われた毀誉褒貶のある人物だ。藤原は記者として経済取材が長かったが、とりわけ三重野とは若いころから交流を重ねていた。二人にはともに旧満州からの引揚者であるという共通点があった。電話の向こうから、藤原を推薦したのは自分であること、この日の就任打診も事前に知っていたことなどを手短に伝え、三重野は就任を要請した。しかし、藤原は逡巡した。自分は一介の記者でありその任にはないと断り続けた。

さらに藤原のもとには、首相の橋本龍太郎からも直々に二回電話がかかってきて正式に副総裁就任を要請された。次第に包囲網を狭められた藤原は、最終的に「最後のご奉公」という形でその提示を受けることにした(2)。

藤原が三日間の逡巡ののちに、副総裁を引き受けたころ、速水も総裁就任の要請に悩んでいた。速水のもとに総裁就任の要請があったのも、やはり混乱のさなかだった。

この汚職事件がなければ、松下と福井にもう一人の副総裁を加えたトリオが、九八年四月の新日銀法施行後の初代トップ3になるはずだった。そして松下の任期が切れる九九年一二月には福井が昇格するというシナリオもすでに固まっていた。そのあとは誰か大蔵省の次官OBが就き、そしてそのあとは再び日銀出身者で、という予想は関係者の間で一般的だった。

しかし、そんな予定調和は事件によって吹き飛んだ。日銀は正副総裁の辞任という前代未聞の事態に追い込まれた。

日商岩井の社長、会長をつとめ「相談役」という肩書で、財界活動などを続けていた速水は、このときすでに七二歳になっていた。

速水が経済同友会時代に秘書をつとめた吉崎達彦が「第三者から聞いた話」として記憶しているのは、総裁就任を要請する電話がかかってきたのは、三月一四日の土曜日だったということだ。電話の主は総裁の松下。辞任することを首相官邸に伝えてはいたが、日銀を去るのは三月二〇日。このときはまだ総裁だった。

この人事にも三重野が深く関与していた。三重野と速水は日銀入行の同期。日銀副総裁から総裁というコースを歩んだ三重野に対し、速水は国際分野が長く理事で退任した。二人は現役時代にそう接点が多かったわけではないが、速水が敬虔なクリスチャンとして不正とは縁の遠い人柄であることはよく知っていた。

このとき、人選の最大のポイントはクリーンであるかどうか。金融機関との癒着が白日の下にさらされて世間から大きな批判を浴びた組織を立て直すためにも、新しいトップのスキャンダルが暴かれるなどということは、絶対にあってはならないことだったのだ。

この難局をしのげるのはあなたしかいない——。こうやって攻められた速水は、最終的に総裁職を引き受ける。(3) のちに速水は取材に応じてこう答えている。

「即答しろというので受けた。あの時、日銀は大変難しい時期だった。自分で大丈夫かなと思ってもいたが、新しい法律ができたんだ、独立性を獲得したんだ、そう考えて引き受けた。コーリング〔calling、神の思し召し〕だと思っている」(4)

そばで見ていた吉崎はのちに「一五日の日曜日に、所属している阿佐ヶ谷教会に行き、沈思黙考して決めたのではないか」と話している。(5)

確かに速水とキリスト教、そして阿佐ヶ谷教会の結びつきは深かった。就任後は「平安は主にあり」と「恐れるな。私は汝とともにあり」という二つの聖句を総裁室の洗面所に掲げ、二〇〇〇年のゼロ金利解除などの難局では教会の壁にかかる十字架に祈りをささげていた。

速水の声は小さく、ボソボソと話されるとはっきりと聞き取れないことがある。こんなこともあった。ある時、速水から「平安は主にあり」という聖句を壁に掛けてあると聞かされた記者が、間違って「平安は死にあり」だと聞き取り、側近に「速水さん、変なこと考えているんじゃないか」と懸念を伝えた。

その翌日、速水はその記者に直接電話をかけ、怒気を含んだ声でこう告げた。

「君、平安は死にあり、ではない。平安は主にありだ」

側近から話を聞かされたのだろうが、言いたいことだけ言うと、ぶつぶつ言いながら一方的に電話を切った。「主」と「死」を聞き間違えるような常識のない記者に対して怒り心頭だったのだろう。[6]

阿佐ヶ谷教会によれば、長年通った日曜礼拝への速水の出席率は、最も忙しいはずの総裁時代が一番高く、指定席だった前から三番目の椅子に腰かけて壁の十字架を見ていたという。二〇〇九年に八四歳で亡くなった際には、教会の墓地にも分骨された。[7]

速水は日銀を辞めてから相当経っている。政策も幹部の顔ぶれも大きく変わっている。そんな速水を支えるため、もう一人の副総裁には日銀法改正にも関与した理事の山口泰（ゆたか）が昇格した。「日銀の良心」とも呼ばれた物静かな理論家で、慕う部下は少なくなかった。これで新日銀法下の正副総裁がそろったのだが、問題は審議委員だった。

新日銀法上、総裁・副総裁と審議委員では扱いが違う。二三条にはこう書かれている。

「総裁及び副総裁は、両議院の同意を得て、内閣が任命する」

一方、審議委員は「経済又は金融に関して高い識見を有する者その他の学識経験のある者のうちから、両議院の同意を得て、内閣が任命する」と書かれている。

総裁になるのに条件はないが、審議委員には条件が付いている。

旧法時代、政策委員のほとんどが大蔵省による推薦で決まっていた。新日銀法では六人必要ということになっている。このとき六人の審議委員を官邸に推薦したのは形の上では大蔵省だったが、実際には辞めていく日銀副総裁の福井の意向がずいぶんと反映されていた。

当時大蔵省の最高幹部だった官僚もこう振り返る。

「最初の審議委員のリストは日銀が作った。一部は大蔵も何か言ったかもしれないが、主体は日銀だった」

このころは大蔵省の接待汚職事件の捜査がピークに差し掛かっており、次官、官房長という日銀人事に関与するべきラインが事件対応に忙殺されていたという事情もあったようだ。

また、この官僚によると、速水時代は三重野以下日銀関係者が人事を決め、大蔵省は官邸につなぐだけのことが多かったという。

新日銀法の下での初代審議委員には旧法時代の政策委員三人が横滑りでメンバーに入っていた。

そのうちの一人はたまたま四月七日に任期が切れるため、三月の段階でその後任として東京大学教授の植田和男の審議委員就任が内定していた。二三年に日銀総裁に就任する植田である。

植田は以前から日銀と接点があった。当時、調査統計局長だった松島正之が「知恵を借りたい」として「参事」という肩書で東京大学との兼務で日銀に招き入れた。審議委員の人選が始まったころ、福井は松島から紹介された植田を推薦している。当時、大蔵省で人選に関与した官僚によると、同省と日銀は植田の任期を変則的に二年プラス五年とした。植田の就任時、同省は「あなたを必ず再任するから」と説得したのだという(8)。

残りの三人は元東亜燃料工業社長を務めた中原伸之、新日本製鉄副社長だった三木利夫、お茶の水女子大学教授の篠塚英子。

このうち中原と篠塚は福井の推薦だった。中原はうるさ型の理論家で毀誉褒貶の激しい人物。敵も多かったが、経済同友会などで活躍しているころから、日銀幹部の福井とは知り合いだった。「この人が来ると議事がうまく進まないのでは」という懸念も表明された。それでも福井は「議論が面白くなる」と言って受け付けなかった。ただ同友会の代表幹事時代に中原のことを知っている速水は、審議委員のメンバーになっていることを知り、周囲に不快感を隠さなかった(9)。

このとき、審議委員の選考基準は「活性化」。金融政策を含め決定会合での議論には相当の専門性が要求される。審議委員が積極的に意見を戦わせなければ何のための日銀改革か分からなくなってしまう。彼らは旧法時代の政策委員会が「スリーピングボード」と批判されていたことを意識し、「活発な議論」を標榜していた(10)。

篠塚の専攻は労働経済学だったが、金融では引き締め志向のタカ派的発言を繰り返すことになる。対する中原は基本的には緩和志向。この二人の意見が一致することはなかったが、議論は活性化し、それまでは日銀内でタブーとされていた総裁提案に対する反対票も日常となっていた。

福井は辞任して「世に迷い出る(11)」ことになったが、活発な意見が飛び交う議事は福井の狙い通りだった。「活性化」をキーワードにした人選により、様々なバックグラウンドをもつ審議委員たちの議論の場はかまびすしくなっていった(12)。

このとき中原がしきりに唱えていた原則があった。

「政策を変えたければ人事で変えればいい」

最初の審議委員を選ぶとき、日銀側の責任者となった福井が掲げた人事の選考基準は「議論の活性化」。決して特定の経済思想ではなかった。このときの人選を振り返れば、混乱の中でとにもかくにも新生日銀を船出させるという任務が優先されていた[13]。

また、このころは九七年一一月に発生した北海道拓殖銀行や山一証券の経営破綻という金融危機がようやく一段落ついたころ。金融機関への第一弾の公的資金投入が実施されるなど、まだ信用不安はくすぶっていた[14]。

金融政策よりも金融秩序をどうやって安定させられるかが重要課題になっており、速水がどんな政策を重視するのかへの関心は低かった。タカ派なのかハト派なのかもよくわからなかった。それでも政治はそのような点をあまり気にかけなかった。日銀出身者なので金融政策には明るいのだろう。それよりもこの時は汚職事件などへの関与がないクリーンな当局者が求められていた。不祥事で揺れる日銀を立て直す必要があった。そしてそのためには速水が適任だと関係者は自らを納得させた。

日銀法改正時、「内閣の任命権」や「国会同意」をめぐり議論が重ねられた。そして総裁・副総裁も「内閣任命・国会同意」の原則となった。しかし、その適用第一号が、不祥事に揺れた日銀をどうやって立て直すのかを最優先にした人事になってしまったのは、すべての関係者にとって予想外の出来事だった。

途中辞任は不可

それから三年。速水は疲れていた。新日銀法下の初代総裁として就任したものの、持論である反円安の主張をするたびに、[15]発言のタイミングに思い至らない面があったこともあり、大蔵省や政治の世界から非難ごうごうの状態が続いていた。[16]速水は福井に対して何度もこう言っていた。

「自分は高齢だし疲れてきた。自分が途中で辞めることになったらお前が引き継げ」

実際七〇歳代後半になっていた速水は途中辞任を検討していた。「自らの後任は福井で」とのメッセージは官邸にも伝えられていた。

ただ、途中辞任は許されない選択だった。速水に会うたびに「疲れた。辞めたい」と聞かされていた福井や三重野は「途中辞任はだめだ」と説得した。根拠は「日銀法の精神」だった。

「外から圧力をかけられて辞めてしまうような場合と、うまく見分けられない。新日銀法の精神でいけば、途中辞任は認められない」

旧日銀法では「総裁の解任権」が認められていた。この法律が施行された一九四二年以降、実際に発動されたことはないのだが、[17]新法ではこの解任権を外し、「健康を害した」など特定の状況でない限り、政府は総裁を辞めさせることができない構造にした。

しかし、「疲れた」という速水の辞任を認めた場合、総裁辞任のハードルは下がってしまう。政治からの解任の圧力で辞めさせられても見分けは難しいだろう。したがって、この際はどんなに苦しくても、一度引き受けたからには途中辞任は認められない――。福井や三重野はこんなロジックで速水に任期を満了するよう迫った。のちに福井自身こう語っている。

「〔速水総裁は〕かなりご高齢だったせいもあって、途中で疲れたよとおっしゃるようになった。特に二〇〇一年の春ごろになると、自分が途中で辞めるようなことになったら、おまえが引き継げなんて何回も言っておられたんですよ」

「新法による日銀総裁は完全身分保障の存在、つまり政府によって罷免されないということなので、それを裏解釈すれば、自分の方から絶対にやめてはならない。その職責は死んでも全うするという意味なので、途中で疲れたからやめるということは、私のような素人法学者の解釈としては許されませんよということを申し上げたのです(18)」

速水の退任論がくすぶっていたころ、次の総裁に向けた準備も始まっていた。

福井は総務部長や理事など金融政策を中心とする部署で過ごしてきた日銀中枢を背負う人物だった。旧法下で、副総裁に昇格したが、これは明らかに「次期総裁」含みとしての人事だった。

速水は慣れない政界工作にも手を出した。総裁人事が決まる一年前の二〇〇二年の二月か三月ごろだったというが、「後任は福井でお願いしたい」と首相の小泉純一郎にも伝え、そのことを側近に披露した。いかに側近といっても部下の一人。トップが人事を口走ることはご法度のはずだ。速水はそのようなことをお構いなしに、信頼する何人かの側近に人事構想を打ち明けている。

次期総裁に福井をと思っていたのは速水だけではなかった。副総裁の藤原も、福井を日銀総裁として戻すことが自分の任務だったと明かす。藤原は「福井を総裁に」ということを三重野から頼まれていた。三重野だけではない。前総裁の松下からも同じことをいわれていた。

本来は辞めなくてもよかったのだ。自分の古巣である大蔵省の責任の取り方が、結果的に日銀にも迷惑をかけてしまった。福井君の復帰をよろしくお願いします――。こんな趣旨で語る松下には「福井を犠牲にした」という悔悟の念があったのではないかと藤原はみていた。

藤原は記者時代から松下のことをよく知っており、副総裁としても定期的に会っていたという。

「福井さんのことは、〔総裁候補として〕みんなそう思っていたし、関係者から言われていた。副総裁として不祥事の責任をとって辞めたんだけど、副総裁が辞めるなんて誰も思っていなかった。関係者は、それはひどい、成り行きでそうなっただけだと思っていた。そして福井さんが今度は総裁として戻るべきだと思っていた。いろんなところから福井さんを総裁に戻してほしい声がでていた[19]」

もうひとり、福井総裁実現に向けてのキーパーソンがいた。官房長官の福田康夫だ。首相になる直前のタイミングだった。福田はこう話す。

「あのころは、民間から総裁を起用するべきだとか、いろんな人が、いろんなことを言ってきていた。速水さんにも話を聞いた。大蔵の話も聞いた。福井さんがいいという話が多かった。速水さんも福井さんで問題ないとのことだった。小泉〔純一郎〕総理に相談したら「任せる」という感じだった[20]」

国家統治と日銀

関係者によれば、それは二〇〇二年の夏ごろだったようだ。官房長官の福田から「ちょっと会いたい」と言われて官邸に出かけて行った日銀副総裁の藤原は、こんなことをいわれた。

「福井さんを総裁にする」

福田は念をおしてきた。「二人だけの了解事項」であると。秘密厳守だぞということだった[21]。

この時、日銀内には現職副総裁の山口泰を担ごうという動きがあった。しかし、この動きは「本命は福井さん。万一のときに備えて」という程度で迫力を欠いていた。その動きの中心メンバーだった当時の中堅幹部によると、一度山口の話を三重野に相談したが、この「日銀のドン」が乗ってくることはなかった。また、財界にも支援の輪を広げようとしたがあまり効果はなかった。日銀OBの中に

も福井を推す声ばかりで、山口の入り込む余地はないように見えた。運動を進めていた数人の中堅幹部は活動を停止した。(22)

そのうちの一人はこう振り返る。

「自分は山口泰さんがベストだと思い運動した。でもちょっとやってすぐに、こりゃだめだと思った。山口さんで動いたのは少数。日銀関係者のほとんどは福井支持だった」

しかし、いくら周辺が福井で固まっても、任命権者は時の首相だ。小泉純一郎が首を縦に振らねば人事は通らない。小泉の周辺は首相にこうアドバイスした。

「日銀総裁は大事な人事です。総理が国会に名前を出すので、総理の責任になります」

小泉がこう答える。

「そうか。今まではどうなっているのか」

周辺は総裁選びを説明した。小泉はフムフムという感じで聞いていたという。

財務大臣だった塩川正十郎は「塩爺」と呼ばれ、その独特のキャラクターで人気だった。このとき事務次官だった武藤敏郎は塩川から「今度の日銀人事をどう考えるか」という相談を受けている。武藤の答えは、「総裁は福井さん」というものだった。

関係者によると、武藤はこの時、三重野からも「福井君をぜひ頼む」と言われていた。三重野は「どうせ君は裏でやっているんだろうから」とからかいも付け足した。

三重野、福井と武藤は、以前から濃密な付き合いがあった。福井が大蔵省銀行局に出向していたとき武藤も銀行局におり机を並べて仕事をしていた。このとき、武藤は日銀担当。当時、日銀の監督は大蔵省銀行局が担っていたのだ。日銀の総務局長に就任していた三重野は、福井と武藤らを呼び出し、時折食事をともにしていた。そういうつながりが三人にはあった。

日銀の中は、一部少数の異論はあったものの、福井待望論で統一されていた。大蔵省から名前を変えた財務省も、福井就任を認める構えで、官邸の大番頭たる官房長官もそのつもりだった。

この時の福井には、事実上対抗馬がいなかった。福井のところに「君に総裁になってほしい」という人物から連絡が入った。〇二年の晩秋の時期だった。それは宮澤喜一だった。皆、「次は福井さんがいい」「そうなるのだろう」などという感じで、要請ということはなく、正式な申し入れという形で福井に迫ってきた政治家は宮澤だけだったという。

昭和から平成を代表する政治家の一人として、宮澤は一九八六年に蔵相となり九一年から九三年まで首相をつとめた。退任後、九七年の金融危機の際には封印された公的資金に関し、投入以外に問題解決の道はないと当時の橋本龍太郎首相に直談判[23]。小渕恵三政権で再び蔵相に返り咲いた経歴をもつ。

宮澤は二回目の大蔵大臣に就いていた二〇〇〇年夏、速水総裁率いる日銀のゼロ金利解除に直面した。速水とは世代的にも近かったこともあり、よく二人でウナギを食べに出かけることがあった。両者とも饒舌というイメージからは程遠く、ぼそぼそとしか話さないのだが、なんとなく通じるものがあったと周囲はみていた。不規則発言が多く市場の混乱を招くことも珍しくなかった速水にどことなくシンパシーすら感じているのではないかとも見られていた。側近に「僕はね、速水君のことが好きなんですよ」と漏らしたこともある[24]。

宮澤には権威を尊ぶ強固な考え方があると側近たちは考えていた。権威という言葉が適切ではないとすれば、それは「国家統治」に対しての厳粛さのようなものだろう。

また宮澤は周囲によく「同じ日本経済を見ている。そこに大きな判断の違いはないはずだ」とも話していた。日銀も政府も統治機構の側にいる。その判断は違うはずはない――。こんな感覚をもっているように見えたという(25)。

もう一つ、宮澤には国の統治を行う際には礼節と自制、品位などという抽象的な表現でしか描けないものを体現しているところがあった。

日本の政治シーンの中で、独特の存在感を放っていた宮澤には一種のエリート主義的なところが色濃く残されていた。

そんな宮澤が福井に頭を下げている。しかし、福井はこう言ったという。

「お受けできる立場にない」

接待汚職事件で松下とともに責任を取って辞任した福井は、そう言って固辞した。これに対して宮澤は「あれは日銀の問題ではなく大蔵の問題。そこは無理をしてみてほしい」と言ってきた。

奥が深い人事

二〇〇三年の二月、財務事務次官の武藤が官房長官の福田に呼ばれて官邸を訪ねてきた。「日銀の副総裁を引き受けてほしい」と言われた武藤は、その足で小泉の部屋に向かった。小泉からも同様の話があり、武藤は引き受けた。ただ、これは一種のセレモニー。関係者によると、武藤は年が明けてすぐ、塩川からこう言われていた。

「いろいろあったが、副総裁は君が適任だと、小泉さんに伝えておいた」

それよりも前、武藤は財務省の考えとして腹案を官邸に伝えていた。

「総裁に福井、副総裁に元日銀理事、もう一人の副総裁にある大蔵省事務次官経験者」

元日銀理事は行内の実力者として「将来の総裁候補の一人」と言われていた人物だった。この話はすぐに日銀にも流れてきた。ある幹部はこう話していた。

「このリストを官邸に持って行ったと聞き、副総裁は武藤さんだと確信した。財務省の推薦が日銀の福井さんだと知って武藤さんが来るのだと確信した」

人事は奥が深い。組織としてではなく、個人的な欲望を伴うのは自然だし、それを見抜こうとする目、駆け引きを理解する能力、そしてうまく立ち回れる処世術が必要になってくる。

関係者によると、武藤の提示した副総裁人事は日銀には受け入れられなかった。元日銀理事は有能ではあったし、「ある大蔵次官OB」もひとかどの人物ではあったが、「二人とも日銀に拒否権を発動されて」(関係者)立ち消えになったという。

また、有力な大蔵省OB複数が、武藤の日銀入りで動いた。盤石の態勢だった。

同時にこのとき、多くの関係者の視野には「次の総裁」まで入っていた。五年間、副総裁として待機したあと、福井の後任として武藤が満を持して登場するというシナリオだ。

武藤は一九九七年の金融危機、大蔵省接待汚職問題のとき、官房長として自らを降格する処分を下してピンチをしのぎ、次官になってからは在任が二年半と歴代最長になっていた。要するに大物であり、「次の総裁」に擬せられたとしても、全く不思議はなかった。

三重野、福井、武藤。このときは、人事の方向性が阿吽の呼吸で決まっていった。そして、福井総裁、「その次」含みでの武藤副総裁という人事は、エリート主義が通じた時代の最後の輝きになった。

しかし、小泉は簡単にはのらなかった。なかなか首を縦に振らなかったし、周囲に「民間人がいい」と言って回っていた。目くらましとみるか、本当にそう思っているのかは判断が難しかった。[26]

最後の場面で乗り出してきたのが、ここでも元首相の宮澤だった。

年が明けた二〇〇三年一月二一日午後、宮澤は首相官邸に小泉を訪ねてきた。会談時間は約一六分間[27]と短かったが、この中で宮澤は、金融政策が非常に大事であること、間もなく決定される日銀総裁の人事も重要であり、奇をてらわず「オーソドックスな人事」を行うべきであること――などを小泉に説いた。

関係者によると、この場で宮澤は福井の名前に言及しなかった。しかし、この時の状況を考えれば、「オーソドックスな人事」が何を指すのかは明白だった。

宮澤が具体名に言及しなかったことに関してある官僚は「宮澤さんらしいな」と思った。昔から宮澤にはそういうところがある。一種の美学のようなものだろうと思われた。

この日の小泉との間ではインフレ目標についても話題になった。「インフレターゲット(目標)という言葉に飛びつくと、いろいろ問題がある。かなり注意して検討したほうがいい」

会談後、記者団を前に小泉も、人事についての部分はカットしながら、「インフレ目標設定の動きに乗ったら、とんでもないことになるとの助言をいただいた。長年政治家として努力された方の言葉には奥行きがある。間違いのない判断をしなければ」と強調した。[28]

関係者は、宮澤もこの会談のあと周囲に「小泉さんがよくわかってくれてホッとした」と言っていたと聞かされた。

人事がすべて終わり総裁に就任した福井が挨拶に訪れたとき、宮澤は本当にうれしそうな顔をして、「ああ、よかった」と繰り返したという。福井総裁の誕生は宮澤にとって「国の統治」にふさわしいものと映っていたのだろう。

総理は一言「お任せします」

二〇〇三年二月五日午後七時から小泉が主催する夕食会が官邸で開かれた。集まってきたのは首相の小泉、官房長官の福田、経済財政政策担当相の竹中平蔵、財務相の塩川、ウシオ電機会長の牛尾治朗、トヨタ自動車会長の奥田碩(ひろし)らだ。名目は経済財政諮問会議メンバーの慰労ということだったが、内実は次期日銀総裁に誰がいいのかの聴取だった。

出席者の一人だった竹中はのちにこう話している。

「小泉さんがそういう会をやろうということを言い始めた。総裁選びで明確なプロセスを経るということで、それぞれが推薦する人に言及し、その理由なども明らかにした(29)」

ここで塩川は財務事務次官を退官した直後の武藤を、牛尾と奥田の財界人二人は元副総裁の福井を、竹中は内閣府政策統括官だった岩田一政を推した。

財界人のうち経済同友会の代表幹事を務めた牛尾は日ごろから小泉に「あの人はいい」「この人はダメ」などと言っていたが、福井も同友会で活動していたので、そんなつながりかとも思えた。小泉と福田は黙って議論を聞いていた(30)。

岩田は旧経済企画庁出身のいわゆる「官庁エコノミスト」の一人。東京大学などで教壇に立った経験もある。竹中は経済財政諮問会議で「骨太の方針」を作成する際に協力してもらい、二〇〇一年版の総論部分の執筆を依頼するなど、岩田を高く評価(31)。〇二年の春ごろには岩田に対して「副総裁のオファーがあれば受けてくれるか」と事実上の就任要請を行なっている。

この総裁選びの会議から数日後、竹中は官房長官の福田から電話連絡を受けた。ちょうど国会をあとにして役所に戻ろうとしたところだったのを竹中は覚えている。

「総裁・福井、副総裁に武藤と岩田」

この布陣を小泉が決めたという説明だった。五日夜の会合ででた名前がすべて網羅されていた。ただ、官房長官だった福田によると、五日の会合は「一種のセレモニー」に近いものだったという。そのとき、人事はすべて決着していた。[32]

二〇〇三年の年明け。首相の小泉純一郎は元日銀副総裁の福井俊彦と秘かに面会した。総裁就任の正式な打診だ。この会合を仕組んだのは官房長官の福田。官邸内には「官房長官の居室」があり、ここであれば人目に付くことはない。途中から小泉もこの部屋にやって来て福井と面会した。

身構えて会談に臨んだ福井だが、首相から出てきた言葉は「やあ、よろしく」の一言。あまりにあっけないやり取りに、福井は慌ててしまったとのちに周囲に語っている。

自分は九八年の金融不祥事の責任をとって副総裁を辞したのでこの人事にはいろいろな批判が来て立ち往生するかもしれない——。福井はそう説明するとともに、「金融政策については新日銀法の精神にのっとって運営したい」と伝えた。

「新日銀法の精神」というのは政府からの独立を意味するが、小泉はここでも「当然だ。お任せします」の一言だけだった。[33]

竹中は振り返って、日銀と政府の関係をこう話す。

「ほかの政策はすべて国会で決めているのに、なぜ日銀は独自に決められるのか。二つの理由がある。一つは迅速な決定ができるということ。国会だとどうしても時間がかかる。もうひとつは、金融政策というのはかなりテクニカルなため、そこはエキスパートが必要だからだ。中央銀行の独立というのは「目的の独立」ではない。「手段の独立」を意味する。目的は政府と共有するべきだ[34]」

もし、速水の次に福井が就任すれば、大蔵(財務)省・日銀のたすき掛けで決まってきた人事がストップすることになる。竹中は「たすき掛けについてはおかしいと思っていたので、画期的なのはそんな慣行を壊したことだった。私は、日銀総裁はポリティカル・アポインティーであるべきだと思っており、この時はそれを議論できた[35]」。

福井決定のプロセスに竹中が言う「政治任用」のにおいはあまり感じられない。福井の人事はむしろ、大蔵省時代から続く「エリート主義的」な色彩の強いものだったようだ。日銀OBは「途中辞任した福井を元通りにしてくれ」と主張し、財務省の実力者も福井総裁誕生で根回しをしていた。一昔前大蔵省と日銀の実力者が話し合って総裁を決めていたのとあまり変わりがなかったことが分かる。

そして政治的な影響力は別にして、宮澤という「統治体制の守護神」のような存在も「オーソドックスな人事」の必要性を説いた。

つまり、小泉政権が当時流行していた「インフレターゲット」の導入に固執しなかった、すなわち政治の要望、考え方を基準にして人選を行わなかったということだろう。そういう意味では福井の総裁就任は「古き時代」の名残を引きずっていたものだった。

同じように、副総裁の人事も、武藤と岩田が内定した。官房長官の福田から呼び出された武藤は、そこで内示され、直後に小泉とも面会し副総裁就任が決まったと回顧している[36]。

この時の総裁人事は二〇〇三年二月二四日に「読売新聞」が一面トップで「日銀総裁に福井氏」と

スクープしたことで事実上公表となった。

位置づけ変わる日銀総裁

一九九〇年代にスキャンダルが何件も暴かれるようになり、霞が関の中心で森羅万象を差配していた大蔵省は最終的に金融庁[37]の分離という組織解体の憂き目にあう。

一九九六年に打ち上げられた「橋本行革」は省庁再編や経済財政諮問会議の設置などが盛り込まれていた[38]。ほぼ同時に日銀法も改正され、大蔵省の巨大な権限が削り取られていった。

以前の総裁人事には日銀と大蔵省・財務省の意向が強く反映されていた。ある大蔵省事務次官経験者はこう話す。

「日銀の人たちとはいろいろな形で意見交換していた。話していると、なんとなく適任者が浮かんでくる。みんなが「なるほど、この人なら」というような人がね」

要するに大蔵省と日銀の実力者たちによる一種のエリート主義的な決め方だったわけだ。それは、戦後の総裁が、一人を除き日銀・大蔵省の出身者が交互に選出されてきたことからもうかがえる。しかも大蔵省出身者は全員事務次官経験者だ。

▼第一七代（第一九代も）・新木栄吉＝日銀、▼第一八代・一万田尚登＝日銀、▼第二〇代・山際正道＝大蔵、▼第二一代・宇佐美洵（まこと）＝三菱銀行、▼第二二代・佐々木直＝日銀、▼第二三代・森永貞一郎＝大蔵、▼第二四代・前川春雄＝日銀、▼第二五代・澄田智＝大蔵、▼第二六代・三重野康＝日銀、▼第二七代・松下康雄＝大蔵、▼第二八代・速水優＝日銀。

これら人事決定の経緯に関しては、それほど多くの記録が残っているわけではない。ことの性格上、なかなか紙に書いたものは残せないのだろう。第二三代日銀総裁の森永貞一郎が、自分の後任として、世間で言われていたような大蔵省事務次官ＯＢの澄田智ではなく、日銀ＯＢの前川春雄を指名した。森永も大蔵次官ＯＢ。

このとき現職の事務次官だった長岡実によると、ある日森永に呼び出され、「大蔵と日銀の関係からみても、澄田君のためにも、自分は前川、澄田の順番がいいと思う」として澄田の説得に当たらされた。森永はいわゆる「ドン」と呼ばれていた[39]。

同じようなことは、澄田のあとを襲った三重野にも言えた。若いころから「プリンス」「将来の総裁」と言われてきた三重野は退任後に日銀内で実施されたオーラルヒストリーでこんな風に語っている。

「総裁が内定したのは、はっきり思い出せないんです。多少おこがましいことを言えば、その時に私がなるのは当然だとみんなが思っていた。それに引き込まれて、私のほうも何となく、いつ言われたのかなと思っても覚えがない。（中略）本当はこのことくらいはっきり覚えてなきゃいかんですね。覚えてないんですよ[40]」

政治家にとっても、日銀人事は強く関心をひかれるテーマではなかったのだろう。

ある事務次官ＯＢはこう指摘する。

「小難しい金融政策に関与しても票にはつながらないし、利権が発生するわけではない。マクロ政策なんてそんなものだが、政治が日銀に注文を付けるのは公定歩合を動かすときぐらいだ。今考えればハト派を総裁にと当時の首相らが動いてもよかったのだが、そこまで関心がなかったんだろう」

しかし、少しずつ時代は変わった。財務省の幹部はこう話す。

「日本の市場が国際化され自由化された。グローバル化の波は、否応なく日本に変革を迫った。その結果、日銀の役割が変化していき、それに伴い総裁人事のもつ意味も、単なる大蔵や日銀の有力者の当局者人生の終着点というポストではなくなり、そこに政治的な意味があるようになった」

世界的な事情として、債務残高の増大によって財政政策から金融政策へのシフトがみられたが、日本も同じ。八五年のプラザ合意以降、日銀が当時の誘導目標だった公定歩合を急激に引き下げていったのは「もう財政出動は無理」という財政当局の意思が働いていたからだ(41)。

日本の政治構造の変化。金融政策のもつ重要性に対する認識の変遷。これらが相俟って日銀人事の位置づけも変化してきたのだろう。

そして、それは政治家にとっての「うま味」に直結してきた。個人的な金銭的利得ではない。政策を通じた国民へのPR、あるいは内閣支持率の向上に資するというところまで、日銀の金融政策、そして「日本銀行を代表し(中略)業務を総理する」(日銀法二二条一項)とされる総裁のポジションの意味が変化していたわけだ。

福井は総裁に就任すると、量的緩和の拡大など次々に政策的な手を打った(42)。それはあたかも「満を持して」という感じだった。

のちに問題とされる量的緩和を終了したのは二〇〇六年三月だった。審議委員だった須田美矢子が国会の議員会館を回ったのは〇六年四月から五月にかけて。名目は「再任ご挨拶」。〇一年四月に審議委員となった須田は〇六年四月に再任となった。

一九九八年の新日銀法施行以降、日銀と政治の距離はぐっと近くなった。総裁、副総裁は言うに及ばず、審議委員も就任、退任などの際には関係議員へのあいさつが必須になっていた。新日銀法が施行されて以降のしきたりだ(43)。

それまでの日銀は政治との距離を遠くとっていた。初代審議委員の中原伸之には財界活動などを通じて知り合った政治家が数多くいたが、「先日あの先生と食事をした」などと吹聴する姿は侮蔑の対象とはなっても尊敬の対象にはならなかった。日銀にはそういう風土が脈々と受け継がれていた。しかし、あいさつはあいさつだ。

議員会館を回り関係議員に挨拶していったとき、こういわれたのを須田はよく覚えている。

「量の出口はうまくやりましたね」

須田を迎えた議員の中で反対の議論を吹っかけてくる政治家はいなかった。確かに三月の量的緩和解除決定時、メディアは社説でこう報じていた。

「物価の下落が収まり、世界でも異例の政策をやめられるのは歓迎していい。ただ、デフレへの逆戻りがないよう十分な目配りが望まれる。金利を最低水準に抑えるゼロ金利策は当面続けてもらいたい」(「朝日新聞」)

「判断が適切かどうかは、日本経済の今後の推移にかかっている。デフレに逆戻りせず、息の長い本格的な回復が続く。そうした実績が示された時、日銀の決断の正しさが証明される」(「読売新聞」)

全面的な賛成でもなく、正面切っての反対でもない。条件付き賛成というところか。

のちに首相に就く安倍晋三はこのころ官房長官だった。二〇一三年から始まる第二次政権でアベノミクスを推進していくとき、日銀批判のひとつにあげていたのが〇六年の量的緩和の停止だった。確かにこのころ、メディアには「三月の解除は早いと日銀に伝えろ、と小泉が言った」などという記事も掲載されていたが、二〇〇〇年八月のゼロ金利解除のときのように、政府が「議決延期請求権」を提出するような決断には至らず、議事録によれば出席した財務省の副大臣は「政策決定会合のご判断を尊重したい」とまで言っている(44)。

その後、八月二五日に七月の消費者物価指数(CPI)が発表されたころから、日銀批判が高まりだす。統計の基準年を変更するなどしたところ、〇六年一月からの物価が大幅に下方修正されることが分かったからだ。

「日銀の量的緩和解除は正しかったのか」「時期尚早だったのではないか」という批判が強まる。

須田はこう話している。

「あのとき、私が回った国会議員の人たちはうまくやりましたねという人たちばかり。「けしからん」などと言った人は皆無だった。それなのに、あとであのとき量的緩和を解除したから日本経済が崩れたといわれ始めた。なぜなの、と思った」

ある審議委員経験者は「政治は無定見だから仕方ない」と突き放したような姿勢を示すが、そうだとしても、そういう批判の総体が政治的圧力に転化して中央銀行に加わってくるのだ。

総裁のスキャンダル

福井が総裁に就いてから三年以上が経った二〇〇六年六月、新たなスキャンダルが発覚した。日銀副総裁退任後の一九九九年秋に村上世彰(よしあき)率いるいわゆる「村上ファンド」に一〇〇〇万円を投資、総裁就任後も保有を続けた。〇六年二月に解約。一四〇〇万円余の利益を得ていたことが問題とされた。法的な責任は問われないとされたが、「金融政策の責任者としては道義的な問題がある」「総裁としての自覚がない」という批判がやまず、国会でも厳しく追及された。世論も沸き立った。

官邸の首相周辺は小泉にこうアドバイスした。

「総理が選んだ人なので、任命責任も当然あります。しかし、中央銀行総裁がスキャンダルで辞めるということになれば国際的にも大きな反響がある」

小泉はじっと聞いたままだったという。

結局小泉は福井の弁明を是とし「その説明でいいのではないか」と国会で答弁した。福井は自らに減給処分を課すとともに、戻ってきた資金を全額寄付することで幕引きを図った[45]。

しかし、部下からは厳しい目を向けられた。白川方明は〇八年の総裁就任時に国会の意見聴取に対してこう答えている。

「結果として、日銀に対する信頼が低下したことは事実」「当時の日銀の規定に照らして違反ではないが、日銀に長く務めた者として残念だった[46]」

しかし、福井は「途中辞任するのは新法の精神に反する」と自らが速水を説得した過去をもつ。今度は自分に降りかかってきた。皮肉にもどのような茨の道であろうとも、総裁の椅子には座り続けねばならなくなってしまった。

同時に、自分の次の人事を前に進めねばならなかった。

二〇〇七年九月、福田康夫が首相の座についた。日銀総裁人事は〇八年三月に迫っている。スキャンダルで評判を落としていたものの、何とか辞任要求をかわし続けた福井にとって、福田は以前からよく知っている政治家だった。

福井が首相の福田に会い「今度はこれでいきたい」と示した人事案は、「副総裁の武藤が総裁に、副総裁には理事だった白川、そしてもう一人の副総裁には経済学者の伊藤隆敏」という内容だった。

福井は面会後、周辺に「総理はわかってくれた」と説明した。

伊藤はこのころ流行だったインフレ目標導入の有力賛同者だった。宮澤が小泉に対して「かなり注意して検討するべき」とアドバイスした考え方だ。

金融論の教科書によれば、インフレ目標とは「具体的かつ透明性のある形で物価安定の内容を規定した枠組みのこと」(47)。

しかし、福井は、副総裁になれば伊藤も新たな形で議論を提起してくれるはずだと期待した。日銀幹部は「福井さんらしい」と思ったという。インフレ目標導入の有力な論者である伊藤を取り込んで副総裁に据え封じ込めることを狙ったのか、はたまた議論の活性化を狙ったのか。

確かに福井には異論を歓迎するところがあった。新日銀法への移行時にうるさ型の中原伸之を「議論が活性化するから」とわざわざ審議委員に登用したのも福井だ。結局、中原は速水と対立し、同僚審議委員の植田らも巻き込んで激しい議論を繰り広げることになったが。

異例の中断

二〇〇八年三月七日、福井にとって最後の金融政策決定会合が開かれていた。この日は二日目。当面の金融調節について「無担保コールレート(オーバーナイト物)を〇・五%前後で推移するように促す」という「現状維持」の方針が決まることになっていた。

二日目の議論は白熱することもある。この日も、様々なポイントで議論が重ねられたが、「金融経済情勢」に関する討議に移ったところで異変が生じた。

副総裁の岩田一政が日本や米国の経済状況について自らの考えを語り始めてしばらく経ったところ

だった。総裁の福井がこう言って口を挟んだ。議論でのやり取りであれば別だが、順番にのっとって話しているときに総裁が割り込むことは滅多にない。

「ボードメンバーの皆様にお願いがあるのだが、どうしても今、公用の電話をしなければならなくなったので、短い時間ではあるが、会議を中断させていただいてよろしいか。原則、自分の部屋に帰ってはいけないのだが、電話の性格上どうしても自分の部屋でかけねばならないのでご了承願いたい。ポリシーアクションとは全く関係ない」

総裁は議長を兼ねる。会議のまとめ役が不在になるため、会議を中断させねばならなかった。また、情報漏れを防ぐために、会議中は自室に戻ることが禁じられているが、例外的に破るというわけだ。

「申し訳ない」と言いながら福井は部屋をあとにした。記録によると、午前九時一六分だった。

残ったメンバーはピンときていた。このときはすでに次期総裁をめぐる報道合戦がピークに達していた。会議に出て、そこに座っている副総裁の武藤が昇格するというニュースも流れていたが、同時に参議院を牛耳る民主党が今回の人事には反対するかもしれないという観測も強まっていて、事態は緊迫していた。

そんなときに公用の電話、しかも会議を中座せねばならないような重要な電話が何を意味するのか。自分の部屋からでしか電話できない案件というのはそう多くない。それは人事だろうと部屋にいた多くのメンバーが推測した。日銀の最重要イベントである金融政策決定会合を中断させてまで、電話に出なければいけない相手は、日本でそう多くない。相手は官邸の主ではないか――。審議委員の一人はこう思った。

須田もその一人。「あの時のことは当然覚えている。会合の途中で出ていくので、人事の話だろうと察しはついたが、でもなぜこんな〔決定会合という大事な〕ときにとは思った」と振り返っている[48]。

一二分後、「大変失礼しました」と言いながら部屋に戻ってきた福井は、「それでは会議を再開する。岩田副総裁、話を中断させてしまった。つながりが悪ければもう一度」と促した。岩田がすぐに意見表明を続けて、会議は何事もなかったように進んだ。

それから二時間後、一番重要な金融政策を決定する場面でまたハプニングが起きた。今度は副総裁の武藤に電話がかかってきたのだ。

福井は「武藤副総裁がどうしても公用の電話をせざるを得ないのでお許しいただきたい。会議は続けてよろしいか。中座し部屋に帰られるということである」と説明。これを合図に武藤が部屋から出ていった。記録によると、武藤は午前一一時二七分から四五分までの一八分間会議を中座している[49]。

この光景を見た審議委員たちは強い違和感を抱きながらも、五年に一度のことならば仕方ないのかと考えていた。

須田は「会合後、武藤さんや伊藤隆敏さんが候補者〔として提示された〕という報道を知り、その話だったのだと確信した。もちろん〔福井や武藤に〕電話の内容について聞くことはしていません」と話している[50]。

「阿吽の呼吸人事」の否決

日銀総裁人事をめぐり、すでに政治は臨戦モードに入っていた。

福井の次は武藤――。これは日銀人事に関係する人々の共通認識になっていた。ではいつからそうなっていたのかと問われれば、彼らは「最初から」と答える。

あとは誰を副総裁に据えるのかという問題が残っていただけだ。武藤の人事は日銀法改正をはさんで、ずっと続いてきた「大蔵・日銀間の阿吽の呼吸」型の人事となった。

武藤は一九六六年の入省。主計局を中心にして歩き、二〇〇〇年に事務次官となった。この財務官僚の真骨頂は物事の調整。様々な利害が複雑に絡んだ案件を、それぞれのバックにいる政治家たちのメンツを保ちながら、落としどころに収めていくという能力は抜きんでていた。

しかし、武藤は金融政策のプロではなかった。ある日銀関係者は武藤の発言について「経済学的にあれっと首をひねることもあった」と振り返る。

歴代の総裁を振り返れば、大蔵省事務次官経験者は戦後だけで四人いた。直近は松下だ。この元官僚も主計局を中心に歩いてきた典型的な「財政官僚」であり、金融政策のエキスパートではない。

そんな武藤の総裁就任は、三重野もOKしていたし、大蔵省の有力OBたちにも異存はなかった。そして首相の福田も「単に優秀なだけでなく、非常に柔軟で幅が広い人」と評価が高かった。

武藤はのちにこう書いている。

「この年〔二〇〇八年〕に入り、私は福田康夫首相から「次の総裁に任命したい」と内々の打診をいただいた」[51]

きわめて従来型の人選のようにも見えるが、武藤以外の選択肢はないだろうと関係者は考えていた。福井の任期切れは三月一九日に迫っていた。しかし、二月二九日夜、与党が次年度予算案の衆議院可決を強行した前後から雲行きが怪しくなってきた。

三月一日、地元の盛岡市で記者会見した民主党代表の小沢一郎はこう話した。

「日銀総裁人事であれ何であれ、冷静に話し合う状況ではなくなった。〔総裁ポストが〕空席にならない方がいいに決まっているが、そうなるかならないかは、ひとえに政府・与党の責任だ[52]」

政府はこのころ、参議院でねじれが生じていることを踏まえ、民主党側に「武藤総裁案」を根回ししていた。

二月二一日の夜、自民党と民主党の国会対策責任者らが集まった会合で、自民党側から「武藤総裁昇格」が伝えられた。自民党は福井総裁の任期が切れる三月一九日までの国会議決に自信を示していた[53]。

しかし、民主党はすんなりと首を縦に振らなかった。

「財務省のトップが横滑りする」「天下り人事に使われたくない」などという意見が多くを占めるようになってくる。

この時の通常国会で参議院の各党派議席数は、民主党などの統一会派が一二〇、自民党は八四、公明党が二一[54]。したがって、「武藤反対」を野党が最後まで貫けば参議院での同意は不可能になる。福井の任期切れがくれば、日銀総裁が空席という事態になる[55]。

民主党は「今までの総裁、副総裁は経歴が偏っている。従来の日銀総裁像を打破しよう[56]」(小沢一郎代表)、「財務省が日銀に対して支配的な力をもつのは好ましくない[57]」(菅直人代表代行)などという主戦論に傾いていく。

官邸には「予算案の強行採決を口実にしているだけ」との見方もあったが、理由がなんであれ現実政治の中で首相の福田は決断を迫られることになった。このまま否決のリスクを抱えながら武藤新総裁案で強行突破をはかるのか。それとも民主党の賛成を得るために、総裁人事を差し替えるか。

民主党の反対理由も明確になってきた。当初予算案の採決への仕返しのようなことを前面にだしていたが、今度は「財政と金融の分離」を強く主張するようになっていたのだ。

このロジックは一〇年前の大蔵省改革時にもよく用いられたフレーズだった。

福田は最終的に中央突破をはかることを決めた。金融政策決定会合が開かれた同じ日、三月七日の午後、国会に「武藤総裁、白川方明副総裁(元日銀理事)、伊藤隆敏副総裁(東京大学大学院教授)」の三人をセットで提示したのだ。決定会合のときに福井と武藤に掛かってきた電話はその連絡だったのではないかとみられている。

三月一一日に開かれた参議院議院運営委員会で、武藤、白川、伊藤の三人から聴取が行われた。すでに大勢は決している。第一党の民主党が武藤に反対を決めており、衆議院との「ねじれ」が生じている以上、どんな聴取が、どこまで行われても、結果が変わることはなかった。

民主党は財金分離の観点から武藤に「ノー」を突き付けている。しかし、質疑の中で「なぜ財金分離の観点から反対せねばならないのか」という丁々発止のやりとりは見られなかった。

例えばこんな質問がでた。

「これまでの総裁の任命は、日銀、大蔵、日銀、大蔵、日銀、大蔵、日銀、大蔵、日銀と、まさに日銀OBと大蔵省OBのたすき掛け人事だ。どのように見ていたのか」

それに対して武藤は「私はこの五年間、日銀マンとして行動したつもりだ。そういう意味では内部の昇格人事というような見方をされている方もいるわけで、これが契機に今後たすき掛け人事が復活するという見方は、私はいささか理解できません」とかわす。

「財政政策の事務方トップが金融政策のトップに立つことは問題ありとの指摘について的外れと思うか」という質問に武藤はこう答えた。

「もし財政政策によって金融政策が歪められるのではないかということであるとするならば、そのような考え方では行動しない」

相手は百戦錬磨の元財務省幹部。ちょっとやそっとのことで、ぼろはださない。武藤は核心からうまく逃れながら、答弁を続けた。

三月一二日の参議院本会議は賛成一〇六、反対一二九で武藤総裁案を否決した。

民主党の反対理由はこう説明された。

「過去五年間の金融政策は、金融緩和と超低金利を継続し、国民経済に負の影響をもたらしたことは否定できない。この間、副総裁として在任した武藤氏はその責任の一端を担っている。バブル経済のさなかに、旧大蔵省銀行局幹部として在任したほか、主計局次長、官房総務審議官、官房長を歴任するなど、まさに財務省そのものの人事であり、日本銀行の独立性が担保できない懸念がある。過去の大蔵省と日銀のたすき掛け人事の復活につながる人事は極力回避するべきである」(58)

この事態にメディアの論調は否定的だった。例えば「朝日新聞」は三月一二日付朝刊で「腑に落ちぬ不同意の理由」との社説を掲げ、こう批判した。

「民主党の反対理由を聞いても、政府が最終的に任命責任を負う重い人事を覆すほどの説得力があるとは思えない。(中略)さらに腑に落ちないのは、今回の不同意方針に福田首相を追い詰めようとの政局絡みの思惑が感じられることだ」

また、民主党内には執行部の方針に否定的な議員も少なからずいたようだ。あるベテラン議員は武藤に「この対応はけしからん」と言ってきたという。最終的に武藤の人事案に対して民主党会派から五人が棄権・欠席した。(59)

同時に出されていた伊藤副総裁案も、小泉政権時代に竹中などと近かったことが問題視されて否決された。唯一、白川だけは「反対する理由がない」とのことで副総裁就任が認められた。

この採決について、のちに武藤はこう書いている。

「国会同意人事には衆参両院で議決が異なる場合に協議する仕組みがない。否決したほうが常に勝つのだ。国家の意思決定のあり方としては疑問も感じた[60]」

トップ空席

事態はさらに迷走を重ねる。

三月一九日に福井の任期が切れるのを前に、「福井・武藤留任案」が浮上したかと思えばすぐに消え、福田は「総裁に田波耕治元大蔵省事務次官、副総裁に現職の日銀審議委員である西村清彦」という新しい案を国会に提示した。

田波というのは一九九六年秋、中央銀行研究会の事務局をつとめた内閣内政審議室の室長を務めていた官僚だ。福田の父親で元首相、赳夫（たけお）の秘書官だった元大蔵官僚の推薦があったと関係者は指摘する。

別の財務省関係者はこうも分析した。

「福田さんは武藤さんの芽を残そうとしたのではないか。つまり、入省年次で上の田波さんが総裁をつとめたあとなら、再び武藤さんを総裁にできる可能性は残るから」

田波のもとには福田が深夜電話してきて、総裁就任を要請している。その際、首相周辺には「小沢さんはOKだろう」という見方もあったようだが、それは楽観的に過ぎた。

結局、民主党は「武藤氏を不同意にして、同じ財務省出身の田波氏に同意することはあり得ない」としてこの総裁案にも反対。参議院では一一二票対一二五票で否決された[61]。日銀総裁が空席になるという事態が発生したのだ。

次に福田官邸は副総裁に就任した白川を総裁に昇格させ、空席となる副総裁のポストに元財務省財務官の渡辺博史を指名する案を提示した。

このとき白川は四月二日の夜、当時の額賀福志郎財務大臣から就任打診の電話がかかってきて、四月六日には正式に首相の福田から総裁就任を要請されている[62]。一時は「やむなし」の雰囲気も広がっていた渡辺の副総裁就任人事には小沢が最後まで強硬に反対。民主党は「天下り禁止と財政と金融の分離の観点」から渡辺への不同意を決める。

参議院本会議で否決された日銀関連人事は、武藤、伊藤、田波、渡辺と四人に上った。

不同意には様々な要因が絡んでいた。最初に武藤が否決された時のことを振り返り、当事者の一人はこう話す。

「あのときは民主党内の主導権争いに巻き込まれてしまったという感じもした。最初、小沢さんは武藤総裁案に賛成のようなことを言っていた。しかし、民主党内に作られた同意人事検討小委員会の委員長だった仙谷〔由人〕さんが強硬に反対して流れを作った。仙谷さんには小沢さんに一泡吹かせようという意図があったように感じた」

民主党内には小沢の強引な手法をめぐる不満がくすぶっていた。

小沢は正式提示される直前の三月六日の記者会見で、総裁人事への対応を聞かれ、こう答えている。

「任命権者は内閣。政府、内閣がどうするのか。それについて私たちはどうするのか。〔人事案が政府から〕出されてからじゃないと分かりませんわね」(63)

白川が総裁になったあと、民主党についてメディアはこう評した。

「迷走を重ねた日本銀行総裁人事がやっと決着する。一カ月に及ぶ消耗戦を引っ張った民主党は土壇場で党内の亀裂が表面化し、しこりを残した」(64)

最終的に理事だった山口廣秀(ひろひで)が副総裁に昇格し、正副総裁三人がそろう二〇〇八年一〇月まで、日銀は変則的な運営を強いられた。

首相の福田は振り返ってこう話す。

「民主党に話をすると、すぐに暴露されてしまい、なかなか本当のことを言いにくかった。民主党の執行部から「わかりました」と言ってきたその日の夕方に「やっぱり党内調整がだめでした」と言ってくる。とんでもないことだった。何度もそういうことがあった。こんな重要な人事について、本当に反対するのかなと思っていた。むしろ最後は賛成するんじゃないかと思って〔武藤案を〕提出した。法改正して衆院の再議決で決めるという案もあったが、時間的なこともあり、やらなかった」(65)

確かに新日銀法の「両議院の同意を得て」という条項を衆議院の決定優先の規定に変えるべきではないかという意見はくすぶり続け、四月八日の自民党総務会でも「日銀法再改正するべし」との意見もでた(66)。福田はこう話す。

「政治主導とは何なのか。政治主導と政治家のエゴの識別がついていない。安倍さんは〔黒田を総裁に選ぶプロセスを通じて〕政治主導〔の貫徹〕を考えたのだろう。まず政策を、ということでね。ただ、問題は周りの人たちだった。お友達なんだよね。威勢のいいことを言えば心地はいい。でも、〔参考にすべき意見は〕広い方がいい。いろいろな人たちから[67]」

それまでに、国会同意人事に関して内閣の提案が参議院で不同意となったケースは一七件、三二名あった。一件一名を除きその大半が二〇〇七年に参議院で与野党逆転が生じて以降の出来事だ[68]。日銀を含めて、これらは人事を政争の具にした結果なのか、あるいは議会のチェック機能の証明なのか。判断は難しいところだ。

当時、日銀人事が否決されたのは日銀法に衆議院の議決が優越する規定がなかったからだったなどと、立法のプロセスを批判する声が出ていた。また福田が指摘したように、追い詰められた自民党の中には法改正を求める意見もあった。

一九九八年の新日銀法施行から一〇年間で何が変わったのか。この時、日銀の最高幹部をつとめていた関係者はこう観察する。

「明らかに国会優位の波は感じていた。ほかの組織でも国会同意人事が増えている印象がある。「えっ、こんなところも国会同意か」と違和感をもった。例えば預金保険機構の理事長なんてかなりテクニカルなポジションだ。そんなところまで、政治マターかという感じだった[69]」

このころ、小泉改革の余波を受けて、政治主導という名前で政治家が主導権を握ろうとする、あるいは握る局面が増えてきた。

しかし、このときはまだ人事への介入を通じて実現が図られたのは政治的な優越性――政局でだれがヘゲモニーを握るのかという文脈におけるもの――だった。

人事と政策が明確に関係性を持ち始めるのは、二〇一三年の第二次安倍政権まで待つ必要があった。

第三章　政治任命化の完成
――日銀総裁は権力の代理人なのか

総選挙に勝利し首相に返り咲いた安倍晋三は、財務省と日銀がカギを握ってきた総裁選びのプロセスを変え、官邸主導を貫徹した。安倍はリフレ的政策を主張する黒田東彦に金融政策のかじ取りを任せた。特定の金融政策を実施するために総裁が決められるのは初めてだったが、政治はこう学習した。

「中央銀行は人事を通じてコントロールできる」

金融政策を変更するための人事に対するチェック・アンド・バランス機能は果たされないままだった。

五年後の再挑戦

二〇〇八年三月、国会の混乱の中で誕生した白川方明総裁だったが、その評価は芳しいものばかりではなかった。「リーマン・ショックへの対応が遅れた」とか「金融政策が小さすぎるし遅すぎる」などという批判の声が経済論壇に多く見られた。

こうしたイメージは白川はじめ日銀幹部の間で「空気」と呼ばれたが、それが政治に結びつけば無視はできない。国会でも白川への批判は日常化していったが、東日本大震災などを経て、その任期も終わりが近づいてきた頃だった。

二〇一二年一一月、民主党の首相、野田佳彦が突然の衆議院解散・総選挙に踏み切った。そして街を選挙カーが行きかい始めたころ、財務省が次期日銀総裁人事に向けて動き始めた。

白川の任期は翌一三年の四月八日まで。本来ならこの時期、つまり秋も深まるころは日銀人事が佳境に入っているはずだった。しかし、民主党政権の行く末が怪しくなっていたことや、選挙がいつ実施されるかわからないという状況だったことなどから、本格的な検討は先延ばしになっていた。

選挙があれば自民党が政権党に返り咲くのはほぼ確実。財務省事務次官の真砂靖（まなごやすし）以下関係幹部は、政治の喧騒を横目に準備に入った。

旧日銀法の時代から、誰を総裁とするべきなのかを決めるのは、官房長や総務審議官（現総括審議官）、秘書課長らの助力を得ながらも、最終的には事務次官の役回りとされてきた。

以前であれば日銀内の実力者――このころならば、前総裁の福井や現総裁の白川ら――と相談を重ね人選を進めていくところだ。

戦後、総裁のポストは大蔵省と日銀がたすき掛けで分け合ってきたが、人選に政治はほとんど関与せず、両組織の実力者による裁定のような一幕があった。

森永総裁による「前川総裁、澄田副総裁」「前川の次は澄田」という裁定だけではない。例えば一九八九年一一月、澄田が官邸に海部を訪ねる。退任あいさつをすると同時に「後任には三重野副総裁を推薦する」旨を伝えた。当然このことは大蔵省も了承済み。海部はその場で了承したという(1)。

また、一九九四年一〇月一日、先進七カ国蔵相・中央銀行総裁会議(G7)が開かれていたスペイン・マドリードの国際会議場で、三重野は蔵相の武村正義に対し次期総裁について「松下さんがいいと思う」と推薦している。武村が蔵相に就任する前、九四年春には大蔵OBと三重野らの間で「次は松下」と固まっていた(2)。

戦後ただ一人民間人出身の総裁となった三菱銀行頭取(当時)の宇佐美洵(まこと)のケースは、元首相、池田勇人の遺言として、佐藤栄作が強引に実現したのだという(3)。このケースだけ、大蔵省、日銀の密室での裁定ではなく、政治主導で決まったと言えるのかもしれない。

ただ、その頃と日銀を取り巻く状況は大きく変化している。それはこの問題に関係する人々すべてがよくわかっていた。

選挙が終われば、安倍晋三率いる自民党が政権に復帰してくることはほぼ間違いがなかった。その安倍は選挙公約として「大胆な金融緩和」をうたい、日銀にアクションを求めている。

実力政治家の後ろ盾を得たリフレ派の勃興は誰の目にも明らかだった(4)。

「デフレは貨幣的な現象なのだからマネーを供給すれば脱却できる」というリフレ派的言説。それに強い影響を受けた安倍だけに、当然総裁選びにも介入してくることが予想された。財務省もある程度の大物を候補として擁立しないと太刀打ちできない。

最終的に財務省は、事務次官OBの武藤敏郎を再度日銀総裁にチャレンジさせることにした。武藤は与野党を含めた政界だけでなく、経済界、言論界などあらゆるところに幅広い人脈を張り巡らせていた。安倍の後ろ盾となっていた元首相の森喜朗の信頼も厚い「大物次官」と言われていた。

武藤には日銀副総裁時代の経験がある。二〇〇八年三月、この人物の総裁就任を阻んだのは当時参議院を牛耳っていた民主党だ。もし、武藤が総裁候補になれば、前代未聞の「五年後の再挑戦」となるはずだった。

「君たちがそういうなら引き受けるけどねぇ」

武藤と面会した幹部から話を聞かされた財務省関係者にも、乗り気ではない本人の思いが伝わってきた。政治の混乱に巻き込まれて事実上「さらしもの」にされてしまった武藤の無念さにも理解を示しながら、財務省幹部は見渡してみて武藤以外に適任はいないと説得した。

財務省が武藤を推薦したのは、リフレ派への対抗という意味合いもあった。財務省の中には「安倍さんは専門家を排除している」という声があった。日銀の金融政策をめぐっては長年経済学者たちが論争を続けてきた。「まともな学者たちは、もうリフレ派とやりあうのが鬱陶しくて黙ってしまっている」と財務省の幹部たちはみていた。リフレ派の主張は目立つし、安倍はそれに引っ張られているとも受け取れた。少なくとも、武藤にすればバランスのとれた政策運営は可能になる――。

そして何よりも、武藤は財務省の出身だ。一九九八年の新日銀法施行以降、日銀出身者の総裁が三人続いた。このあたりで財務省にポストが戻ってきてもおかしくない。財務省幹部は、そう考えて武藤総裁実現に向けた戦略を練った。

大臣マター

一二月一六日、安倍自民党が選挙で大勝するよりも前、かなり早い段階から財務省は「自分たちの大臣には麻生太郎が指名される」という情報をキャッチしていた。選挙に勝つ、つまり政権が交代するのは当然で、あとは勝ち方の問題になっていた。

このため、選挙直後、まだ正式に財務大臣が発表される前、真砂ら幹部が麻生を訪ね、あいさつとともに「早急に事前レクの場を設けさせていただきたい」と頼み込んだ。麻生への説明は「各局からのレクチャー」という形で実現した。まだ就任前だ。さすがに財務省で実施するわけにはいかず、この役所からほど近いホテルの一室が用意された。

初めて財務大臣となる麻生のために、予算編成や税制改正の現状、リーマン・ショック後の国際経済の推移や為替市場の動向などが次々に進講された。各局からの長い説明が終わると、その日の締めくくりとして、ごく限られた数の説明者が残り、日銀総裁人事の現状が報告された。

「総裁人事は武藤さんを推したい」という事務方の説明に対し、麻生は「俺に任せろ」と応じたという。大臣が「任せろ」と言ってくれれば、あとは政治のプロセスに入る。逆に言えば、よほどのことがない限り、任せきりにしなければならない。下手にほかのルートで手を回せば、それは大臣に任せたということと矛盾するし失礼に当たる。

もちろん、以前の大蔵省であれば、政治家など何するもの、という感覚が備わっていたし、現実として政治家が何を言おうが、官僚の考える政策目標を完遂することもあった。

しかし、財務省の地盤沈下は著しい。しかも相手は首相経験者だ。安倍を支えることになる麻生は政権のナンバー2になるだろう。そんな政治家が「任せろ」と言えば、それ以上の踏み込みはできなかった。同時にそう言った政治家は重大事案として責任をもって完遂まで努力し責任を負うことになる。霞が関ではそれを「大臣マター（課題）」と呼んでいた。総裁人事は首相までつとめた政治家にとっても最上位の案件となった。

財務省が総裁候補を武藤にしたのは、経験豊富だからと説明されたが、ほかに有力者がいないという事情もあった。

関係者によると、次官の真砂は二〇一二年暮れの選挙期間中、ひそかに日銀総裁の白川と会っていた。テーマは人事。このころ、安倍は選挙の応援演説で持論のインフレターゲット導入を提唱しながら、「無制限の国債購入」「建設国債の全額日銀引き受け」などと、刺激的なフレーズを連呼していた。この手の恫喝めいた街頭演説に日銀幹部たちは危機感を深めていく。

関係者によると、この会談で財務省の「武藤総裁案」に賛意を示した日銀側が要請したのは「山口廣秀副総裁の留任」だった。山口は日銀の出身。〇八年に総裁人事が混乱した際、白川らの就任から半年ほど遅れて副総裁になった。

金融政策に言及を繰り返す安倍を抑えるためにも、これまでの経緯をよく知っている山口が総裁を支えた方がいいという発想だった。安倍が、武藤ではなく、とんでもない人物を総裁に据えた場合、山口はそのお目付け役としての機能も期待された。

ただ、今回の人事について、真砂以下の財務省も、白川以下の日銀も、自分たちに主導権がないことはよくわかっていた。ただ、財務省は日銀の、というよりも白川の、ナイーブな主張を気にしていた。それは年末から作業が始まり年始から本格化した「共同声明」に関してだった。

財務省・内閣府と日銀。この三者で話し合いが進んでいたが、日銀のかたくなな姿勢に時に政府側は手を焼くこともあった。財務省幹部は副総裁の山口に電話をかけ、文案を詰めるとともに、こういう風に言って譲歩を迫った。

「ある程度日銀も譲歩しないとだめだ。こんなことをしていたら正副総裁から日銀出身者が外されるぞ。政策はあとからでも変更できるが、人事をとられたら後々厄介だぞ」

多分こんな事態は初めてだな――。関係者は、人事という切り札を使って攻め寄せる政治を防ぐ手立てがないことも理解していた。

安倍と本当の意味での接点を持っていたのは大臣の麻生だけだった。「大臣マター」となってしまったこの問題に関し、事務方は麻生から年末、年始にかけて二、三回安倍と会ったと聞かされた。そして同時に「武藤総裁」案がうまくいっていないことが伝えられた。

麻生はこのとき、安倍は「武藤はダメ」というが、財務省のことはダメとは言わんのだよな、などと言っていた。幹部は「副総裁のときに武藤さんが量的緩和解除断行に賛成したためか」などとも考えてみた。当時、安倍は官房長官だったが、その後この量的緩和解除の事例を「日銀に任せていたら失敗する例」としてよく紹介していた。

国会内や官邸には反財務省の空気も強かった。そのためか、「中央銀行総裁には世界各国のセントラル・バンカーと渡り合えるだけの語学力が必要だが、武藤は英語もできない」などという話が出回った。国際会議で積極的に発言しない――などというネガティブな評価も伝わってきた。

財務省はこれに対抗するため資料を作成。「武藤氏は在米日本大使館に三年間勤務」「日銀副総裁として数多くの海外出張を行ない、国際決済銀行（ＢＩＳ）や国際通貨基金（ＩＭＦ）などの主要な国際会議に参加」「英語による講演も行う」などと太字で書き、グリーンスパン、バーナンキ両ＦＲＢ議長だけでなくゴールドマン・サックスの会長など民間の金融機関の経営者などをはじめ、面会した海外要人のリストも作成した。

先輩の日銀総裁就任実現に向け、財務官僚たちは積極的に動いた。安倍官邸でリフレ派が地歩を固めつつあることはわかっていたし、麻生が安倍の説得に苦戦していることもすべて承知の上で、財務省の判断は「本命武藤」を維持していた。そして対抗馬だと考えられていた学習院大学教授でリフレ派の「教祖」と呼ばれた岩田規久男については、麻生が「組織運営をしたことがない学者はだめ」としつこいくらい安倍にインプットしているようだった。

財務省幹部はもう一人、アジア開発銀行（ＡＤＢ）の総裁をつとめる黒田東彦の名前を聞いていないわけではなかった。しかし、ＡＤＢ総裁という今のポジションを考えたらあり得ないとも思えた。中国が虎視眈々と狙っているこのポストを、そう簡単に引き継げるものでもない。今黒田に手を付けるのが危険だということになり、学者総裁は難しいということになれば、最終的には武藤になるのではないか――。財務省はそんな見通しを立てていた。

「私と同じ」が総裁の条件

しかし、安倍官邸の動きは財務省の予想を上回っていた。

安倍の側近として内閣官房参与の肩書をもらった本田悦朗はリフレ派的発想を安倍に注入した一人

だ。二〇一二年一二月の選挙期間中も、演説の振り付けを行い安倍が感激するなど、ボスからの信頼は厚かった。

本田と安倍が日銀総裁に関して詳しい話を始めたのは一三年の年が明けてからだったという。関係者によると、安倍から総裁候補のリストアップという仕事が本田に降ってきた。

これまで日銀総裁人事で官邸が自らリストを作成したことなどあまりない。安倍はなぜ自分でいちから選ぼうとしたのか。のちに安倍はこう説明している。

「財務省は、OBで大和総研理事長だった武藤敏郎氏に交代させようとしていましたね。財務省は、金融政策には関心がない。ただ単にポストがほしかっただけです」

「私が野党の総裁として金融緩和を掲げ、マスコミや経済学者からさんざん批判されていた時に、黒田さんは、私の政策を評価していたのです。国際機関とはいえ、政府側の立場の銀行総裁が、当時、野党だった党首の政策を、ですよ。その度胸があれば、そして私と政策が一致できれば、と考えました(5)」

安倍はこの中で「私の政策」との一致を総裁の条件に掲げているが、一三年二月には国会答弁でこう言い切っている。

「新たに任命する総裁、副総裁については、私と同じ考え方を有する、かつデフレ脱却について強い意思と能力を持った方にお願いをしたいと、こう考えております(6)」

これについて経済学者の岩村充はこう書いた。

「この発言は当たり前のようでいて当たり前ではない。戦後政治のほとんどの期間を通じて政権与党であり続けた自由民主党の領袖たちは、彼らが事実上の人事権を握る日銀総裁人事について問われたとき、見識とか調整力のような抽象的な条件を言うのが普通で、ときの首相と同じ考え方を持っていることが条件だと断言した例はなかったからだ。（中略）一九九七年の日銀法改正によって政府から独立の存在となったはずの日銀は、この安倍首相の言葉によって政府の政策実施機構の一つになったのである」[7]

「日銀総裁の政治任命化」で安倍に影響を与えたと思われるのが、速水日銀時代に審議委員だった中原伸之だ。二〇二一年一一月に八六歳で亡くなるのだが、東亜燃料工業の社長をつとめ日銀の審議委員も経験した中原は財界応援団を組織し安倍をサポートしていた。

第二次政権以前から何度も「金融政策を変更したいなら、内閣や国会は正副総裁や審議委員の人選で考えればいい」という持論を安倍に伝えていたのだという。「内閣の人事権と政策を結びつけろ」というわけだ。

本田の中ではすでに二人の人物がイメージされていた。一人は財務省財務官を最後に退官してこの時はＡＤＢ総裁をつとめていた黒田。もう一人は学習院大学教授の岩田だ。これを本田は「2トップ」と呼び、あとは「枯れ木も山の賑わい」、「当て馬」として、エコノミストやメディア関係者の名前を適当に載せたリストを作った。[8]

安倍に対しても「黒田、岩田」の2トップであることは本田が縷々説明した。「群を抜いてこの二人の優先順位が高い」と。その説明を聞いていた首相は「黒田さんのことは自分もそう思う」と返してきたし、岩田にも興味津々の様子だった。

安倍から「どちらがいいのか」と聞かれた本田は、二人の感触を探ってみることにした。安倍も「岩田先生に聞いてくれ」と本田に指示した。関係者によると、本田は岩田に直接相談してみることにした。「総裁か副総裁か」との問いかけに、岩田は「自分は副総裁がいい。理論面で総裁をお支えしたい」と応じた。即座という感じの応答だったという。

これで本田のリストは、総裁・黒田、副総裁・岩田という組み合わせでほぼ決まりだったが、もう一つ重要なポイントが残っていた。それは黒田の意思確認ということだった。また、ＡＤＢ総裁である黒田が転出した場合、そのポストを中国に奪われないかという問題も残っていた。これは財務次官の真砂らも懸念したポイントだ。

本田はそのへんの経過や事情を安倍に報告するとともに、万一、黒田が転出した場合、どんなことが予想されるのかも調べてみた。ただ、これを調べる場合、「黒田が日銀総裁候補だ」ということが知られてはならない。

ＡＤＢの所管は財務省となる。「黒田転出」の可能性をちらつかせれば、総裁人事に結びつけられるだろう。仕方なく、本田は黒田に直接聞いてみることにした。一月の一〇日前後だった。官邸の自分の部屋からＡＤＢの黒田のオフィスに電話を入れた本田だが、黒田が不在だったためその日は夕刻退庁することにした。本田が地下鉄の駅で電車を待っていると黒田からの電話が来た。しかし、お互いの言葉は地下鉄の騒音にかき消されてほとんど聞こえなかったという。

場所を移しての黒田との会話は、しかし、きわめて重大なものになった。

「総理は黒田さんのことを最優先候補として考えていらっしゃる。お引き受けいただけないか」

関係者によると、黒田の答えはこんな内容だった。

——財務省が武藤さん推挙で動いているのは知っている。自分も組織の人間として積極的にやりたいとは言えない。しかし、仮に総理がそういうお考えであるとすれば大変光栄なことだ——。

「なりたいです」とは言わないが、「要請されれば断らない」という黒田の意思を感じた本田は、ADB総裁の後継問題もある程度「短期決戦」にすればそう手こずることはないという感触も得た。

本田は官邸内で首相執務室と同じフロアにオフィスを持っていた。廊下を歩くと記者たちがモニターできる監視カメラ(9)に映ってしまうので、本田は廊下の内側を走るもうひとつの内廊下を使って移動し、執務室の安倍に事態の経緯を話した。

岩田、黒田の意思確認の内容を伝えると、安倍は一言、「岩田さんでなくてもいいのか」と聞いてきた。「岩田さんに傾斜していたのかな」と思った本田だったが、学者が総裁になることに麻生が反対していることも考慮すれば、安倍が岩田で突っ走ることがないのもまたよく理解していた。

財務省は最初から「カヤの外」だった。本田は財務省出身だったが、この情報を出身母体に流すようなことはしなかった。安倍の財務省嫌いも徹底していた(10)。武藤総裁案は最後まで歯牙にもかけられなかった。したがって、本来なら財務省は最後まで何も知らされないままになるはずだった。しかし、実際には黒田の日銀総裁就任を財務省は割合と早い段階でキャッチしている。

「総理が黒田さんに電話をかけるかもしれないので携帯の番号を教えてほしいと本田さんが言ってきた」

そんな情報を入手したのだ。首相が黒田に電話をするかもしれない。いつかけるのかなどはっきりしたことはわからないが、そのアレンジを本田がやっている——。この情報は省内で関係する幹部に回された。官僚たちは、「日銀総裁を要請するのだな」とピンときた。

話を聞いたある幹部官僚はこう応じた。

「まあ、学者よりいいんじゃないか」

かつて財務省は日銀人事で中核的な役割を果たしてきた。かつ人材を供給してきた。しかし、安倍政権では全く出番がない。指をくわえてみているしかない。

推薦した武藤は再び拒否された。正確に言えば、拒否されたどころか、選択肢にもならなかった。霞が関や永田町の構造にかかわるような大きな変化だった。しかし、人事というなかなか外部からはうかがえない案件だったこともあり、事態は静かに進行していった。

アベノミクスの中核をなす日銀総裁人事はこうして骨格が形成されてきた。

黒田総裁誕生

二月二一日午後、執務室から人払いしたあと、本田の携帯電話をひょいと手にした安倍は、黒田に対して「日銀総裁を受けていただきたい」と直截に伝えた。

このときのことを黒田自身がのちにこう書いている。

「二〇一三年二月二一日だったと思う。マニラのアジア開発銀行(ADB)総裁室で補佐官がつないだ電話の驚きを、鮮明に覚えている。「白川方明総裁の後任として、黒田さんを指名したい」。安倍晋三元首相の声だった。(中略)一瞬は戸惑ったものの、私は指名を受けることにした」[11]

実際に黒田が受けたのが「補佐官がつないだ電話」なのか、携帯電話だったのかは別にして、安倍の要請を黒田は受諾した。

安倍はこの情報を菅義偉(すがよしひで)、麻生などに伝えるとともに、事務手続きのかなめとして官房副長官だった杉田和博にも下ろしていった。

安倍が黒田に直接要請してプロセスは終わった。本田はあらかじめ安倍から電話をする旨を事前に黒田に伝え、その時間に対応できるように依頼していた。

懸念されたADB総裁のポストに関しては財務省財務官である中尾武彦らが動いていた。中尾は以前から黒田の後任としてのマニラ行きを言い含められてきた経緯がある。したがって、黒田の辞任に伴う就任にもあまり抵抗はなかったが、問題は各国の対応だ。[12]

中尾は二月二六日と二八日の二回、中国の財政部に電話をいれている。中尾が日銀総裁人事を説明し、「黒田の後任も日本からの選出を期待している」と伝えると、中国側は「われわれは国際機関の人事について、オープン〔開かれた〕、トランスペアレンシー〔透明性のある〕、メリット・ベース〔能力〕という原則で対応している。中国は日本がADBに大きな貢献を行ってきたという現実はよく認識している」と応じた。

「これは真正面から反対する感じではない」と判断した財務省は、翌一日、米国とコンタクトをとった。

自分が候補になることを伝えながら「米国の支持をいただきたい」と要請した中尾に対して、財務次官のラエル・ブレイナードはこう答えた。

「私はあなたをよく知っているし、あなたのストロング・サポーターだ」

このころ、アベノミクスの始まりとともに、大幅な円安が進んでいることにブレイナードはいらだち、何度も中尾に文句を言ってきている。[13]

しかし、経済覇権の確立に動こうとしている中国に対抗する意味からも、この時ばかりは「通貨マフィア仲間」の出世に賛辞を送った。そしてこう聞いた。

「他国から誰か立候補するかどうかご存じか」

中尾は、すでに中国と話をしたこと、そして中国の財政部レベルでは中国に立候補の意思はないようだとしながらこう付け加えた。

「もちろんリーダーレベルまで上げたうえで中国の最終決定がどうなるかについて保証はないが」

中国は結局動かなかった。中尾は三月七日に立候補を正式に表明し、そのまま第九代のＡＤＢ総裁に就任した。安倍の心配は杞憂に終わった。

一九九八年の新日銀法施行以降、三人の正副総裁に日銀出身者が含まれていなかったことはない。特に速水、白川時代は総裁と副総裁にそれぞれ二人ずつ就任していた。

日銀出身者が正副総裁を占めるのにはそれなりにわけがあった。日銀は職員数約五〇〇〇人に上る大組織だ。金融政策をつかさどる企画局だけでなく、市場を監視し、金融機関の考査に出かけ、お札を発行し、と多様な業務に取り組んでいる。

どこに、どんな職員がいて、どのようなテーマがあるのかなどは外部から入った人間にとって把握するのはなかなか困難だ。そこで、正副総裁三人のうちの最低一人は日銀出身者を充てるというのが人事を決める際の暗黙の了解事になっていた。

安倍から正副総裁候補者のリストアップを頼まれていた本田も、内部の事情に通じている日銀出身者の存在は必要だと考えた。ただ、どこに、どんな人物がいるのかつまびらかではない。このため、安倍にリストを提出したときは日銀出身者の推薦についてはあえて空白にしておいた。

ある日、本田の電話が鳴った。相手は安倍だった。

「日銀出身の副総裁のことだけど、山口さんに決まったよ」

山口とは、直前まで白川方明総裁のもとで副総裁をつとめていた山口廣秀のことだ。つまり新体制に残留というわけだ。本田は、白川が「旧体制の中から一人残した方がいい」と財務大臣だった麻生に頼みこんで、麻生から安倍に話が行ったと聞かされた。すでに白川は次官の真砂にも山口残留を要請していた。日銀と財務省あげて山口残留の意思表示をしていたわけだ。

本田は山口とは面識があった。若いころ日銀と大蔵省の交流人事で、銀行局に出向してきた山口と本田は机を並べて仕事をした。難しい仕事を一手に引き受けて奮闘する山口の姿を「すごく優秀な人がいる」と印象深く覚えていたという。

また本田がニューヨークに勤務していたころ、山口もたまたまニューヨークに滞在しており、二人でよく食事などにでかけていたという。

しかし、懸念は残った。政治の要求をはねつけて「デフレ脱却に消極的」と批判された白川体制を支えたのも山口。本田は岩田の意見を聞いてみることにした。もちろん、総裁候補とはいえ、人事情報を外部の人間に知らせるのはルール違反になりかねない。一般論という形で聞いた本田に対して返ってきた答えは、案の定、否定的なものだった。

「山口氏ではデフレ脱却のリーダーシップをとれない」

このためほかの候補を当たることになり、そこで浮上してきたのが当時日銀の筆頭理事だった中曽宏だった。金融政策に関する態度ははっきりしなかったが、きわめてレベルの高い英語を話し、事務処理能力も抜群であると聞かされていた。また本田が付き合う海外メディアの間でも中曽の評判は高かった。一月上旬、本田は山口でなく中曽を副総裁にするべきだと安倍に進言することにした。

白川体制を支えた人間は全員変えたほうがいい、そして副総裁は山口ではなく、中曽にした方がいい、中曽は金融危機のとき銀行の破綻処理で名を挙げている、プルーデンス政策（金融システムを安定させる政策のこと）も大事だ——。電話口の向こうで、本田のこんな説明に耳を傾けていた安倍も理解を示した。

日銀出身の副総裁はこれで中曽と確定した。

中曽は二〇一二年に理事の任期四年を終えたが、山口から「再任」を告げられた。関係者によると、その際、「新しい総裁を国際的にアピールしていくこと」が国際派・中曽の仕事だとされた。しかし、それまで新日銀法下で再任された理事はいない。次期体制での副総裁に就任するのではないかという観測も聞かれた。

中曽が浮上してきたとき、本田はある出来事を思い出していた。もともと中曽と本田は大学の同期にあたる。大蔵省や日銀の幹部も参加し、金融機関の幹部らで組織された「東欧視察団」に「一番下の記録取り」という役割でともに参加したことがある。二人がここで一緒になったのは全くの偶然なのだが、このとき中曽が様々なイベントの報告書をあっという間に書き上げてしまったことを本田は記憶していた。

二〇一三年一月、本田はそんな中曽に電話をかけこう告げた。「君は副総裁を受けるつもりはないか。あるならば、あとで安倍さんが君に電話するよ」

第二次安倍政権発足後、内閣官房参与という肩書を得た本田と中曽はよく電話で会話した。「今の経済状況をどう見るか」「米国の経済指標をどう分析しているのか」など様々な意見交換がなされた。しかし、この日の電話の趣旨は全く違った。

関係者によると、中曽はただちにこの話を副総裁の山口に告げた。山口は情報をすぐに白川に上げた。関係者によると、その場でこの副総裁人事が差し戻せないか検討されたという。

しかし、副総裁のオファーを日銀として拒否することなど、この段階であり得ない。そんなことをすれば、安倍政権との対立は決定的になり、もう戻れなくなるだろう。人事差し戻しは幻に終わった。

中曽は一九七八年の入行。どちらかというと信用秩序の維持や市場との対話を役回りとする部局のプロとみられていた。その分、金融政策は未知数だとの評判も立った。

日銀の中では中曽の就任に向けた準備が始まった。特に金融政策は国会でも就任後の記者会見でも問題になるだろう。これまでの金融政策決定会合にも中曽は理事として出席している。したがって白川時代の政策の流れについては理解していた。しかし、問題は安倍、そして安倍に任命された黒田が、白川路線の否定から入ろうとしているということだった。

二月二一日、黒田への就任要請と同じタイミングで、副総裁に選んだ岩田と中曽の二人にも、安倍は電話で話をしている。そしてその際、安倍は「くれぐれもマスコミを含めて他言なさらないようにお願いしたい」と情報管理の徹底を要請している(14)。

「共同声明」認める

安倍官邸からの圧力にさらされていたのは白川だけではなかった。審議委員たちも同様だった。その第一幕は一月の金融政策決定会合で議論された「共同声明」の採択をめぐる議論だった。

安倍政権が誕生するころから、財務省・内閣府と日銀の間で話し合いが続いていたのは「インフレ目標」の導入だった。共同声明は最終的にこんな文書にまとめられた。

「日本銀行は、今後、日本経済の競争力と成長力の強化に向けた幅広い主体の取組の進展に伴い持続可能な物価の安定と整合的な物価上昇率が高まっていくと認識している。この認識に立って、日本銀行は、物価安定の目標を消費者物価の前年比上昇率で二％とする」

「なぜ二％なのか」は日銀内部でもかなり議論された。審議委員たちが賛成しやすいような環境作りとして、日銀の考えをまとめた文書も作成された。彼らには説明責任が生じる。そこで困らないように理論づけを提供しようというわけだ。これを用意した当局者はのちにこう話している。

「審議委員が外でも説明できるようにしたものだった。連続性はあるんだ、変節したわけではないんだ、と。しかし、これが〔その後に「白から黒」と言われた審議委員の変節に関して〕アリの一穴となった可能性はある」

すでに日銀と政府の間では調整が済んでいる(15)。もし審議委員が安倍政権のやり方に反対なら、この文書を採択する金融政策決定会合で反対票を入れればよい。そして反対が五票になれば、この文書はいったん廃棄されることになるはずだ。

声明をめぐる交渉の進捗状況はかなり詳しく審議委員には伝えられていた。その時の反応などから、だいたい票読みはできていた。審議委員の中で満場一致での賛成にならないことは明確になっていた。逆に言えば、反対がでても賛成多数で共同声明は採択される見通しは立っていた。

本番となった一月二二日の決定会合で、審議委員たちは様々な議論を交わした。このときの審議委員は、学者出身の宮尾龍蔵、電力業界出身の森本宜久、学者出身の白井さゆり、金融界出身の石田浩二、エコノミスト出身の佐藤健裕(たけひろ)と木内登英(たかひで)――の六人だった。まず、木内がこう言って「共同声明」に反対意見を述べた。

「昨年以来、メディア、市場関係者の間で、本行による二%の物価目標の導入や金融緩和の積極化などの観測が浮上している。しかし、物価安定に関する数値は現行の「消費者物価上昇率で二%以下のプラスの領域にあると判断しており、当面は一%を目途とする」ということで据え置くことが現時点では適切ではないかと考えている」

賛成の意向を示したのは森本だった。

「政府をはじめとした幅広い主体の成長力強化に向けた取組みの進展に伴い、持続可能な物価の安定と整合的な物価上昇率が高まっていくことを前提とすれば、消費者物価の前年比上昇率で二%とすることが適当であると思う」

宮尾も続いた。

「新しく導入される物価安定目標のもとで持続的成長経路へ復していくという見通しの実現を確かなものとするためには、資産の買入れと実質的なゼロ金利政策の両面から、金融緩和を思い切って一段と強化し前進させることが必要と判断する」

これに対して佐藤は物価目標に関する提案に反対の立場を示した。

「二%という目標を新たに課すとして、それは現状対比であまりにも遠いところにある。二%を目指すと日本銀行が宣言しても、目標が高すぎて却ってマーケットに信認されず、マーケットとのコミュニケーションが全然なくなってしまうといったようなリスクもあるのではないかと思っている」

総裁の白川が改めて「共同声明」について説明した。

「政府と日本銀行は日頃から密接な意思疎通を図っており、今回も大臣とも何度も話をさせて頂いた。日本銀行の金融政策については、日銀法に定められた通り、日本銀行の自主性が尊重されなければならないという規定、従って日本銀行の責任と判断において金融政策を行っていくという規定と、そのうえで政府との密接な意思疎通を図っていくという規定の両方をしっかり意識したうえで、今回このタイミングで、政府と日本銀行がお互いの役割を明確に意識して政策連携を強化すること、そしてそれを対外的にも示していくことが重要と考える。先日の経済財政諮問会議の場では、安倍首相から、政府と日本銀行の連携を強化する仕組みを構築すべく、検討と調整を進めて欲しいとのお話があった。そのことを受けて、麻生副総理、それから本日ご出席の甘利大臣とも意見交換をさせて頂いてきた。日本銀行が自らの判断と責任において金融政策を行っていくことで、政策連携を強化することの重要性について、政府とも共通の認識ができているように思う」

副総裁の山口が口を開いた。すぐ近くには、直前に入室してきた経済財政担当相の甘利明がいる。安倍を支え、アベノミクス推進でも力になっている実力政治家だ。政府からは財務省と内閣府の幹部が金融政策決定会合に出席できる。彼らには発言の機会が与えられているが、投票の権利はない。

「こうした形の文書を取り交わすについては、白川議長も先程言われたことだが、日銀法に定められた日銀の「独立性」と言われるもの――法律上の文言は「自主性」であるが――と政府との十分な意思疎通の重要性との間のバランスをしっかり取っていくことが大事であると思う。今回、文書のタイトルが「政策連携」になったということと、物価安定の目標のもとで、金融緩和を推進しこれをできるだけ早期に実現することを目指すという表現になっているところに、実際の金融政策運営の進め方については基本的に日本銀行に任せるという政府の強い意思が表れているように思う。それから、政府ご自身が行おうとしていることについても、相当踏み込んだ書き振りになっている。こういった点で日銀法に定められているわれわれの独立性の確保ということと、政府との間の意思疎通の重要性ということを合わせて、きちっと体現できた文章になっていると私自身は思っている」

山口はこの「共同声明」をめぐる協議で、安倍が「デフレ脱却は日銀の責任」と強調していることを百も承知だった。そのうえで、目の前にいる甘利に聞こえるように、独立性を強調しながら話をした。

佐藤からはこんな意見がだされた。

「少し気になっているのは、本当に政府と日本銀行の連携の強化という重要な課題が、こういった紙の上だけではなく、気持ちとして共有できているのかどうかというところである。ここがやはり大事だと思う。報道で知るだけだが、政府高官の方々が、例えば「二%の物価目標を日銀が宣言すれば十分である」、「日銀が宣言すれば市場や各企業の期待インフレ率が上がってきて二%の物価目標が達成できる」といったような論調がはびこっている訳だが、現実の経済はそんな教科書どおりいくはずもない。中央銀行が二%のインフレ率を宣言すればそれだけで事足りるというような世界でないことはもとより当然であって、そういう意味では、この文章にあるように、本行の努力だけでなく、政府が成長力について今までと違った相当強烈な底上げをやっていかないと、どうしようもないということだと思う。その辺の認識ギャップが私は若干気になっている」

これらの意見を受けて甘利が口を開いた。

「本日午後の総理会見をもって正式な「共同声明」の発表を行いたいと思う。本日合意をする政府と日本銀行の文章は、できるだけ早期にデフレから脱却をするという強い意志、明確なコミットメントを示す「レジーム・チェンジ」とも言うべきものである。日本銀行におかれては、この目標をできるだけ早期に達成するために、大胆な金融緩和を進めることを強く期待している」

白川が「金融政策は自分たちの判断でやる」と強調しようが、山口が「基本的に日銀に任せるという政府の強い意思」と皮肉ろうが、佐藤が「日銀が宣言すれば二％は達成できるというような論調がはびこっている」と危機感を表明しようが、政府を代表した甘利には「馬の耳に念仏」に近かったようだ。

日銀が何を言っても、二％達成はお前たちの責任なんだからな――。安倍の名代として会合に参加した甘利は、要すればこう言っていた。「戦勝宣言」のようにも聞こえた。「共同声明」は採決にかけられ、七対二の賛成多数で承認された。アベノミクスに疑念を抱いたとしても、審議委員たちは少しずつ方向を変えさせられつつあった[16]。

野党は抵抗せず

新しい日銀正副総裁に対する国会の聴聞が三月四日からと決まった。

その直前、マニラから帰国した黒田は東京・霞が関ビルに入居する「ＡＤＢ東京事務所」で中曽と会っていた。関係者によると、中曽はその場で黒田からこう言われた。

「雨宮さんを戻してほしい」

企画局長、理事と歩んできた雨宮正佳（あまみやまさよし）は二〇一二年から「理事・大阪支店長」の肩書で東京を離れていた。この人事をめぐっては「白川との折り合いが合わないためとばされた」とか「次期副総裁候補としての温存作戦ではないのか」などという憶測が流れた。

雨宮は企画担当の理事として黒田の金融政策を裏で支えるプロモーター兼参謀のような役割を担うことになった。金融政策を所管する企画部門の主要ポストを歴任するなど日の当たるところを歩いてきたので、周辺は雨宮の就任に違和感がなかった。ただ、雨宮は「自分は黒田さんとは面識がないのになあ」と不思議がった。

正副総裁に対する国会での聴聞が開始された。民主党議員がこう聞いた。

「中央銀行の独立性の意味についての見解を伺いたい」

黒田は正面から答えず「中央銀行の独立性というものがしっかり維持されている中で、物価安定目標というものを定める中央銀行が次第に増えてきた」と話し、一月の「共同声明」についても「一番重要なことは、物価安定目標はこれは経済政策全体に影響しますので、当然政府と緊密な連絡をとりつつ決めることは好ましいと思うが、日本銀行が政策委員会で決定されたということで、これは現行法の下で、当然でありきわめて正しいことだという風に思っている」と答えた。

別の質疑では「グローバル・スタンダードでは〔二％達成は〕二年程度というのがスタンダードですので、当然それを目指すことになると思う」などとインフレターゲットの達成時期として二年を明言している[17]。

岩田も二％達成は当然という立場を示し、「遅くとも二年では達成できるのではないか」「〔二年で達成できない場合の〕その責任のとり方で、最高の責任のとり方は辞職するということだ」と強調した[18]。

岩田と黒田は「二年」という数字を出してきた。しかし、中曽は国会でも記者会見でも「二年」という数字には一切言及しなかった。このことについて中曽は後日、周囲にこう説明している。

「私は二年で二％のインフレ目標達成はうまくいくかどうかわからないと思ったし、どちらかというと無理だと思っていた」

中曽の記者会見や国会での発言は、事務当局とも打ち合わせ済みだった。つまり、「二年」について触れないのは、日銀内である程度オーソライズされていたわけだ。事務方の多くは中曽の考え方にシンパシーを抱いたというが、同時に総裁や副総裁が個人的に「二年」と主張することは止められないことも分かっていた[19]。

この時、行内全体が「えもいわれぬ雰囲気に満ちていた」と日銀関係者は言う。それをある幹部は「閉塞感」と表現し、別の幹部は「解放感」と表現した。安倍の政治任命として黒田がトップに座った。それまで政治から「日銀は何をやっているんだ」と批判され続けてきたが、これで状況が変わるかもしれない。白川時代とは少々違ったテイストが出せるかもしれない――。そう思った職員も少なくなかったようだ。ある幹部はこう証言している。

「事務当局の中には、やるのであればもっとやればいいのにという感じがあった」

そして政治だ。力をつけてきていたリフレ派に呼応するように、日銀はもっとできるという声がいつになく高まっていた。それは与野党を問わなかった。そして、政権をとった安倍は、かつてのように政策の立案途中で「ああしろ」「こうしろ」と口をはさむのではなく、総裁交代という手で日銀の司令部機能を根こそぎ持って行ってしまった。

安倍がこれまでにない手法で介入してきた。であれば、黒田らの就任のプロセスで非常に重要になるのが国会の手続きだった。衆議院と参議院でどちらもOKがないと、法律で定められた国会の同意が得られない。〇八年はこの過程で総裁候補だった武藤に「ノー」が突きつけられた因縁の場だ。

逆に言えば、国会の場は、日銀人事に対するチェックの機会にもなる。五年前の参議院の行動に対しては、日銀総裁ポストを政争の具にするのは何事だという強い批判もでたが、制度上認められている国会の権能を行使しただけとも言えた。

もしこのとき、国会が黒田の掲げる金融政策はおかしい、あるいは危険だと判断したら、その人事案を否決すればいい、それがチェック・アンド・バランスというものだ――。こんな立論もできた。

しかも、このときもまだ国会はねじれていた。民主党が参議院の第一党だったのだ。五年前に武藤が提案された時と同じだった。当時は民主党が武藤、田波といった大蔵省事務次官OBの就任に反対したことで〇八年三月一九日から四月九日まで三週間、日銀総裁のポストが空席となってしまった。

憲法上、予算や条約には衆議院の優越が規定されている。また、法案は衆議院の三分の二の再可決で成立する。しかし、国会同意人事はこれらの規定の適用外だった。国会で否決されたらそれでおしまいだった。

かつて武藤総裁案を葬った民主党は、この行動の威力をよく知っていた。総裁人事に反対して再び空白をつくれば、批判の的になりかねない。一三年当時、民主党の幹事長だった細野豪志はNHKの番組で「空白は作らない」と強調した[20]。

このときは五年前とやや状況が異なっていた。それは民主党の議席数だ。第一党の地位は維持した一〇年の参議院選挙で過半数を割っていたため、自民党が「みんなの党」などほかの野党の協力をとりつければ、黒田総裁案は可決可能だった。

そして何といっても、直前の総選挙で大敗を喫し自民党に政権を奪い返されていたことが大きかった。その傷は深く、とても安倍の提案をストップさせるだけの政治的エネルギーは残っていなかった。

民主党はとりあえず独自に判断基準を作った。〇八年の混乱で「政争の具にするな」と批判された反省でもあった。「卓越した識見」「十分な学習能力」「独立性を堅持する能力、胆力」など。最終的に黒田と中曽については、これらの基準を満たしていると判断した。ただ、岩田は「日銀法改正」を公言していたことを問題視して、「同意反対」を決めた。

参議院が三月一五日の本会議で行なった採決の結果、黒田は賛成一八六票対反対三四票、岩田は一二四対九六、中曽は一九九対二二。いずれも賛成多数で可決された。民主党が反対した岩田については、自民・公明両党に加え、日本維新の会など一部野党の支持を得て、この時の過半数の一一八票を六票だけ上回り副総裁に就任することができた[21]。

民主党の中には「黒田でいいのか」という声も聞かれたが、同時に「空白は作らない」という方針は衆参の議院運営委員会で三月初旬に開かれた意見聴聞の場をあまり緊張感のないものにした。黒田に対して明確にノーを突きつけ激しく迫るようなシーンはなく、「二%の達成時期」「達成しなかった場合の責任の取り方」「トップとしての覚悟」などの質疑が大半だった。

それに対して黒田は、二〇〇〇年のゼロ金利解除や〇六年の量的緩和からの転換などを挙げ、こんな風に答えている。

「現在の日本銀行法の中に、政府との緊密な連絡、協調をするようにということが書いてある。その意味で、必ずしも十分な連絡、連携、協調が行われていなかったのではないかという反省をすべきであるというふうに思っております」

「日本銀行の政策として、今から見直してみて、やや疑問があったという点が幾つかあろうと思いますし、二〇〇六年の決定も、今から見ると明らかに間違っていた[22]」

トップを替えて丸ごと金融政策を変えてしまうことと、日銀法に定められた独立性の関連を問う質問は、この聴聞の場で聞かれはしなかった。国会は貴重なチェック・アンド・バランスの機会を逸したとも言えた。

人事の「場外戦」

日銀の新総裁人事をめぐっては、様々な「場外戦」も繰り広げられた。

例えば、新日銀法が施行された一九九八年から審議委員をつとめた中原伸之だ。財界人としても活躍した中原は審議委員当時、総裁の速水とよく衝突した。当時同じく審議委員だった植田和男とも、ことあるごとに対立。二〇〇〇年八月のゼロ金利解除時にはこんなやりとりを交わしている。

審議委員の意見の誘導が図られているのではないかと疑った中原はこう言った。

「さきほど、藤原〔作弥〕副総裁が植田委員を勧誘されたようであるが、（中略）勧誘するとかそのかすことは私は非常にまずいのではないかと思う」

植田「私は中原委員が言われたように自分で十分考えたうえで先ほどのような意見を申し上げたわけである。それでは会合の中でそれを絶対変えてはいけないかというと、私はそうは思わない」

中原「私は藤原副総裁に申し上げた。あなたに申し上げていない」

植田「私も私の意見を申し上げただけである」

当時、こんなとげとげしいやり取りは日常だった。[23]

ある時、そんな中原が財務事務次官ＯＢにこう聞いた。

「君の名前が日銀総裁の候補としてもあがっている。あなたの意思を確かめおきたい。安倍さんにメモを書くので」

こんなことを言いながら中原は事務次官ＯＢに迫ってきた。霞が関の先輩から「中原さんに会ってやってくれ」と紹介されていたこの次官OBは趣旨こういうことを答えた。

日銀の知り合いに聞くと、今の総裁は午前二時とか三時にFRBの総裁などから直接国際電話がかかってきたりするそうです。自分は事務次官をやったが、それほど英語に自信があるわけでもありません。とても適任ではないのでお断りします——。

中原は二一年に亡くなっており、本当に安倍にメモを書いたのかは判然としないが、生前よくこんなことを話していた。

「安倍さんは自分の意見を聞いてくれる。人事に関してもそうだ」

関係者はこう指摘する。

「ひょっとしたら、中原さんは自分を安倍さんの別動隊に見せたかったのではないか」

人事を通じて自分の存在価値を引き上げようとする人々もまたいる。

二〇一三年二月二五日だった。各紙が一斉に「黒田総裁で内定」と報じたため(24)、当日メディアの取材に応じた岩田は「すでに公表されたもの」と勘違いし、「二一日に総理から正式要請を受けた」という発言をした。

しかし、国会は、とりわけ野党は納得しなかった。

「人事の既成事実化を意図してリークしたのではないか」と批判の声があがり、政府は調査に乗り出した。

安倍、麻生、菅、首相秘書官の今井尚哉(たかや)、内閣官房参与の浜田宏一と本田らのほか、財務省や人事の実務を担当する内閣総務官室などを対象として合計一三人。そして、正副総裁候補者三人を加えた計一六人を対象にした調査が実施された。

報道機関を含む第三者に情報を提供したかどうかや、電子データを含む資料管理に不備があり情報が漏洩したのではないか——などがチェックされたが、「報道機関や第三者への情報提供」の事実は確認できなかったと結論付けた。ただ、この調査は国会対策の意味合いが大きく、はなから真相を明らかにする意図はなかったようだ[25]。

日銀内のチェック・アンド・バランス

二〇一三年四月。世の中は入社式だ、入学式だと一斉に新年度を迎える行事で忙しい。日本橋本石町の日銀本店ビルも緊張に包まれていた。

安倍の指名として乗り込んできた黒田が主宰する第一回の金融政策決定会合が三日から二日間の予定で開催される。いったいどんな政策を打ち出すのかと世間は注目しているし、政権も、財務省もお手並み拝見という感じで見ていた。

すでに黒田は就任直後の三月二一日、日銀の幹部たちを前に異例の訓示を行なっている。

「今日本銀行は岐路に立たされている」

「中央銀行の主な使命が物価安定であるならば、九八年の新日銀法の施行以来、日銀は使命を果たしていなかったことになる[26]」

自分が赴任した組織を強い調子で批判する黒田を見て、多くの日銀幹部は時代が変わったのだと実感した。しかし、最終的な評価は政策で決まる。黒田は「新日銀法の使命」を果たせるのかに注目が集まった。

黒田日銀にとって初めての金融政策決定会合の初日。二〇一三年四月三日の数日前。審議委員と正副総裁が九人全員集まり「事前説明会」が開かれた。

本来は決定会合の場での議論が勝負になるのだが、重大な政策変更があるような場合、突然新しい提案を受けても審議委員たちには考える時間がない。それはいくら何でもひどいということになり、決定会合の前に提案内容を示す会合が開かれることになっていた。「説明会」や「勉強会」とも呼ばれた。

もちろん、提案が事前に漏れてしまっては市場が混乱しかねない。日銀は海外の事例を参考にしながら、決定会合開催直前の二日間を「ブラック・アウト期間」とすることを決めた。ブラック・アウトというのはふつう「停電」を意味するが、この間、正副総裁や審議委員たちは外部からの接触は遮断される[27]。

この時代、情報を漏らそうと思えば、そう難しいことではないが、こういう措置を設けることの意味は関係者が理解していた。

ただ、わずか数日前に話を聞かされても十分に考える時間がないというのは、ある審議委員の意見だった。一六年一月のマイナス金利導入を例に出しながら、この審議委員はこう話す。

「マイナス金利は仕組みが複雑だし、どんな影響が出るのかもよくわからなかった。数日間で態度を決めろというのは短すぎると思った。深く考える余裕を与えてくれない。これを考案した執行部は半年くらいかけて準備できるわけだし不公平だ」

審議委員の木内登英ものちにこう述懐している。

「黒田体制の下では事前に総裁が審議委員を説得しようという感じではなかった。事前に票読みができればそれでいいという感じだった[28]」

議長提案は五票があれば認められる。審議委員の反対の数を確認することがこの事前説明会の役割ではないのかというわけだ。

しかし、黒田体制初の決定会合を前にした事前説明会には票読み以上の意味があった。もし、これまで白川前総裁の提案に賛成票を入れてきた審議委員たちが、黒田に賛成しなければ、安倍の試みはついえる。下手をすれば就任早々の黒田の責任問題になってしまうし、国会で日銀法の再改正問題が蒸し返されてもおかしくない。法律のどこをどう直すのかは別として、一九九八年の新法施行以降、曲がりなりにも維持してきた中央銀行の独立性を担保にした規範そのものに手を突っ込まれるのは、日銀関係者にとって耐えがたいことだった。

自民党の選挙公約には「日銀法の改正を視野に」という文言まで並んでいる。仮に黒田が審議委員の同意取り付けに失敗すれば、再改正問題は単なる脅しではなく現実の政治課題として立ち現れてくるだろう。今の安倍政権やそれを支える与党はその方向で突っ走ることになんのためらいもないと思われた。独立性を強めた日銀に対して、政府が苦々しい思いを抱いてきたのも事実だ。特に民主党政権末期以降、安倍の周辺に結集したリフレ派の面々は、折に触れ「日銀法を再改正するべきだ」との主張を繰り返していた。

もし、四月の決定会合で審議委員の同意を取り付けるのに失敗したら、と考えると、日銀の事務当局は緊張した。

よく考えてみれば、審議委員の役割は独立して金融政策を考えることだ。彼らはこれまで基本的に白川体制を支えて、決定会合では賛成票を入れることがほとんどだった[29]。

今回、彼らが意思表示するのは、その白川の対極にあるとされる黒田だ。もし、リフレ派的政策観をもつ黒田の考え方はおかしいと思えば、審議委員は反対票を入れればいいわけだ。それは審議委員という存在に埋め込まれた組織内のチェック・アンド・バランス機能のはずだった。

しかし、攻める政権側は、すでに前年から日銀法改正を選挙公約にまで落とし込んで日銀の外堀を完全に埋めてしまっている。黒田らの就任に同意を与えるために実施された国会の聴聞でも日銀法再改正に関する意見が表明された。

「日銀の総裁と役員についての、いわば解任ということも盛り込んだ内容にしていくべきではないか」(二〇一三年三月四日、衆議院議院運営委員会、中田宏議員の質問)

「恫喝」という以外に言葉が見つからない内容だ。

仮に審議委員が本来の機能を果たしたくとも、将棋で言えばすでに「詰み」の状態に近かった。

懸念と苦悩

事前説明会では、三日からの決定会合でどのような提案がなされるのかが明らかにされた。

「マネタリーベースが年間約六〇兆から七〇兆円に相当するペースで増加するよう金融市場調節を行う」

マネタリーベースとは「日銀が世の中に直接的に供給するお金」のことで、市場に出回っているお金と金融機関が保有する日銀当座預金の合計で示された。これまでの緩和の度合いとは桁違いだ。黒田は説明の中で「短期勝負でやりたい」「異次元で抜本的にやりたい」と強調した。

審議委員の一人、木内は規模感に驚かされた。緩和は日銀が主に市中の国債を買う形で実施される。

「果たしてそれだけの国債を買えるのか」

木内はその疑問を素直に口にした。またこれだけの規模の緩和を続ければ、当然、副作用も予想される。その典型は「財政ファイナンス」と呼ばれる事態だ。

財政は国家の仕事になる。その時、財源として発行されるのが国債だ。もし放漫財政が繰り返されていれば、国債の発行額は増大する。そうすると、消化が難しくなるのではないかと市場が予測して、警戒信号を発する。それが長期金利の上昇(債券価格の下落)だ。

二〇二二年秋に英国のリズ・トラス政権がわずか一カ月ちょっとで崩壊したが、これは打ち出された減税策に対して市場が反応、長期金利が上昇するなどして混乱した責任を取る形での政権交代だった。このように国債の野放図な発行は金利の上昇という市場からの警戒信号につながっていた。

しかし、中央銀行が大量の国債を買い付ければ、価格は下支えされ金利も上昇しない。また政府の側から見れば、国債を大量に発行しても日銀が買ってくれるので安心していられるという事態になる――。これが財政ファイナンスだ。

黒田や執行部は巨額の資金を投入して国債を買おうとしている。財政ファイナンスにつながる可能性は高い。この懸念を表明したのは木内にとどまらなかった。ある審議委員はこう振り返る。

「私は二年での達成は無理だ、二年では到底できないだろうと思った。副作用も心配だった。これは一種の麻薬みたいなものだろうと思った。財政ファイナンスの懸念もあった」

ただ、同時にこうも考えたという。

「財政ファイナンスと言い過ぎると、世界から本当にそう思われてしまうのではないかとも思った。自らの首を絞めてしまう。日本自身の得にならない」

日銀の審議委員が「これは財政ファイナンスの懸念がある」などと声高に叫べば、市場は「こりゃ大変だ」となって、国債を売り浴びせてくるかもしれない。そうなれば、国債のみならず、株や為替を含めた「日本売り」になる可能性もある。この審議委員が考えたこともそういうことだった。

「二%達成は可能なのか」という根源的な質問も出された。執行部から様々な経済モデルで検証した結果、達成は可能であると説明された。ただ、細かな推計の方法は明らかにされなかったという[30]。

また、説明会ではこの政策が終着点のはっきりしない「オープンエンド」であることに懸念が表明された。

「物価安定目標が達成されるまで」という表現では、いつまで続くのか分からない。黒田は二年でできるというが、それは無理だとの見方も審議委員から示されていた。そうなれば、この異形の政策がズルズルと続くことになる。それも怖い。説明会でもこのような見解が示された。

「こんなこと、一回限りにしないとだめだ。日銀の資産をどんどん膨らませたりしたら副作用の方が大きくなってしまう」

しかし、様々な疑問や懸念が口にされたものの、全体的なムードを一言でいえば「仕方ないのかな」。

「新しい総裁が新しいことをやろうとしているのだから、それをやってみるしかないのかな。うまくいかなければ、その時点で微修正を考えればいいのではないか」とある審議委員は考えていた。

「選挙で緩和を訴えた安倍が当選したことをどう考えるのか。そして自民党の中に日銀法再改正の動きがあることも頭にはあった」

関係者たちはこう振り返っている。

全体として執行部の説明には「協力してほしい」という雰囲気が満ちていた。審議委員は独立して判断する。新日銀法施行以降、「賛成してほしい」などという誘導はご法度になった。ストレートには伝えないものの、ある時は言葉に乗せ、ある時は態度で示し、「希望の表明」はよくあったという。

「黒田さんはこのあと、五票取れればいい、つまり審議委員から二人の賛成が得られればいいという姿勢になる。正副総裁三人に加えて二人の賛成票が加われば議長提案は可決されるからなのだが、初回のこのときだけは低姿勢だった記憶がある」

そう話す関係者もいる。

旧法下の日銀では反対意見が出ること自体がタブーだった。しかし、一九九八年五月に開かれた定例の政策委員会[31]で、反対票が二票入ったのを嚆矢[32]として審議委員からの反対意見の表明は珍しくなくなっていた。

相当時間のかかった事前説明会を通じて、黒田と執行部は四日の投票についてほぼ票読みを終えた。審議委員のうち民間企業出身の石田と森本の二人は黒田の提案に驚いていたし、強い疑念を表明していた。日銀当局者からみると、この二人が反対に回れば異次元緩和は出だしから「反対派を押し切った」というイメージで受け取られ、正統性の問題にまで波及しかねない恐れがあった。

同時にこの二人は、執行部から「組織というものがどういうものなのかよくわかっている」ともみられていた。二人は仮にこの提案を否決したときの反響も考慮しているのだろうとみていた。

また、経済学者の宮尾に関しては、「白川時代にもっと何かをやるべきだと考えていたのに、それがうまく伝わっていないというフラストレーションを抱えていた」とみられていた。したがって、反対することはないだろうと分析された。

白井はすでに三月の段階で黒田の考えを先取りするような内容の提案をしており、今回は総裁案に賛成するのは当然だった。

問題は佐藤と木内だった。しかし、仮に彼らが反対票を入れても黒田提案は七対二の賛成多数で承認される。決定会合の始まる前から大勢は決していた。

ある審議委員はこう話す。

「反対することは考えていなかった。反対すれば政策としての効果が落ちる。それに組織人としては、やむを得ないと思った」

日銀事務当局の幹部も「可決が危なくて冷や汗をかいたわけではない」と話す。理事として大阪から戻ってきた雨宮も、審議委員の同意を得ることがそれほど困難だったとの印象は抱いていない。のちに周囲にこう話している。

「あの時はそんなに手間暇かかっていない。白川さんから黒田さんに代わり、ある程度みんな何かをやるべきだと思っていたのだろう。白川さんのように効果と副作用をきっちりと詰めていくというやり方に対する不満も大きかったのではないか」

この説明会やその前後の審議委員との会話を通して、企画局をはじめとする当時の日銀の幹部たちは安倍―黒田ラインの「勝利」を確信したようだ。

のちに彼らは日銀OBたちから「節操なくアベノミクスに協力した」として強く批判されることになる。当時の現役幹部は「僕らもサラリーマンだ。社長が代わればその方針に従うのは当然だ」と憤っていたが、確かに多くの日銀マンにとって行内の政権交代に適応する以外、生きていく道はなかった。彼らにとって一三年四月の黒田異次元緩和の成立に向けて努力することは、OBたちから何といわれようとも必然ではあった。

二〇一三年の春。桜は三月末に満開日を迎えたので、四月にはいると日本橋本石町の日銀周辺も散り始めていた。しかし、金融政策決定会合で黒田の異次元緩和が花開くことは確定的だった。

追い込まれた審議委員

安倍の経済政策、アベノミクスの先兵としての金融緩和。そして黒田が具体策としてこれから世に問おうとしている「異次元緩和」。それが実現できるかは審議委員たちの投票にかかっていた。すでに一月の「共同声明」、四月の事前説明会を通じて大きな流れはできている。あとは一〇年後に議事録が公開される本番の決定会合でどのような発言を歴史に残すのかが、審議委員に問われることになった。

金融政策決定会合が始まった。一日目の四月三日は日銀の当局から海外や日本の市場動向、経済の動きなどが報告された。実質的な討議は二日目の四月四日に行なわれた。

さあ、これから各委員の実質的な意見表明に入るというタイミングだった。突然、議長役をつとめる黒田がこう言った。

「皆さんからご発言を頂く前に、私から一言申し上げたいと思う」

議長は審議委員や副総裁の発言を一通り聞いてからまとめの発言を行なうのが普通だ。いきなり自分の考えを最初に述べることは異例のことだった。

「日本銀行は、一月の金融政策決定会合において消費者物価の前年比上昇率二％の「物価安定の目標」を決定し、できるだけ早期に実現すると約束した。この場では目標の達成に必要な金融政策運営について議論したいと思う。私自身は、量・質ともにこれまでと次元の違う金融緩和を行う必要があると考えている。また、分かりやすく情報発信することで市場や経済主体の期待を転換させる必要があると考えている。その際できることは全てやる、すなわち戦力の逐次投入は避け、目標をできるだけ早期に実現するということを目指すべきであると思う。具体的な期間としては、私自身は二年程度の期間を念頭に置いている」

政府・日銀の「共同声明」を持ち出した黒田の発言は事実上、議論に枠をはめるものだった。「あなたたちは一月の共同声明に賛成したのだから、今日はそれを実現させるための方策を具体的に議論してほしい」というわけだ。総裁が方向性を示したら、そのこと自体になかなか反対の声は上げにくい。

就任後初めての政策委員会となった三月二一日の通常会合で委員の互選により議長となったあと、黒田はこうあいさつしている。

「私も全く初めてであるので、皆さんに助けて頂き、より良い政策委員会の議事運営に努めたいと思っているのでよろしくお願いする」[33]

「言っていることと、やっていることが違うな」。二一日のあいさつを覚えていたある関係者はそう思った。

また後日、この話を聞いた元総裁の福井は周辺に「議長はまとめとして発言する。最初から枠をはめたら議論するなと言っているようなものだ」と憤った様子だったという。

しかし、議事は進む。委員が一人ずつ発言していった。すでに黒田が何を提案するのかは事前の説明会で分かっている。

白井はこう言った。

「現在の金融市場調節方針では、無担保コールレート（オーバーナイト物）を操作目標として、これを〇〜〇・一％程度とする、いわゆる実質ゼロ金利政策を続けている。量的な規模拡大へのコミットメントを明確化して分かりやすく政策意図を伝えるという観点から、当分の間、金融市場調節方針をマネタリーベース等の量的な操作目標に切り替えることも一案ではないか(34)」

宮尾が続いた。

「今回、総裁、副総裁が替わられ、本行が新体制となった機を捉え、包括緩和の枠組みそのものを見直すとともに、新しい枠組みの中で一段と強力な金融緩和措置の具体案を検討することは重要であり、また必要なことと考える」

三井住友銀行出身の石田はこう話した。

「私もこの際、従来の金融政策の枠組みを抜本的に見直し、デフレ脱却のため一段と強力な政策を採用すべきものと考える。見直しについての基本的な考え方は、これまで中心にしてきた比較的短期のオペレーションについて、これ以上の負担、あるいは政策効果への期待は無理があり、より長い期間の国債の買入れを行う必要があるというものである。これにより基金と輪番を区別しておく理由はなくなり、オペレーションとしては一本化することが必要となる」

「基金」と「輪番」というのは、日銀が設置した資産買い入れ基金による長期国債の買い入れを行う「基金オペ」と、日常の金融調節で実施している国債買い入れのための「輪番オペ」を指していた。これから行う大規模な緩和では、この二つのオペを別々に行うより、統合して実施する方が効果的だと言っていた。

「以上のような考え方をとると、これまでのオーバーナイト金利誘導目標からマネタリーベース残高目標に変更すべきではないかと考える」

次に佐藤がこう話した。

「一月に二％の物価安定目標を機関決定して掲げた以上、その達成に向け、一段の金融緩和強化を行う必要があると考える。また、そのタイミングとしては、新たに正副総裁を迎え、新たな執行部が発足した直後の今会合が適切と考える。金融緩和強化の規模については、市場に緩和出尽くし感が醸成されるほどの圧倒的なものとし、本行が先行き漸進的な緩和拡大策を取り得ないであろうと市場に思わせることが重要である。それが先行きの物価上昇の蓋然性を高め、新たな緩和を成功に導くために重要であると考える」

「量を出せば必ず期待が変わるかというと、不確実性が高いと言わざるを得ず、量を調節することでインフレ期待や現実のインフレ率を中央銀行があたかも自在にコントロールできるかのような考え方があるとすれば、政策効果のあり方について重大な誤解があると言わざるを得ない。期待に対し何らかの働きかけはしてみる価値はあるかもしれないが、効くか効かないか、いずれにせよギャンブル性の強い政策となることは覚悟すべきであろう」

佐藤は一月の「共同声明」採決時に「二％目標は高すぎる」として反対している。この日の会合でも「黒田総裁は、向こう二年間を集中治療期間として、二年程度を目途に消費者物価二％を実現するとの意思を公式の場で度々表明されている。そもそも論として、私個人は二％の物価安定目標達成はそれほど容易なものとは考えていない」と言っているが、のちにこのときの態度を変えた理由について佐藤は記者会見でこう話している。

「一月は物価安定目標の導入、四月は「量的・質的金融緩和」の導入を決定しましたが、これらは事実上、一体不可分のものでした。すなわち、日本銀行が一月に二%の物価安定目標を導入しましたが、その結果として〔中略〕、その後の二月、三月の〔決定〕会合の議論の焦点は、いかにして二%の物価安定目標を達成するかという点にシフトしていきました」

「四月に新しい正副総裁をお迎えし、その中で決めていったことであり、そうした意味では私どもの政策決定や投票行為は、むしろ連続性をもって受け止めて欲しいと考えています。突然豹変したということでは全くなく、議論の素地が徐々に出来ていったことは一月の物価安定目標の採択以降、二月、三月の議事要旨を丁寧にお読み頂ければお分かり頂ける[35]」

要するに一月は反対したが、その後の議論でどうやったら物価目標達成ができるのか摸索してきたので、自分の態度表明には連続性があると言っていた。

次に意見を開陳したのは木内だった。

「銀行券ルールについては、既にお話が出ているように、追加緩和措置を講じる中で見直しは避けられないかもしれない。しかし、このルールが、日本銀行が財政ファイナンスを行なっていないことを担保するものとみなされてきている点も踏まえ、仮に銀行券ルールを一時停止あるいは撤廃する場合には、それが財政ファイナンスを容認することに繋がるものではないことをしっかり説明していくことが重要だと思う」

銀行券ルールというのは、日銀保有の国債残高を銀行券の発行残高以内におさえるという決まりだ。裏返せばむやみやたらに国債を保有できないということで、財政の節度を政府に守らせるためのルールでもあった。このルールがある限り、黒田の提案は実行不可能だ。

「財政ファイナンスを行なわないという本行の意思を繰り返し伝えるだけでは市場の信認を繋ぎとめられるかどうか不透明であるので、銀行券ルールの代替措置を見出す努力を続けていくべきではないかと思っている。財政ファイナンスのリスクは、政府と本行との関係の中で生じ得るものであるということを踏まえれば、対応には政府の関与も重要ではないかと思う。一月の政府と日銀の共同声明の中で、政府が財政健全化に取り組む姿勢を明らかにしたということは、これを体現化する意図があったものと認識しているが、財政運営に対する市場の信認を今後もしっかりと繋ぎとめるためには、例えば、財政ファイナンスをしないこと、させないことを政府と日銀が改めて文章で確認することや、あるいは政府が財政健全化目標を着実に実行していることをはっきりと示すといったことなどが、有効ではないかと考えている」

　ここで一息をつき、木内が続けた。

「最後に、冒頭で黒田総裁が整理された中で、物価目標の達成の期限のところで、二年程度という期限を示すことについては、私自身は慎重というか反対である。こういったコミットメントは、そもそも当委員会が今年一月に「物価安定の目標」の導入を決定した際に前提としたはずのフレキシブルなインフレターゲットの考えとは相入れない部分があるように思う。また、この目標達成に向けた本行の強い姿勢を示すといった観点、つまりコミュニケーションポリシーの観点からは、そうした期限を示すことにベネフィットがあるということは十分に理解しているが、一方でコストも相応にある。全体ではコストがベネフィットを上回るのではないかと、私自身は考えている[36]」

　最後の審議委員として東京電力出身の森本がこう意見表明した。

「まず第一に、二%の物価安定目標をできるだけ早期に達成するために、例えば、先行き二年程度の期間を念頭に置いて、新たなスキームのもとで集中的に、より思い切った金融緩和を必要な時点まで継続するとの強力なコミットメントを発するのも一案かと考える。この場合、金融面での不均衡の蓄積を含めたリスク要因をしっかり点検していくことは欠かせない」

こうして眺めていくと、六人の審議委員も色分けができた。積極的に黒田緩和に賛成しているのは白井。同じく学者出身の宮尾も賛成のようだ。民間のエコノミスト出身である木内と佐藤は一月の「共同声明」に反対票を入れていたこともあり、かなり消極的だった。

残りの二人、石田、森本はいずれも疑問を抱きつつも賛成という風に見えた。例えば「必要な時点まで継続するとのコミットメントを発するのも一案」と発言した森本や、「マネタリーベースの残高目標」への移行を主張した石田らは事前の説明会では、「期限がない」緩和が「ズルズルいってしまうのではないか」と懸念を表明していたし、「二年で二%なんて無理ではないのか」と強く牽制していた。

ただこれらの審議委員の色分けは、事前の「票読み」とほぼ一致した。

ある審議委員は「リフレ派以外で心の底からこれでできると思っていた人はいなかったと思う」と振り返る(37)。

執行部の三人が続いた。まず副総裁の岩田。

「一番大事なことは、二年程度で二%インフレ目標を達成し、しかも中期的にその後も二%程度のインフレを安定的に維持するということである。勿論、上下に一%振れることはあるが、中期的には二%周辺で安定させることに日本銀行が責任を持ってコミットすることが、金融政策の効果を高めるうえで非常に大事だと思う。これまで、日本銀行は必ずしも目標を数値で示した訳でもなく、また目標を数値で示してもコミットメントが明確でなかったということが、日本銀行が逐次的に資産購入額を増やしていかざるを得ない状況に追い込まれた一つの要因だったのではないかと思う。従って、一五年も続いているデフレから脱却するためには、このデフレ予想を払拭しなければならず、根強いデフレ期待があるのでそれを打ち砕いていくためには、二年程度で二％のインフレ目標を達成し、その後も安定的に二％を維持するというコミットメントが必要であり、そのことをきちっと市場に伝えていくことで、金融政策のレジームチェンジが明確になると思う」

中曽はこう述べた。

「期待を転換させるためには従来の延長線上ではないような相当の規模が必要になるだろうと思う。また、どの程度の買入れができるかという問題は、実務上は市場調節上のフィージビリティーも重要であると思う。この点、日本銀行は現在、資産買入等の基金のもとで二年債の約七割を買い入れているることが参考になるのではないかと思っている」

このあと、いくつか議論が続いたが、最後に黒田が議論をまとめる形で「金融操作の目標を、短期金利からマネタリーベース〔お金の量〕に変更し、マネタリーベースが年間六〇〜七〇兆円に相当するペースで増加するよう金融市場調節を行う」という議長案を提案した。

木内は物価目標として二％達成の期間を「二年程度の期間を念頭において」と定めることに反対し、発表文に「二年程度を集中対応期間と位置付けて「量的・質的金融緩和」を導入する」との一文を追加するという提案を行なった。しかし、賛成する者は本人以外にはおらず、この結果、黒田の異次元緩和が正式にスタートを切った。木内は量的拡大そのものには賛成したため、メディアは「満場一致で」と報じるところもあった[38]。

審議委員たちは新総裁の提案を認めた。日銀内部の相互抑制機能は働かず、人事を通じて政策を実現させようと試みた権力者の意図は貫徹された。

「選挙の民意」と独立性

このころ審議委員の多くが微妙な行き詰まりを感じていたという。それ以前は白川が微小な政策変更を繰り返し、それが「トゥーリトル、トゥーレイト」と批判されていた状況にも関係する。

例えば、対案をだした木内も、最終的に誘導目標を金利からマネーの量に移行しようという提案に反対はしなかった。木内は「前の政策が行き詰っていたので、黒田が言っていることを試してみる価値はあるのではないか」との思いを漏らしていた。手法の細部に問題があるとは思ったものの、方向性は許容したわけだ。

「審議委員の皆さんにとって、黒田提案の効果は不明だった。なので、もろ手を挙げて賛成というわけではないが、何かやらないと状況が打破できないという雰囲気が充満していた」

日銀関係者はこう振り返る。

ただ、同時に直前まで白川体制に賛成してきた審議委員がその真逆に近いことを主張する黒田に反対しないのは理論的におかしいのではないかという批判を招いたことも明らかだった。それまでは「体制追随型」でふるまっていても誰にも文句を言われなかった審議委員たちが急に試されることになってしまったのだ。

リフレ派の考え方に基づく金融緩和路線には反対の声や危ぶむ意見も小さくはなかった。例えば、経団連会長だった米倉弘昌だ。安倍が主張していた「大規模な金融緩和」について聞かれこう答えた。「大規模というより無鉄砲。世界各国の禁じ手のような政策をやるのは無謀に過ぎる」(39)

しかし、経団連会長にしても黒田の異次元緩和をとめる手段はない。安倍は法の規定通り、日銀総裁を任命し、国会の同意も得ていた。

この安倍・黒田路線を合法的にストップさせようと思えば、あるいはチェック・アンド・バランスの機能を発揮しようと思えば、それが可能なのは日銀の金融政策決定会合への出席者、とりわけ、審議委員たちだけだった。彼らには日本経済の将来に対する責任もその双肩にずっしりと重くのしかかっていた。

審議委員たちは二〇一二年一二月の選挙で安倍が勝った時から、この状況を予想はしていた。ことあるごとに「金融政策の限界」を語ってしまう白川に「もう少し言い方があるだろう」「だから政治に突っ込まれるのだ」といら立ちを覚える審議委員もいた。

白川にシンパシーを抱く審議委員も、やはり「行き詰まり」を感じていた。今まで断固拒否してきたインフレ目標の導入や「二%」という数字に抵抗感はあったものの、これを飲まねば新たな展望は開けないという思いで一月の共同声明の提案に賛成した。

しかし、四月の会合は違う。議案の提案者が白川から黒田に代わっただけではない。その提案の背景にある「政策思想」が一八〇度変わっているのだ。各審議委員は、それを考慮に入れながら、すでに年明け辺りからどう対応するかの準備を始めていた。

例えば、白井は三月に行動を起こした。

白井は白川体制に不満を抱いていたと周辺からみられていた。

金融政策決定会合で審議委員は丸テーブルに座り、必ず何回かは意見を表明する。特に、金融の専門家でもある日銀マンたちの視線を気にしなければならなかった。審議委員全員が金融に詳しいわけではない。企業経営者もいれば、学者ではあるが違う研究分野を専門とするメンバーもいた。

金融政策決定会合は、経済や金融をめぐる議論の場だ。おかしなことをいえば、すぐに厳しい指摘が飛んできた。「彼らは内心、金融論に素人の自分たちを馬鹿にしているのだろうなと思ってしまった」と正直に話す審議委員経験者もいた。

議長として議事進行役を務める白川も、時にイラつきをあらわにし、議論で相手を追い詰めることがあった。

二〇一三年一月二二日の金融政策決定会合での出来事だ。インフレターゲットの導入を決めた「共同声明」を議論した際、内閣府からの出席者が需給ギャップと金融政策に関連して質問したことに対して議長である白川はこう返した。

「ちょっと趣旨がよく分からなかったのだが、もう一回明確に」

内閣府の官僚が質問を繰り返すが、白川は「まだ、ちょっとよく分からない」。

三回聞いて白川はこうバッサリと切った。

「ある意味で、ほとんど自明のことをおっしゃっているような感じがする。ことさら確認するというような性格のものでもないような気もするのだが」

「まずい」と思ったのか、副総裁の山口が助け舟を出そうとしたが、内閣府の官僚は「そういうことであれば結構である」と言って黙ってしまった[40]。

この出席者はもともと経済企画庁出身の「官庁エコノミスト」。それなりにプライドもあったと思われるが、金融政策決定会合という多くの経済・金融専門家が見守る中で恥をかかされたことになる。

ある関係者は「この直前、内閣府は共同声明をめぐる作業で強硬なことばかり言っていた。それが白川さんをイラつかせていたのではないか」と話していた。

しかし、相手はその役所のナンバー2だ。どうでもいいような質問であるならなおさらのこと、議論で相手を不快にさせて日銀に得はない。「不必要な追い込み方」ともとれた。

「あの場で何かを言うのも緊張するのに、提案などなかなか出せない」

ある審議委員経験者の述懐だ。

しかし、白井は金融政策決定会合で提案を出そうと決意した。黒田の就任はすでに内定している。威勢のいいことを言っているとも耳にしていた。ならばこそ、白川在任中に自分の意思を明らかにする必要があるのではないか――。

白井はそう考えた。そしてそれを実行に移した。

白川が総裁として主宰する最後の金融政策決定会合は三月六日、七日の二日間開かれた。最終日の七日、白井は「毎月五兆円程度の資産、とりわけ長期国債の買い入れ」を提起した。それまでは「四兆円程度」だったので増額になる。採決に付された白井の提案は一対八で否決された。賛成の一票は、もちろん白井自身だ。白井はのちにこう話している。

「白川総裁のやり方は理解できるが、二%の物価安定目標を日銀として掲げた以上、それに見合った緩和をする必要があった。なので黒田さん的な手法への移行には何の違和感もなかった。三月の提案時は正直言って日銀内では針の筵(むしろ)だったと感じていたが、新総裁が就任する前にこれまで自分が考えてきたこと、折に触れていってきたことをあらためて整理して必要な金融政策の対応についてこれまでの体制にたいして明確に意思表示をすべきだと思い提案をした。政権移行があるから提案したのではない。白川さんが総裁の任期中に出すことに意味があった[41]」

ただ、この白井の行動に対しては、他の審議委員や日銀当局者の間からもスタンドプレーとの批判がでた。決定会合で丸テーブルをかこむ審議委員たちのうしろには事務局として理事や局長が並ぶが、ある当局者は隣に座った幹部が白井の発言のあと、本当に小さな声で「何言ってるんだよ」と吐き捨てるようにつぶやいたのを覚えている。

「黒田さんが総裁になることは分かっていたし、そういうことをやってくるだろうというのも見えていた。それを三月に出すということは、「私はこんなにやったのよ」と言い訳を残したいだけじゃないかと思えた」

ある関係者の感想だ。

四月の会合で黒田に賛成票を投じた宮尾も一月に提案を出している。

「消費者物価の前年度比上昇率二%が見通せるようになるまで、実質的なゼロ金利政策を継続する」という内容。やはり一対八で否決されたが、宮尾は提案について、新しいインフレ目標のもと「一段と強力な金融緩和策を推進するため」と説明した。

またこのころ、黒田に賛成票を入れる根拠として一二年一二月の総選挙をあげる者もいた。

ある審議委員経験者はこう話している。

「一二月の総選挙で「大胆な金融緩和」を公約にした安倍自民党が圧勝した。これは国民の意思だ。そこまでやらざるを得ないということだ」

また当時、日銀理事を務めていた門間一夫もこう見ていた。

「三年間の民主党政権への失望もあり、国民の間には変化を求める空気が強かった。二〇一二年の総選挙に向かう局面では「大胆な金融緩和でデフレから脱却する」というメッセージが、強い訴求力を持ったのである[42]」

一月に提案をだした宮尾ものちに著作の中でこう書いた。

「新しい政権の誕生を通じて、国民の多数は、より高いインフレ目標とさらに積極的な金融緩和が必要だと訴える新しい政権を支持しました。そうした民意には大変重いものがあると、私自身は受け止めました[43]」

一九九〇年代末から「デフレ脱却のための金融緩和に消極的だ」というイメージが定着し、デフレ脱却や円高是正がうまくいかないのはかたくなな日銀に責任があるという評価が一般化していた。安倍が「大胆な金融緩和」を主張した時、有権者の中に定着していたイメージや評価と合致していたことは否めない。

民主主義国家の常で、政権交代が起こることはおかしくない。むしろ健全な姿だろう。しかし、原則として日銀は独立した存在として金融政策を決めている。もし「選挙結果を重視する」というロジックに重きを置くならば、中央銀行の独立よりも選挙結果の方が重大ということになる。それは新日銀法が予定したものなのだろうか。

そもそも国民は「大胆な金融政策」という公約に賛同し、その実現を託して、自民党に一票入れたのだろうか。一二月の選挙直後に実施された朝日新聞社の世論調査によると、安倍が圧勝したのは「民主党政権に失望したから」と答えた人が八一%に達し、「自民党の政策を支持したから」という答えは七％にとどまった[44]。

中央銀行の役割は「パーティーの途中でパンチボールを下げること」と言われる。つまり国民に不人気であれ、やるべきことはやらねばならない。一方、国会議員たちは選挙に勝って、つまり民意を得て活動している。もし宮尾の言うように「民意が重い」のであれば、日銀は常に政治に組み敷かれ「パンチボール」を下げられないままになってしまう。「総裁の首を切ってでも公定歩合を下げさせろ」「〔公定歩合上げの決定を〕白紙に戻して来いと〔事務方に〕言ってある」などと発言した政治家たちは与党、つまり選挙に勝った政党の幹部たちだ。選挙結果に従うということは、与党に従うことを意味する。

日銀法改正時の議論もそうだったのだが、「日銀は民主的な「コントロール」と完全に無縁ではない」という意見は根強い[45]。それはその通りなのだが、民主的コントロールを具体的に実施するのは政府や国会ということになる。そうすると、議論はまた振り出しに戻り、中央銀行の独立性のもと政治の介入はどこまで認められるのかというポイントに帰着してしまう。ある日銀関係者はこう話す。

「黒田さんや安倍さんへの批判もいいだろう。しかし、その前に彼らに付け入るスキを与えないような政策運営を日銀が行なっていたのか。独立性は言葉で唱えただけで向こうから歩いてくるものではない。手練手管で勝ち取っていくものだ」

ある審議委員経験者がこう言っていた。

「要するに総裁の政治力なんだと思う。それがないと負けてしまう」

豹変は「サラリーマンだから」？

二〇一三年四月の金融政策決定会合は黒田提案を認めて終了した。会合後の記者会見で黒田は「二%の物価目標は二年でクリアできる」と自信をみせた。

二〇一一年三月に審議委員を退任していた須田美矢子はこの決定を聞いたとき、審議委員の責任ということを考えたという。

「この決定はショックだった。共同声明への賛成はまだわかるが、具体的な政策として提案されたとき、審議委員が全員それに乗っかってしまうなんて[46]」

この決定に関して、自身も副総裁として賛成票をいれた岩田はのちにこう書いている。

「私の頭の中は、「(中略)なぜその案に、ごく一部の点で反対票は出たが、審議委員は基本的な部分で全員賛成したのか」という問いでいっぱいである[47]」

また、二〇一五年に審議委員となった原田泰(ゆたか)は「ある日銀高官」が「サラリーマンは、社長がプラズマテレビを作れと言えばプラズマテレビを作り、液晶テレビを作れと言えば液晶テレビを作るだけ」と言っていたと紹介しながら、リフレ派の立場からこう書いている。

「この転換には海外の学者も驚いたのだろう。私が審議委員になった二〇一五年三月の後、五月一七日にコロンビア大学のヒュー・パトリック教授とディヴィッド・ワインシュタイン教授が日銀を訪問した際、「なぜ政策転換ができたのか」と質問された。私は「サラリーマンだから」論を解説した[48]」

リフレ派の岩田や原田からしてみれば、今まで白川の政策を支えてきた審議委員たちがコロリと黒田になびいたのは不思議だったのだろうし、今まで学会の中でも「圧倒的少数派」として過ごしてきた自分たちの勝利に溜飲を下げた気がしたのだろう。

異次元緩和決定直後の四月一八日に岐阜市で行われた記者会見で弁明に追われたのは宮尾だった。

各審議委員たちは順番で全国各地の「金融経済懇話会」にゲストとして参加する。地元の財界や金融界の人々を前に講演し、そのあとの記者会見に臨む。このときはたまたま宮尾の順番だった。

こんな質問が飛んだ。

「決定のプロセスに関して伺います。一月の金融政策決定会合で二％の目標を決め、三月の会合では一人の委員が政策変更を提案されて、残りの方は全員反対しました。その後、前回の会合では、全員一致で新しい政策を決められた訳です。その政策判断の連続性についてどのようにお考えでしょうか。新体制であろうと旧体制であろうと、必要であると思えば実施すべきと思いますが、三月時点の提案に反対されたことが分かりません。一カ月の間で変わったことといえば、総裁をはじめ執行部の三人が替わったくらいで、経済も順調に進んでいたと思います。そうした中で、何故一カ月の間でこれだけ大きな変更に賛成したのか、政策判断の連続性という観点でお答え下さい」

宮尾はこう答えた。

「只今のご質問は、三月の会合で白井委員の提案に反対し、なぜ翌月、つまり四月の会合で同様の提案に賛成したのかとの趣旨だと思います。まず、白井委員の提案、あるいはそれを巡る議論に関しては、既に公表されている議事要旨に示されている通りです。その提案は、従来あった基金の枠組みに、輪番オペの長期国債買入れを組み入れるという内容で、一つのオプションとして会合で検討された訳ですが、議事要旨にもある通り、いくつかの論点について更なる検討の余地があるといった意見もあり、その会合では賛成多数とはなりませんでした。一方、今回の提案は、量的にも質的にも相当踏み込んだ、新しい金融緩和の枠組みであり、前回の提案とは、枠組み自体が更に大きく変わっており、新しく組み立てられたものです。従って、三月の提案の採否と四月の政策判断とは直接は関係ないと考えており、私の中では、二回の会合の連続性は維持されていると思っています[49]」

副総裁の岩田は前掲書の中で、宮尾の名前を挙げて四月の会合で賛成したことをこう書いている。

「私は、宮尾審議委員がかたくなにそれまでの考え方に固執しなかったことを、日本経済にとってよい結果を生んだと評価したい[50]」

総裁を交代させ、リフレ派の人物を据えて日銀を統治し、自らが正しいと思う政策を遂行させる。安倍は一三年三月の人事で日銀の方向転換に成功した。しかし、それは「力づく」という言葉がぴったりくるようなやり方だった。のちに白川は、特定を避けながらも自著の中でこう書いている。

「総裁を含め、委員会メンバーの任命が中央銀行の独立性の精神に反するかたちでなされた場合、独立性は実質的には担保されなくなってしまう。仮に、委員を任命する際の基準が現在の政府の経済政策や中央銀行の金融政策を支持しているかどうかであった場合は、中央銀行は形式的には独立していても、本来期待された独立性の長所は実現せず、むしろ逆方向に作用することにもなりかねない[51]」

白川は日銀法改正時の議論も「組織としての独立性」に関する議論が欠如していたと反省していたが、そのツケは自身の後任が安倍の政治任命となるという形で回ってきたことになる。

また、仮に日銀当局が安倍の政治任命で就任した黒田の提案に賛成するよう審議委員を誘導したのであれば、それは日銀法に内在する審議委員の拒否権を日銀自身が壊してしまったことになるのではないか。さらに言えば、審議委員制度が政治任命された総裁に対する唯一の歯止めとなる機会を奪ってしまったのかもしれない。

「白から黒」と言われた総裁の交代劇は、こんな疑問を残した。

ところで、安倍に関して言えば、自らの政治的意思を貫徹し権力を行使するために、人事を利用しようという姿勢はよくみられる光景だった。内閣法制局長官を更迭して憲法解釈変更を可能にした人事は立憲主義の観点から強い批判を浴びたし[52]、内閣人事局を創設し幹部官僚の人事を一元化するという試みに手を伸ばしたことは「権力の濫用」と指弾された[53]。

国会答弁の中で安倍はこんな論理を展開した。

「法制局長官と言っても、これは政府の中の人事であります」(二〇一三年一〇月二一日、衆議院予算委員会)

「(質問者が)先ほど来、法制局長官の答弁を求めていますが、最高の責任者は私です。私が責任者であって、政府の答弁に対しても私が責任を持って、その上において、私たちは選挙で国民から審判を受けるんですよ。審判を受けるのは、法制局長官ではないんです。私なんですよ」(二〇一四年二月一二日、衆議院予算委員会)

首相を退いたあと、「日銀は子会社」と言い放った安倍は[54]、法制局長官の更迭を「政府の中の人事」と位置付ける延長で、かつ、「国民から審判を受けるのは自分たちだ」というロジックで、日銀についても「子会社の人事」として政治任命化に踏み切ったのだろうか。

安倍は二〇二二年七月に銃弾に倒れた。残念ながら肝心なところはもう聞くことができない。

第四章　リフレ派独占計画

――審議委員をめぐる権力闘争はどう展開したのか

安倍政権が狙ったのは総裁人事の政治任命化だけではなかった。意思決定に参加する審議委員ポストをリフレ派で独占しようとしたのだ。結果的に、この行為は審議委員制度に内在するとされる「議論の多様性」や「チェック・アンド・バランスの機能」を封じ込める試みにもなっていた。一方で二〇一八年に任期切れになった黒田総裁については、官邸も財務省も再任で一致したが、政治任命の限界も垣間見えた。

人事でも官邸裏口多用

東京・永田町の首相官邸。国会議事堂のはす向かいに建つガラス張りのビルの正面玄関には、何人もの警察官が立ち鋭い視線を周囲に送っている。

車の出入りはコントロールされ、徒歩で入るにしても何度かのチェックをくぐり抜けねばならない。その後訪問客が正面から入りエレベーターで上階に向かおうとすると、今度は官邸詰めの記者団から誰何される。

「どちらにいらっしゃるのですか」

「何の要件ですか」

記者団が人の出入りをチェックするのは当然としても、何かを秘密裏に遂行したいときは障害となる。そして、首相や官房長官ら官邸幹部、その周辺は抜け道を探そうとする。それが裏口だった。

官邸に出入りできる裏口は頻繁に使われる。例えば二〇二四年一月一八日、自民党の「裏金疑惑」に批判が集まったことを受け自派閥の解散を決めたとき、首相の岸田文雄は同派幹部を裏口からひそかに官邸に招き入れてこの考えを伝えたとメディアが一斉に報じた。

二〇二三年の日銀総裁選びに際しては、植田和男現総裁も含めて候補者の何人かが首相と面会するため官邸や隣接する公邸に招かれた。その際に多用されたのも裏口だった。二三年秋の経済対策に「一人四万円」の所得税減税が盛り込まれたが、この政策を作成する財務省の幹部たちが官邸に行こうとすると、裏口からこっそりと入るよう指示された。減税検討が極秘扱いだったからだと思われた。

かつて首相秘書官を務めたことがある官僚はこう話す。

「正面から入れば記者団につかまるし、ほかの来客と鉢合わせすることもある。極秘で誰かに会いたいときは、いくつかの方法がある。首相官邸や公邸に裏口から入ってもらうのも一つ。レストランの個室で待ってもらっていて、「秘書官と食事」という名目でその店に入り、首相だけ個室で会談することもある」

二〇一五年一月一四日もそんなケースだった。この日の午後、官邸の正面玄関とは反対側、東京メトロの溜池山王駅に近い裏口に初老の男性が現れた。早稲田大学教授の原田泰だ。

案内役について、ぐるぐると廊下を回り、誰にも認められることなく首相執務室にたどり着いた原田を待っていたのは首相の安倍晋三だった。原田は一五年三月に退任する宮尾龍蔵の後任として審議委員に内定していた。これは安倍政権にとって初めての審議委員人事となる。

原田は経済企画庁(現内閣府)のエコノミスト出身。リフレ派の論客として有名だった。この人物はリフレ派の中でも「審議委員になるなら、まずあの人」と言われていた。安倍側近の内閣官房参与、本田悦朗らからの打診に対して前向きな返事はしていたが、正式な指名の意向が伝えられると同時に安倍との面会がセットされた。正式発表前のため、新聞の「首相動静」には残らない隠密裏の訪問だ。

原田と安倍は初対面ではなかった。一四年四月にランチをともにしながら日本経済の課題などをレクチャーしたことがある。このときは安倍と旧知の元日銀審議委員、中原伸之らも一緒だったが、原田が示した一枚のグラフにこの宰相は強い関心を示したという。それはリーマン・ショック後に各国がマネタリーベース(資金供給量)を二～三倍にしているのに、日本は一〇%しか増やさず結果として大幅な円高になったというグラフだった。(1) それからまだ一年経っていない。

リフレ派もしくはリフレ派に近い考えをもつ総裁・黒田東彦、副総裁・岩田規久男という人選で日銀に橋頭堡を築いていた安倍や本田は、リフレ派として審議委員になる原田にも期待をかけていた。

原田が安倍と会った一月一四日は朝の閣議で一五年度の予算案が決定されている。前年一二月に総選挙を実施し編成作業がずれ込んだためなのだが、この日の安倍はその後も各省からの説明・報告を受けたり、財界人との会合に出かけていったりと、殺人的なスケジュールをこなしていた。

面会時間は一五分程度の短いものだったが、最終的な確認として審議委員を受けるかどうかを聞かれ、原田はこう答えた。

「謹んでお受けしたい」

審議委員人事は本田が、副総裁の岩田に相談しながら候補者を絞り安倍に上げていた。

副総裁に就任した後の岩田と安倍が会える機会はほとんどなくなっていた。総裁の黒田とは定期的に会合や意見交換の機会がもたれたが、副総裁と首相が会うのはあまり例がない。少なくとも公式には表に出せない。しかし、安倍は「リフレ派の教祖」と呼ばれる岩田との懇談を希望した。

極秘に公邸を訪ねてきた岩田と安倍、本田が夕食をとりながら意見を交換する場も何度か持たれた。日銀総裁を差し置いて会食するのは後ろめたかったのか、黒田には知られないように、この時も使われたのは裏口だった。

誰がいいのか、これはだめだ、あれはいい、などくだけた話をしながら、安倍は審議委員の人選基準としてこんなことを言っていた。

「やはりアベノミクスを推進してくれる人でなければ困るよね」

また、「産業界とか金融界という枠はやめよう」とも。

直接的な言い方ではなかったが、これらの発言を組み合わせれば、「審議委員は出自に関係なくリフレ派で埋めていく」という方針だと周辺は理解した。審議委員をリフレ派にするという構想はこういう安倍の発言をベースにしたものだった。

しかし、審議委員をリフレ派で固めていくとは言っても、さすがに五年任期の現職に途中で辞めろとは言えない。新日銀法は彼らの身分保障もきちんと定めており、強制的な退任などは無理だった。

このため、政権は審議委員の任期切れを待ち、後任をリフレ派で埋めていくという作戦をとった。黒田と岩田、そしてもう一人の副総裁である中曽宏の三票だけでは心もとない。より確実に金融緩和を続けさせる必要がある。そのためには、原田のようなリフレ派を積極的に登用していく必要がある――。本田は岩田に相談しながら、リフレ派の中で順番に審議委員を選んでいった。

一月一四日の原田との会話の中で、安倍はこうつぶやいた。

「票がぎりぎりで心配しちゃうよ」

この発言は明らかに二カ月半前、つまり前年一四年一〇月三一日の追加緩和のことを指していた。一三年四月、派手に異次元緩和を打ち上げた黒田だったが、物価上昇が思うようにいっていないとして、マネタリーベースの拡大ペースを「年六〇兆~七〇兆円」から「八〇兆円」に増やすことにした。このとき、最終的に五対四で黒田の追加緩和提案は可決されたものの、六人中四人の審議委員が反対に回り、黒田やリフレ派にとっては薄氷を踏む思いだった。否決されれば、「大胆な金融緩和」を旗印に掲げてきた安倍の方針が否定されることにもなる。政治的にもインパクトは大きいと思えた。

ではギリギリでないようにするためにはどうすべきなのか。その有力手段はメンバーをリフレ派に変えていくことだった。安倍と原田の話し合いは短いものだったが、審議委員というチャンネルを使って自らの政策を実現させていこうという政権の意向は明確だった。(2)

安倍が原田に会っていた一五年一月というのは、政権が発足してちょうど二年が経つころだ。一三年の参議院選挙で勝利した安倍は衆参の「ねじれ」を解消し、国民の支持率も比較的安定している。アベノミクスの中核を成す日銀で波乱の芽をなくす、アベノミクスを推進させる——。政権運営の観点からもこれらは安倍にとって必要なことだった。

要件は「高い見識」

原田の人選も含めてだが、そのころ、財務省や日銀は人事決定プロセスの「異変」を肌で感じていた。それまで、審議委員を誰にするかは、日銀と相談の上、財務省がリストを作り官邸に上げるのが慣例になっていた。安倍政権でいえば、人事は菅義偉(すがよしひで)官房長官と杉田和博官房副長官に届けられるのだが、この時、財務省で審議委員人事に関与した官僚はこう話す。

「日銀と相談してリストを作って官邸にもっていく。菅さんは「わかった。総理に上げる」と言う。安倍さんは「預からせてくれ」と言う。そしたら「こいつでいく」と全然違う人の名前が降りてきた」

同じことは日銀でも感じられていた。当時の幹部がこう回顧する。

「普通は財務省と日銀が、審議委員の候補者リストを作る。そして財務省経由で官邸に上げていく。しかし、安倍政権ではそれができなくなった」

こういう安倍政権の動きを財務省や日銀は苦々しくみており、ある官僚は審議委員の人選について

「思い付きのような人選」と揶揄した。ややエリート主義的に聞こえなくもないが、「誰がこんな人を連れてくるんだという人事もあった」と振り返る幹部もいる。

しかし、財務省は審議委員人事で派手な立ち回りを避けた。「また財務省が策謀していると言われるだけだから」と幹部は振り返る。

日銀の意思決定は総裁、副総裁だけで行なっているわけではない。金融政策は決定会合で、そのほかの組織運営に関する事項は週二回開かれる通常の政策委員会で、六人の審議委員を含む合計九人の多数決で決まっていく。審議委員はそれだけの力を持っていたし、日銀の事務当局も彼らに様々な説明を繰り返していた。

新日銀法施行と同時に廃止された一九四二年制定の旧法は、審議委員に該当する政策委員四人の出身を細かく決めていた。まず、二人が「金融業ニ関シ」優れた経験と識見を有する者で、そのうちの一人は「地方銀行」、もう一人は「大都市銀行」出身者。あとの二人は「商業及ビ工業」と「農業」で「優レタル経験ト識見ヲ有スル者」が政策委員になるとされた。

これに対して、新法では「審議委員は、経済又は金融に関して高い識見を有する者その他の学識経験のある者」(二三条二項)であればOKだった。

九六年から九七年にかけての新日銀法制定時は、審議委員という名称が決まらずに旧法で言われていた「政策委員」という表現で議論されていた。日銀の朝合宿では「意思決定に誰が関与するのか」「政策委員の数をどれくらいにするのか」などの問題も話し合われた。

例えば、九六年七月、企画局は「総裁＋副総裁三人＋任命委員五人」などという案を提示している。副総裁を「政策関連」「対外関係」「内部管理」などの分担制度にしようという試みだった。「任命委員七人」という例も併せて示された。

日銀事務局の各分野で責任者になる「理事」をどのように扱うかも問題になった。中二階的な理事について「制度を廃止するべき」という見解や「理事の一部を政策委員兼務としたらどうか」など様々な意見が表明された。

当時、法改正の準備チームを率いていた副総裁の福井俊彦は「総裁一人、副総裁一人、政策委員六人、政策委員兼理事三人で政策委員会を構成する」という案を出した。金融政策や信用秩序維持の政策など重要事項の審議に際しては、政策委員会メンバーのほかに理事四人を加えて合計一五人で議論する――というアイデアも加えてだった。しかし、部下たちはこんな反論を展開した。

「案件によって、意思決定機関が二つに分かれるのはいかがでしょうか」

「政策分野以外で、事務局出身の理事が政策委員会兼務を含めて八人になり、事務局側の影響力が強過ぎることにならないでしょうか」

「そもそも、一五人というのは多すぎると思うのですが」

当時、福井は「次の総裁」と目されていた。そんな実力者の提案ではあったが、新法制定に向けての活発な議論は副総裁の提案を葬り去ることもいとわなかった。

議論をまとめた企画局は二つの案を提示した。一つは「総裁一人、副総裁一人、政策委員五人、政策委員兼理事五人」。もうひとつは「総裁一人、副総裁一人、政策委員五人」。

最終的に、九六年七月二五日にまとめられた「日本銀行法改正の論点検討(中間報告―I)」と題する文書には、「政策委員会の機能強化策について」としてこんなことがまとめられていた。

「政策委員(任命委員)の出身分野の法定を廃止し、高い見識を有する人材を幅広く外部から登用するとともに、増員する。政策委員は本行の役員と明確に位置付ける」

「政府との連絡調整に関しては、別途の手段を講じることを前提に官庁委員を廃止する」

旧法下では大蔵省と経済企画庁からその官庁を代表する形で政策委員会の議論や議決に加わっていた。彼らは「官庁委員」とか「政府委員」と呼ばれていた。

「中央銀行の業務・政策運営に関する専門知識を生かすため、総裁に加えて、執行部から副総裁ほか若干名を政策委員会メンバーとする」

「政策委員会は日本銀行における政策関連の重要事項に関する最高意思決定機関である」(3)

この問題は次のステップである中央銀行研究会でも議論され、様々な意見がでた。

「政策委員会の構成として日銀から総裁、副総裁、それから業務執行理事と申しますか、ある種の理事一、二人くらいは入れたらいいのではないか。ただし日銀内部の人が過半数を占めないようにする必要があるだろうと私も思います」

「それから、外部の高い見識を有する人が委員に入るということでありまして、現行法のように業界代表的な性格のものであってはならないだろうというふうに考えております」(京都大学教授の佐藤幸治(4))

「政府〔からの〕委員はやめるべきではないかというふうに思います。人数がちょっとわからないんですけども、恐らく一〇人以内で、やはり外部の方が多くなければおかしいというふうに思います」(新日本製鉄の今井敬(5))

「政策委員の構成なんですが、これはできるだけ広い範囲から、いわゆる現行日銀法に書いてある業界代表というのではなくて、広く高い見識を持った方々で構成するということは皆さん合意くださ

ったと思う」(座長の鳥居泰彦)[6]

一〇月三日の第七回会合では、「これまでの議論の要旨」が示された。事務局の官僚たちがまとめたものだった。政策委員の項目はこう書かれていた。

「政策委員会の構成については、現在のような業界代表ではなく、経済・金融に高い見識を有する者とすべきではないかとの意見で概ね一致した」

「政策決定機関において、日銀内部の人間が過半数を占めるべきではないことについては意見の一致があった」[7]

のちに「審議委員」と呼ばれる存在の位置づけがはっきりしてきた。この議論に加わった多くの関係者は、「経済が高度化している中で、業界代表では対応できない。金融や経済がそれなりにわかっている人たちを委員にして議論させるべきだ」と考えていたという。

そして、不透明な意思決定機関として有名だった「丸卓」を廃止し、政策委員会に一本化するとの方針を打ちだした。丸卓、正式には「役員集会」には根拠があった。

旧日銀法にもとづく定款の中ではこう書かれていた。「総裁、副総裁及理事ハ役員集会ヲ組織シ当銀行ノ業務ノ執行ニツキ重要ナル事項ヲ審議ス」「役員集会ハ総裁之ヲ統裁ス」[8]

当時の政策委員は円卓に関与できなかった。日銀の内部の人間でのみ物事を差配し、日本の金融政策の多くが事実上決定した「丸卓」はここで姿を消すことが決まる。

中央銀行研究会に参加した多くの委員は「政策決定は日銀の人間が過半を占めるべきではない」と考えた。「日銀の人間」というのは総裁や副総裁、あるいは理事ということだが、この背景には「日銀が優位な決定の仕方」になると、これまでの丸卓とあまり変わらないではないかという懸念があった。日銀法制定のプロセスで、のちに「政策委員会の多様性」と言われる議論の萌芽が見られていたのだ。

最終的に政策委員の人数の問題は「状況に応じた迅速な判断が必要となることから九人程度が適当」との意見で一致する。また、日本銀行執行部からの委員より外部の委員の方が相当程度多い必要があり、執行部から三人、外部の政策委員六人が適当ではないか」という考え方も共通認識とされた(9)。

一一月一二日に首相の橋本龍太郎に提出された中央銀行研究会の報告書にはこう書かれた。

「委員の選任については、憲法上の要請も踏まえ、政府に任命権を認めるのが適当と考える」「外部の有識者から任命される委員は、現在のような業界代表ではなく、経済・金融に高い見識を有する者とするべきである」

その後の議論を引き継いだ金融制度調査会・日本銀行法改正小委員会で散発的な議論はあったものの、この報告書の路線は踏襲され、政策委員の問題は片付いていく。

リフレ派の誤認

審議委員の任期は五年と決まっているので、人選は計画的に行なえた。宮尾退任に際してはリフレ派の原田を据えることに成功したが、それからは二〇一五年六月に森本宜久、一六年三月に白井さゆり、一六年六月に石田浩二、一七年七月に佐藤健裕と木内登英が二人同時に、それぞれ任期満了を迎えることになっている。

結果的に森本の後任にトヨタ自動車副社長の布野幸利、白井の後任にはエコノミストの櫻井眞、石田の後任には新生銀行執行役員の政井貴子、佐藤と木内の後任には三菱東京ＵＦＪ銀行副頭取の鈴木人司とエコノミストの片岡剛士が任命された。この人選に当たったのは主に本田だった。安倍側近としてリフレ派を中心に人選を進めた。しかし、なかなか思うようには進まなかった。例えば、一六年四月に白井の後任として審議委員となった櫻井だ。

在野の経済研究者でサクライ・アソシエイト国際金融研究センター代表として活動していた櫻井は、副総裁の岩田を昔から知っていたし、大学院時代の恩師は安倍のアドバイザーであるエール大学の浜田宏一だった。

岩田は副総裁になったあと、櫻井に連絡をとり二人でランチをともにした。そこで岩田は櫻井に「書いたものを送ってほしい」と要請した。櫻井は定期的に執筆していた論考などを送った。

そのあと櫻井は日銀に招かれ勉強会の講師をつとめた。勉強会といっても、日銀が公式に行なっているものではなく、副総裁の岩田が主催するリフレ派たちの集まりだった。

櫻井は「一三年、一四年のマネタリーベースは米国に比べて全く足りていないので、量を出していくことは正しい政策」と話し、リフレ派の面々を喜ばせた。しばらくすると、本田から審議委員就任の打診があった。岩田からも「いい答えを期待します」とのメールがきたという。

櫻井が審議委員と決まった後、「浜田を師匠にもち、かつ岩田と親しいのだから、この人はリフレ派なのだろう」という評判が日銀内でたった。リフレ派の早稲田大学教授、若田部昌澄も櫻井の紹介文を米国のビジネス誌に英語で投稿してくれた。

「櫻井氏の就任は日銀の金融政策決定会合の議論を相当程度充実したものにし、日本の金融政策を正しい方向に導いてくれると信じている」

「同志」であることを信じて疑わないような書き方だった。

そんなリフレ派の面々が「あれ？」と思う出来事が起こったのは一六年四月一日、櫻井の就任日だった。着任した審議委員は記者会見に臨む。この中で櫻井はこう話したのだ。

「過去三年間、大きな政策は三回やったと思う。最初の出発点のとき、一四年一〇月の二回目の政策対応。そしてマイナス金利だ。金融政策というのはそんなに乱発するべきものではないという認識をもっています」

リフレ派の人々はこのころ、金融政策はまだまだ何でもできるのだという姿勢だった。それを櫻井は「乱発するべきものではない」という。

記者団から消費税について問われるとこう答えた。

「一般論として言えば、景気の下振れリスクがないときの消費増税はしやすいだろうと思う。しかし、景気の下振れリスクが高いということになると、消費増税をやるハードルは高いのではないか。ただ、もうひとつ重要なことは財政再建というものも長期の目標としてあるわけですから、その辺のバランスをどうきちんとみるかということだと思う」[10]

リフレ派とはやや距離がある。しかしそれでもしばらくは、浜田や岩田に親しいというだけで「櫻井はリフレ派」とみられた。ただ、話していると、やや違う。櫻井さんはリフレ派ではない――。このエコノミストに対する評価は次第に変化していった。

就任してから櫻井は周辺にこう説明した。

「一三年以降の異次元緩和によるマネタリーベース拡大により、結果的に為替レートの円高是正と雇用の拡大が実現し、デフレではない状態にもなった。ただ、日本のマネタリーベースの拡大は一六年に米国に追いついてしまった。異次元緩和の最初のころはマネタリーベースを伸ばす意味はあったが、一六年以降あまり意味はなくなった」

櫻井が審議委員となった年の一六年九月に日銀は長期金利のコントロールに乗り出し、誘導目標を量から金利に戻した。量を重視するリフレ派は強く反発したが、すでに量の拡大は意味を失いつつあるとみていた櫻井にとって、黒田の提案は時宜を得たものと思われた。

かつて日銀入りする前に櫻井も呼ばれたリフレ派の勉強会。その後も岩田は頻繁に開いていたが、以降日銀のメンバーになった櫻井に声がかかることはなかった。

なぜリフレ派とは言えない人物を審議委員に据えたのか。このときの選考に当たった本田が岩田の推薦を信じたことも大きい。そしてもう一つ、櫻井は男性であり本命候補ではなかったという事情があった。このとき、本田は女性審議委員を二人にしたかったのだ。

新日銀法施行以降、金融政策決定会合の写真には必ず女性が映っていた。篠塚英子、須田美矢子、そして白井さゆり。一六年は四月と六月という近接して二つの人事がある。ほぼ同時に二人の女性を審議委員にすればインパクトがある。日銀という堅苦しい世界にも新しい改革の風を吹かせたということで、安倍政権にもプラスになる。ただ、二人ともリフレ派、もしくはその考え方に近い女性でなければならない。

本田は一六年三月に大使としてスイスに赴任することが決まっていたのでのんびりともしていられなかったが、新生銀行の政井と同時に、ある大学の女性学者にも声をかけていた。経済状況をめぐり意見交換しながら本人の経済観を確かめた。

このときの政井は市場相手に格闘するディーラーとして、時折ニュースレターを書いていた。その中で、円安を重視するこんな主張がリフレ派たちの目に留まった。一五年初夏のことだ。

「このところ、二%から一%程度へのインフレ目標の引き下げや、国債購入額の減額など、緩和縮小スタンスの打ち出しを日銀に対して勧める意見をよく耳にするようになった。しかし現段階で、こうした議論は通貨の安定推移の観点から得策ではないと考えている」

「世界的に緩和スタンスは強まっている方向にある。にもかかわらず、仮に日本が緩和スタンスの後退を市場に明示するようなことがあれば、通貨高を受け入れるとのメッセージにもなりかねない」[11]

「一度会ってみよう」ということで、本田が新生銀行のオフィスを訪ねてきた。本田はそのころ「安倍を支える最側近」として有名人だった。政井が最初に本田から連絡をもらった時は「イタ電（いたずら電話）」だと思い秘書の取次ぎを受けなかった。[12]

何とか本人であることを証明した本田が政井を訪ねたのは、いわゆる「首実検」だった。主張していることが気に入っても、細部を詰めてみるとイメージとは違ったということもある。また、「公職ポスト」を打診しても様々な事情で断られることもある。直接本人に会うというのは、この手の人選では必須のプロセスだった。

政井は正式なオファーを受け一六年六月に審議委員に就任した。この女性はディーリング業務で名をあげて出世の階段を上ったが、「リフレ派」などという自己認識はなかった。ただ、円安を評価し、白川型の日銀流のスタンスに疑問を抱いている点などが本田らから評価され、「リフレ派」の一人としてカウントされるようになる。

一方、もう一人は難航した。リフレ派的言説を見込まれたこの女性学者はこのとき在京ではなかったため、本田は電話で就任を打診し説得を重ねた。最終的に固辞の姿勢を覆せないと判断したものの、このままでは一六年の審議委員人事が一人埋まらないという事態になりそうだった。そこで本田は急遽岩田から推薦された櫻井に打診したわけだ。

「リフレ派ではない人物をなぜ押し込んできたのだ」という身内からの声はもっともだったが、本田にしてみれば選考にかけられる時間が少なく、十分にリサーチできなかったという事情もあった。

政井も根っからのリフレ派ではなく、「そのとき効果のあるものをベストミックスで採用すればいい」という見解の持ち主だった。リフレ派は日本でそれほど多数存在するわけではない。「リフレ派的」な候補に広げて選考せざるを得ないので、櫻井のようなことが起きるのは必然だった。

なお、櫻井の人事でも財務省は完全に外されていた。当時の幹部は言う。

「櫻井さんの人事が僕たちのところにきたのは、発表直前だった。リフレ派たちは巻き返されるのを恐れたのかもしれない。しかも世の中に公表されたあと、櫻井さんはかつて財総研〔財務総合政策研究所＝財務省内の組織〕に在籍していたという話だった。僕らは何も知らなかったので、急遽省内で確認させたら、そうだった」

「銀行指定席」めぐる攻防

一般企業で取締役会を指す「ボード」になぞらえて、審議委員は「ボード・メンバー」と呼ばれることもあった。新日銀法施行以降、そのボード・メンバー六人の「出身」は明確に分かれていた。

旧法のように法律で決まっていたわけではないし、それぞれの人数はその時々で違ったが、大企業役員、学者、エコノミストなど前職についてはある程度の分野分けが存在した。その中には最低一人、銀行界出身者が必要だという意見は、新日銀法ができたときから言われていたことだった。

日銀は金融界と密接なつながりをもつ。考査など銀行に立ち入って経営を監督する機能があるからだけではない。金利のコントロールは銀行の収益にも直結し、金融機関がメーンプレイヤーとなる市場を抱えていたからだ。

二〇一六年のマイナス金利導入の際、あるメガバンクの頭取経験者は「日銀もわれわれの仲間ではなかったということでしょうな」とうめくように話していたが[13]、そういう不満がでてくるのは、利ザヤで稼ぐという金融界のビジネスモデルは正常な金利体系を日銀が維持してくれることを前提としていたからだ。ただ、どこまでが銀行ビジネスの範囲内で、どこからがその外なのかの勘所は民間銀行経験者でないと分からない部分もあった。

また、日銀の決定に対し市場がどう反応するかを考える際、銀行の思考回路を肌で知る人、あるいは金融界に「土地勘」のある出身者が審議委員の中に最低一人は必要だと考えられていた。

黒田体制発足時に金融界からボード・メンバーとなっていたのはメガバンク出身の石田浩二だった。一六年六月、石田が退任することになったとき、後任として三菱東京ＵＦＪ銀行副頭取を経験した鈴木人司の名前が浮上していた。

日銀と民間金融機関の接点は様々なところにある。行き過ぎてしまうと、一九九八年の「接待汚職」のような不明朗な付き合い方になってしまうのだが、意見交換するプロセスで「これは」という人材に目星がつけられる。

様々な場で鈴木と接触する機会があった日銀の幹部は、石田の次の審議委員候補に鈴木を絞り込んでいき財務省経由で官邸に働きかけた。何よりも「金融界出身の審議委員は最低一人、ボード・メンバーの中にいるべきだ」という原則論の貫徹は必要だった。

しかし、答えは意外なものだった。官邸からは、日銀が推していた鈴木ではなく、同じ金融界に在籍する政井の名前が伝えられたのだ。

「金融業界出身」というとき、日銀のイメージは、いわゆるメガバンク系の経営幹部だった。前任の石田は三井住友銀行の役員から関連会社の社長まで勤めている。しかし、政井はディーラーの現場が長い「新生銀行の執行役員」だった。裏には「女性二人」を狙った本田の作戦があったのだが、日銀は困った。

とりあえず、副総裁の中曽が鈴木の所属先の最高幹部に「鈴木さんをどこかに行かせないでほしい」と頼み込んだ。子会社の社長にでも送り込まれてしまうと、ただちに審議委員にというわけにはいかなくなる可能性があったからだ。

財務省の幹部はこう話す。

「一度、日銀から相談が来た。リフレ派うんぬんではなく、審議委員がエコノミストや学者ばかりになると組織のマネジメントをしたことのある人がいなくなる。審議委員のメンバーは通常の政策委員会で組織としての日銀の管理・運営にも責任をとってもらわねばならないので、これでは困る。そして金融機関出身者というのはその銀行の経営陣だったような人のことであり、そういった人がいないと微妙なところで狂いが生じかねない」

次のチャンスは二〇一七年七月だった。木内と佐藤の二人が同時に任期切れとなる。日銀幹部は官房長官の菅を訪ねて「銀行経営を知っている人が一人いるのといないのでは大きく違う。次は銀行出身者にしてほしい」と頼み込んだ。

副総裁の中曽は審議委員がリフレ派一色になっていくことに危機感を抱いていた。

一六年が始まったころ、「狭義」のリフレ派に分類されたのは、副総裁の岩田、原田の二人だった。

白井の後任として一六年四月に着任した櫻井も当初はリフレ派に分類されたので、これに政井を加えれば四人になる。

このころ、岩田は消費税の引き上げをめぐる見解の相違から黒田への不信感をあらわにしていた[14]。狭義のリフレ派だけで多数を占めておくことは「いざ」というときのために必要なことだった。審議委員は一人一票。彼らがまとまって議長提案に反対すれば執行部提案が否決できた。黒田への圧力にもなる[15]。

日銀出身で優れた国際感覚や市場対応を買われていた中曽は「人事をリフレ派で埋めさせないことが自分の責務」と考えるようになる。そのためにも一七年七月の人事は重要になると思えた。

官房長官に頼み込んだ日銀だったが、同時に宿題も与えられた。

「銀行界出身でなければだめだという理屈をもってこい」

中曽は菅の問いに対してこんな回答を用意した。

「金融政策を正常化させる、いわゆる出口をでる際に、市場がどう受け止めるか、どう反応するかはなかなか予想が難しい。だからこそ、審議委員の中にマーケット感覚を有する金融界出身者がいるべきである」

財務省も動いていた。事務次官の佐藤慎一が副総裁の中曽と連絡をとった。その際、中曽から審議委員に銀行界代表がいなくなって困っていること、次の審議委員人事では鈴木を推したいこと――が伝えられた。日銀の意向をもっともだと考えた佐藤は、大臣の麻生を頼った。日銀の審議委員人事で安倍に具申したところで、財務省の言うことなど無視される可能性が高い。それならば政治的盟友でもある麻生を通じて工作したほうがよさそうだった。

佐藤は大臣室で事情を説明し頼み込んだ。菅への工作や麻生の口利きもあり、最終的に一七年七月、鈴木は審議委員に任命された。

この人事が決定した後、中曽のところに本田から連絡が入った。

「このポストは銀行の指定席じゃないぞ」

日銀審議委員という専門的な技能を要求されるポストが、権力闘争の焦点になってしまっていた。リフレ派の浸食を警戒した日銀や財務省の周到な工作の前に、すでに勝負は決した後だった。この人事の後ろには菅という政権の実力者もいる。どんなに抗議しても鈴木の人事は動かなかった。

ただ、このときの人事でもう一人にはリフレ派であるエコノミストの片岡剛士が指名された。これでリフレ派は黒田を含めずに岩田、原田、片岡、政井、櫻井と五人になる。櫻井をカウントしなくても四人だ。あと一人で総裁提案にも反対できるという状況を維持し「消費税引き上げに賛成し、緩和の効果を自ら削いでしまった」黒田に対して圧力をかけることは、彼らリフレ派にとって非常に重要だった。

人材は経団連から

一九九八年の新日銀法スタート以降、最低でも必ず一人、審議委員に座っていたのは産業界代表も同じだった。その出身企業は、新日本製鉄(現日本製鉄)、三井物産、東京電力、三菱商事、商船三井など大企業ばかりだ。

彼らのバックには経団連がいた。審議委員の選任に経団連がどのように関与するのか。

日立製作所取締役だった中村豊明が審議委員に就任する一年ほど前だから二〇一九年のことだ。関係者によると、日銀副総裁の雨宮から経団連事務総長の久保田政一に電話が入った。審議委員の交代に際し「だれかいい人がいないか考えてほしい」との要請だった。

経団連と日銀は定期的に会合を開き経済の現状や見通しについて意見交換をするなどの機会を設けていた。久保田も雨宮もお互いによく知っていた。

経済界の幹部たちで構成される経団連が関与する人事は二通りに分けられる。一つは、経団連が直接当該人物に連絡をして面倒な手続き的事務までやる人事だ。たとえば、経済財政諮問会議のような場は経団連会長の指定席だったし、このほかにも政府の審議会などへの人材供給は経団連の業務だった。

もう一つは、「だれかいい人いないか」「適任者を紹介してほしい」というたぐいの依頼で、これが結構多いのだという。雨宮の電話は明らかに後者に分類されるものだった。経団連も「一種のお手伝い」として人選に協力している。日銀にとってみれば大企業の幹部たちとの接点を数多く有する「財界総本山」に紹介してもらうのは、自分たちのよく知らない人材に出会えるチャンスでもあった。

雨宮と久保田の電話で、何人かの候補者の名前が挙がったが、絞り込まれたのは日立の中村だった。経団連には様々な委員会があるのだが、財務・経理に明るい中村が仕切っていた税制委員会企画部会は、税制に関する各業界の要望をとりまとめる役割を担っていた。これに基づいて経団連は政府に働きかけることになる。

雨宮は会合で何度か顔をあわせたことがあり、中村が企業財務の分野で幅広い知見を有していることを知っていた。

これで、トヨタ自動車出身の布野の後任として中村の就任が固まる。もちろん本人の内諾を取る必要はあるが、通常は日銀が財務省にこの人選を投げ、財務省から内閣人事局に話がまわる。そして内閣人事局から本人に正式な連絡がいくという手順を踏むことになる。

中村の前任の布野も、その前の東京電力出身の森本宜久も同じような手順で就任していた。安倍と本田は「産業界出身」の枠を取り払おうとしたことがある。リフレ派で埋めていく際の障害になるからだ。しかし、簡単ではなかった。「日銀審議委員のポストだけではなく、産業界出身関連の人選は経団連に頼る。そうなるといろいろと借りもできる。押し戻そうとしてもなかなかむずかしかった」と安倍側近は話す。森本から布野に交替した一五年の人事も最終的には経団連に頼らざるを得なかった。

安倍は在任中、審議委員をリフレ派で埋めていくという自分の構想を貫徹できなかったとして、本田に対してこういう表現で話をしたことがあるという。

「経団連を無視するのは難しい」

リフレ派審議委員の枠をなかなか増やせない安倍のいら立ちの表れと受け止められた。

経団連関係者によると、日銀の審議委員に関しては、推薦する場合、リフレ派なのかどうかなどは調べもしないのだという。経団連関係者は「われわれとしてはあまり関心がない」と話す。つまりリフレ的な考え方は日本の実業界にほとんど浸透していなかったということなのだろう。

安倍政権以降も産業界代表はそのポジションを引き継いできた。安倍が「難しい」と言っているように、経団連が関与した人事をつぶすことはリフレ派にとってかなりの難問だったようだ。

「お下げ渡し」人事

最終的に、リフレ派で審議委員を埋めるという構想は、頓挫した。

しかし、そもそも六人の審議委員全員を、あるいはその相当部分をリフレ派で固めることは「新日銀法の趣旨」に反していたのかもしれない。それは二つのポイントにおいてだ。

二〇一三年四月の決定会合で問われたように、審議委員には日銀という組織内部でのチェック・アンド・バランス機能を果たすことも求められているとすれば、総裁と同じ方向に進もうとする人物ばかりをボード・メンバーにした場合、その機能が損なわれることになる可能性がある。

ただ、これまで審議委員の役割が真正面から世間で議論されることはそう多くはなかった。元審議委員の中原が安倍に「政策を変えるなら人事を通じて」とアドバイスしたように、総裁も審議委員もリフレ派で固めてしまおうという誘惑は、「日銀内のチェック・アンド・バランス」という理念などよりも現実の政策を動かせるというリアリズムに直結している。リフレ派の審議委員として最初に日銀入りした原田はこう話す。

「プロセスの透明性は求められるし、何をやるためにこの人を選んだのかということは明確でなければならない。政策目的は、日銀法にある物価の安定と国民経済の健全な発展だ。その上で、政策と人事は一体のはずだ。リフレ派が集められているとか、多様性が欠けているとの指摘があるが、目的が一致していない、多様な目的を持った人々を集めても仕事にならない。もしチェックしたければ、国会に呼んでどういう考え方なのかチェックすればいい。政策目的のために政治が人事をするのは当たり前である(16)」

安倍政権を子細に観察していたある関係者はこう見ていた。

「この首相の眼中に、多様性が優れているなんていう議論はない」

世界の中央銀行の多くは、日本と同様に、政策決定には「委員会制度」を採用している。元総裁の白川によると、委員会制度の方が多様な意見が反映されやすく、長期的にみて正しい決定をもたらす可能性が高くなると考えられるのだという[17]。

また、〇一年から一〇年間審議委員をつとめた須田美矢子は著書の中で「合議制のほうが、極端な意見に流れず、政策の振れを抑止できる」などという研究成果を示しながら、こう述べている。

「委員会制度についてこのようなメリットを発揮するためには、専門性を持った多様な人が集まることが重要である。異なる立場の人との議論を真剣にやると、お互いどういう仮定に基づくのか理解を深められる。自分や相手の議論の弱点もみえてくる。お互いに深く考えることになるし、場合によってはお互いに考え方を変えるきっかけにもなる。独断や思い込みを避けられる[18]」

しかし、黒田日銀の審議委員だった木内は、自らの実体験を踏まえ、チェック・アンド・バランス機能に否定的だ。

「合議制のメリットの第一に挙げられていた、極端な政策運営に歯止めを掛ける効果については、日本銀行、少なくとも自身の任期中においては、正直なところ懐疑的である。委員会制度のもとでも、2%の物価安定目標を短期的に達成することに高い優先順位を置いた、極めて積極的であり実験的である非伝統的政策が遂行されており、委員会制度、あるいは自身も含めた少数意見、多様な意見が、それに歯止めをかけたとは残念ながら思えないのである[19]」

確かにリフレ派が集まり、リフレ派的な観点からだけでものを見るということは、議論の多様性とは相容れない。白川は「多様な意見が真に重みを持つのは、多様な意見の持ち主が投票権を持って決定に参加する場合である。正統性という点から見ると、多様性は実質面だけでなく、形式面でも重要である」とも述べている[20]。

安倍やその側近たちはリフレ派、もしくはその傾向をもった人々を審議委員にしようと試みた。それは自らが首相の椅子から降りた後も続き、時の任命権者に圧力をかけたことで摩擦にまで発展した。

それまで審議委員の後任は官邸で、本田が安倍や岩田と議論、リフレ派を探してきて任命していた。以前のように日銀との協議を経て財務省がリストを官邸に提示していたのとはわけが違い、ほぼ上意下達に近い形で財務省や日銀に伝達されてきた。ある財務官僚は「われわれが何を言っても完全無視。何も知らないうちに、はい、この人になったからよろしくねと降りてくる」と話し、これを「お下げ渡し」と隠語めいて呼んでいた。

岸田文雄が首相の座についたのは二一年一〇月四日。直後には総選挙を実施するなど忙しく過ごしていた官邸のスタッフたちがカレンダーを整理していて審議委員の交替が近くあることを確認した。岸田は経済政策での本音を見せない。それは安倍に配慮したものなのだが、時として色に出てしまうことがあった。出さざるを得ないときと言った方がいいかもしれない。二二年春のことだ。リフレ派の審議委員、片岡剛士と鈴木人司の任期が七月に同時に終了するため、後任の審議委員を探さねばならなくなった。

鈴木は金融界出身の審議委員として、後任もメガバンクの役員経験者からの人選が進んでいた[21]。一方、片岡は黒田の提案に反対を続けた強硬な意見のリフレ派だ。リフレ派の審議委員の後任はリフレ派で、というのが安倍時代の慣行だった。

片岡の人事を考えねばならないと気付いた二〇二一年秋以降、財務省や日銀は本格的な反転攻勢を意識し始めた。すでに官邸に安倍はいない。岸田は最大派閥を束ねる安倍への配慮から明確には言わないが、アベノミクスとは距離をおいている。そんな時にリフレ派の中でも強硬派と位置付けられていた片岡が任期満了を迎える。「正常化」を志向する財務省や日銀にとっては絶好のチャンスだった。

「男気」の岸田、怒る安倍

財務省と日銀は協議を経て、候補者のリストを作成した。このリストは安倍の時代には、完全に無視されていたものだ。関係者によると、五、六人の名前が載っていたこのリストには、エコノミストの高田創（たかたはじめ）のほかリフレ派とみられていたエコノミスト、永濱利廣の名前も見られた。安倍やその周辺が永濱を高く評価しているという情報は入手済みだった。

財務省はこのエコノミストの名をわざと官邸に提出するリストに載せた。もし岸田がこの人物をチョイスしてもリフレ派からリフレ派への交替であり「日銀内リフレ派」の人数は変わらない[22]。金融政策決定会合の勢力図に変わりはないのだ。

もし、片岡の後任にリフレ派でない人物を指名すれば「アベノミクス的なるもの」（日銀関係者）からの脱却姿勢を鮮明に示すことになる。そうなれば、これは単なる審議委員人事を超える。同時に、永濱の名を載せ、岸田が安倍への配慮を示せる道筋を残しておくことは政治主導下の官僚にとって当然の選択だった。

財務官僚はこうも考えた。リフレ派の、しかも安倍の評価が高いエコノミストも含んだ名簿の中からそうでない者を選ぶということの重みは岸田も分かっているだろう、その選択は政治家としての覚悟をもったものになる、リフレ派依存体質からの脱却を改めて決意するきっかけになるはずだ、と。

財務省の狙いは的中した。岸田は永濱ではなく高田を選択した。二一年の年末のことだったと周辺は記憶している。財務省によると、高田は金融政策で「中道」と位置付けられていたという。ある財務省幹部はやや古ぼけた表現を使いながらこう評価した。

「岸田さんはあのとき、これはおれが決めたんだ、お前たちに言われたから選んだわけではないんだぞという男気を見せた」

ただ、岸田の周辺でこの事態を観察していた官僚は「岸田さんは安倍派のことをとても気にしていた。急激に路線転換すればその後政治的に何が起こるのか分からないので、その辺は計算に入れた」と証言する。また首相周辺はこう振り返る。

「岸田さんはとても慎重で、急激な路線転換など狙っていなかった。審議委員はある程度常識的な線に戻しただけだ」

この決定は——当然のことながら——しばらく伏せられることになった。安倍にも本田にも、高田の人事内定を知らせる人はいなかった。

永濱のところに本田から電話がかかってきたのは二二年一月も終わろうとしていたころだ。本田と永濱は安倍政権初期からの顔見知りだ。

「審議委員をやってくれないか」という本田の要請に永濱は少し躊躇しながらも了承の返事をした。一月末に履歴書と「金融政策に対する考え方」をまとめたものを送ってほしいと本田から依頼があり、二月初めに送り返した。

本田によれば、審議委員を選ぶ際、すべての候補者に「履歴書」「論文や著作などの業績一覧」「金融政策に対する考え方」を提出させていた。本田らはこれを「三点セット」と呼んでいた。

永濱によると、そのメモには黒田が実施した政策を評価するという趣旨のことを書いたという。永濱はゼロ金利下では金融政策には限界があり、財政を伴った成長戦略も必要になるという考え方で、一部のリフレ派からは「リフレ派には該当しない」ともみられていた。

ただ、副総裁の若田部からはよく日銀に招かれて意見交換をしていた。本田、若田部はリフレ派の司令塔的存在。彼らからみれば、永濱も「同志」の一人だった。

官邸の動きをまだ察知していなかった安倍が岸田に電話をしてきたのは、それからしばらく経ってからだった。安倍は岸田に、永濱を審議委員にどうかと推薦してきた。

「もう決めてしまった」

岸田ははっきりと拒んだ。確かに安倍の電話は審議委員の人選としてはタイミングを逸したものだった。これは側近の本田が審議委員人事の国会承認の日程を見誤ったことが原因だと解説された。だとしても、この人事は「岸田の考え方が反映された第一歩」になった。つまり安倍側がやや遅れて人事案を持ってきたのを奇貨として、一気に非リフレ派の登用にもっていったというわけだ。スキを突いたともいえるかもしれない。

では「岸田の考え」とは何なのか。それをはっきりさせると党内の反発を呼ぶ可能性があるため、岸田は明言しない。それが「岸田はわかりにくい」という評価になってしまうのだが、要するに黒田が進めてきた異次元緩和の路線を収束させ、正常化に舵を切るということだとみられていた。

安倍は内閣総理大臣の座を降り、一議員に戻っている。国会への人事案の提出権はない。岸田には人事権がある。その権限を行使し、政策に関してメッセージを発することも可能になる。岸田はそれを選んだ。リフレ派の審議委員の後任に、非リフレ派の高田を据えることを決め実行した。

安倍は怒った。「この手の話は相談してほしいと言っていたのに」と不満を隠さなかったし、それを側近にぶちまけた。

履歴書まで提出した永濱のもとには依頼してきた本田だけでなく何人かのリフレ派の面々から「残念だ」といった慰めの連絡が入った。リフレ派のメンバーたちが「次の審議委員には誰がいいのか」という選考会のようなものを開いていることを想像させた。

高田の人事が二二年三月一日に公表された後も元首相はこの話を蒸し返した。信頼を寄せる元官僚から「高田は財政審のメンバーだ」などと入れ知恵された安倍は怒りを倍加させた。財政審というのは財政制度等審議会のことで、そのメンバーであることを強調することは、すなわち「財務省シンパ」とレッテル張りをするのと同じだった。

三月九日の夕方、「意見交換」を名目に岸田が議員会館の安倍事務所を訪ねたときも、安倍は不満をぶつけた。事務所をでてきたとき、岸田は小声でつぶやいた。「言われちゃったよ」か、「怒られちゃったよ」か。周辺ははっきりと聞き取れなかったが。

すでに発表済みの審議委員人事がひっくり返らないことは、首相をやっていた安倍自身がよくわかっているはずだ。自分が反対しているということになれば、国会承認にも影響がでるかもしれない。そのあたりを考えれば、高田の人選に反対しているとはあまり大きな声では言えなかった。

しかし、岸田周辺はその安倍の態度を見て、高田の人選は仕方ないが、次期総裁人事で同じことをするな、一年後の総裁人事ではオレをないがしろにすることは許さないからなと釘を刺しているのだろう——と思ったという。

安倍の側近も、一年後の人事はよほどうまくやらないと大変なことになると岸田に思い込ませるのが安倍の怒りの狙いだとしたら、それは一定成功を収めたと感じた。

四月に入ったとき、永濱は首相官邸に呼ばれている。エコノミストたちの意見を聞きたいということで、永濱ともう一人のエコノミストとの会談が設営された。

四月六日午後三時、官邸の一室で待つ永濱のところに岸田が入ってきた。開口一番、岸田の口からでてきたのはこんな「誉め言葉」だったという。

「永濱さんはリフレ派の中で評価が高いのですね」

当然、一カ月前の審議委員人事をめぐるドタバタを指していた。この一件が「対リフレ」「対安倍」ということでこの政治家の胸に印象深く刻まれていることが想像できた。

政治任命の限界

時計の針をやや戻す。

組織を率いる者として先々のスケジュールを抑えておくことは必須だ。

日銀がマイナス金利を導入し、長期金利まで急速に低下。二〇年国債の金利もマイナス圏に入ってしまうという異常な姿を修正するため、YCC（イールド・カーブ・コントロール）と呼ばれる長期金利のコントロールを検討していたころ、つまり二〇一六年のことだ。日銀最高幹部の頭には一八年の次期総裁人事のことがちらつき始めていた。

あと二年はない。政治の世界は何が起こるか分からないが、安倍政権は盤石に見える。おそらく次期総裁の人事も安倍の手で指名される可能性が高い。だとしたら――。

このころ、日銀の幹部たちが心配していたことがある。それはリフレ派による黒田批判だった。

「黒田バズーカ」と呼ばれた異次元緩和を歓迎したリフレ派の面々だったが、ある出来事を境に事態は変わる。一三年八月三〇日、黒田が消費税を引き上げるかどうかの「集中点検会合」で、国債価格が暴落し金利が急騰する可能性に触れ、こう発言したと報じられたのだ。

「確率は低いかもしれないが、起こったらどえらいことになって対応できないというリスクを冒すのか」[23]

これが「どえらいリスク事件」として、消費税引き上げに否定的だったリフレ派の面々から攻撃を受けることになる。黒田の部下である副総裁の岩田も自らの上司を強く批判した[24]。

リフレ派の財政政策は基本的に拡張志向だ。増税や緊縮財政にも反対。したがって黒田のような発言は許せなかった。

この「事件」はリフレ派が黒田から離れるきっかけとなった。そして、一八年の次期人事に向けて、リフレ派は独自候補の擁立を摸索する方向に走り始めた。同時にそれに対抗する動きも次第に形を現してくる。

天皇退位が発表され、多くの国民が驚いた一六年の夏。関係者によると、まず副総裁の中曽がアクションを起こした。黒田を食事に誘ったのだ。

総裁と副総裁は、それぞれ忙しい。会議、来客、会食、国会対応、打ち合わせなどに時間をとられ、あっという間に一日が暮れていく。総裁、副総裁がそろって多人数の会合に出席することはあるが、二人だけで食事をすることは珍しい。

関係者によると、中曽はこの場で黒田に再任の意思を尋ねている。黒田の答えは簡単なものだった。

「そのように命じられれば従う」

新たにリフレ派総裁の指名を防ぐためには、黒田の留任がベストだと考えていた中曽は、その答えを財務省につないだ。

このとき財務事務次官だった佐藤は、日銀とは縁の深い官僚だ。一九九六年から九七年にかけての日銀法改正作業で、実際に法律を書く担当者に任命された。当時、銀行局に在籍していたが、このころの大蔵省は不良債権問題処理などをめぐりパンク状態[25]。在外公館勤務が決まり外務研修に入っていた佐藤にも急遽、大蔵省に戻って日銀法改正作業に参加するように下知がくだされた。このとき内閣法制局との協議や、中央銀行研究会、金融制度調査会などの議論を視野に入れながら書いた法律が新日銀法だった[26]。

また、アベノミクスの「入り口」にあたる二〇一三年はじめ、日銀と官邸の間に立って奔走した経験もある。財務省内で日銀との窓口になる総括審議官という役職だったのだが、「日銀との間でアコードを結ぶ」という官邸の号令に基づき、物価目標二%を掲げた「共同声明」の作成を担当したのだ[27]。

そんな佐藤だったが、黒田の次に誰を総裁にするかは難しい問題だった。当時佐藤が懸念したのはやはりリフレ派の動向だった。

黒田は財務官僚時代、税制を扱う主税局に所属していたこともあり、消費税には強い思い入れがあった。

こんなこともあった。

一四年のことだ。その年の四月、消費税の税率が五%から八%に引き上げられた。三ポイントの引き上げは経済に対してマイナスのインパクトを与えていた。

そんな中、九月一一日、黒田が官邸に安倍を訪ねてきた。定例化している二人の意見交換会だった。これは数カ月に一度行われるイベント。新日銀法では第四条にこう書いてある。

「日本銀行は、その行う通貨及び金融の調節が経済政策の一環をなすものであることを踏まえ、それが政府の経済政策の基本方針と整合的なものとなるよう、常に政府と連絡を密にし、十分な意思疎通を図らなければならない」

黒田日銀にとっても、安倍官邸にとっても、「連絡を密にして意思疎通を図る」ことに異存はなかった。このときは、BIS（国際決済銀行）の総裁会議から帰ってきたこともあり、黒田はまず国際経済の状況などを安倍に説明した。説明には「世界経済見通し」「主要中央銀行の金融政策運営スタンス」「為替相場の動向」などとともに、日本国内の「最近の賃金動向」や「消費者物価」などの推移に関して七枚紙にまとめられた資料が使われた。

関連して中国経済の見通しなどが語られたあと、話は国内経済の動向に移った。消費税率引き上げの影響を受けた日本経済に回復の兆しが見えていなかった。直前に内閣府が発表した四―六月期の実質GDPは、前期比年率換算で七・一％減とかなりの減速になっていた。(28)

安倍がこう問いかけた。

「消費税率引き上げに伴う反動減が大きい。消費税率の再引き上げについては、年末までに決めねばならない。第2四半期の数字に注目している」

法律では一五年一〇月に八％から一〇％に引き上げることが明記されている。一五年中の消費税率アップを実行するなら、それは一二月末の予算編成に反映させねばならない。今は九月。決定権者にとって残された時間は多くなかった。

一方、黒田は九月四日の記者会見でも「財政健全化の努力に市場が疑念を持つ事態が起きれば、政府・日銀として対応のしようがない」と話していたくらいで、消費税再引き上げは当然だと主張していた。

安倍の発言に対して黒田はこう応じた。

「消費税率引き上げに伴う反動減や、天候要因により足もとは弱いが、基調的には雇用者所得や企業収益もしっかりしている。したがって、反動減や天候要因が薄れれば緩やかに回復していくのではないか」

この一週間前、気象庁は一四年の夏が西日本を中心に各地で記録的な多雨・日照不足となったと発表していた。これに対して安倍はこう応じた。

「実質所得が引き続きマイナスになっている」

実質所得とは名目の所得額から物価変動の影響を除去したものだ。消費税アップにより物価が押し上げられているので、名目の手取り額がそれ以上に増えなければ国民の生活は苦しくなる。これはすでに日銀の中でも「注視するべきリスク」ととらえられていた。黒田はこう答えた。

「その点については「物価の基調分」と「消費税率引き上げに伴う分」とに分けて考えることが必要だ。「消費税率引き上げに伴う分」については社会保障で還元されるわけですから」

安倍はこうぼやいた。

「そこは私も分かっている。国会でも言っているのだが、なかなか理解してもらうのはたいへんだ」

最後に黒田が金融政策の現状を説明した。

「我が国の経済は二%の「物価安定の目標」実現への道筋を順調にたどっており、現在の方針のもとで「量的・質的金融緩和」をしっかりと推進していく。もとより今後何らかのリスク要因によって見通しに変化が生じ、二%の「物価安定の目標」を実現するために必要であれば、躊躇なく調整を行う方針です」

紙に書かれたものを読み上げるように黒田が説明し二人の会合は終了した。この基本的な考えは、記者会見でも国会でも繰り返し黒田が述べていることなので新味はなかった[29]。

リフレ派は順調に上昇を始めた物価が二%を前に腰折れしたのは、消費税率を引き上げたからだと主張し始めている。すでに目標とする二年の期限も間近になってきた。

直近に発表された七月の消費者物価指数（ＣＰＩ）は価格変動の大きい生鮮食品を除き前年同月比三・三%上昇となった。ただ、この数字は四月の消費税引き上げの影響が織り込まれているので、それを除くと一・三%程度の上昇とみられた。

黒田は会合を終えると、官邸の入り口で記者団につかまった。「総理とどんな話をなさったのですか」と聞かれた黒田はこう答えた。

「定例的に総理にお会いする一環ですが、一般的な経済情勢についての見方とか、そういうことについて意見交換しました。世界経済全体として、回復の道をたどっているわけですし、そのもとでの日本経済の状況についてお話ししました」

記者団は食い下がる。

「総理から何か指示はありましたか」

「そういったものは特にありませんでしたが、私の方からは昨年四月に導入した量的金融緩和というものをしっかり続けていく、二%の物価目標の達成に向けて全力をあげていくと。そうした中で仮にそういう目標の達成に困難をきたすような状況がでてくれば、躊躇なく追加緩和であろうと何であろうと金融政策の調整を行う用意はあると。ただ、現状、基本的に経済の好循環は続いているし、物価安定目標の実現に向けて道筋をたどっているというようなことをお話ししました」

「消費税については何かお話ししたのですか」

安倍が再引き上げに断固とした態度を示さなかったことなどはおくびにも出さず黒田はこう答えた。

「特別なことはございませんでしたが、私からは消費税の駆け込みの反動ですとか、一般的なことについてはお話ししました」

最後に黒田はこう聞かれた。

「総理から追加緩和の要請は」

「ありませんでした[30]」。こう言うと黒田は官邸の玄関から帰途につき、新聞はこの日の夕刊で「首相と日銀総裁が会談」と短く報じた。

普通ならこれでおしまいになる話のはずだったが、問題はここからだった。黒田は会談後、周辺にこう語った。

「総理は消費税の再引き上げについて、すごく嫌がっているという感じはなかった」「総理はきわめて冷静で、消費税について「非常にアンチ」というわけではなかった」

会談には二人しか入っていない。録音しているわけではないので、安倍のニュアンスは黒田にしか分からない。その黒田が税率アップに安倍がそうネガティブでもないというトーンで言いふらしているともとれた。この話は、日銀から財務省に伝えられ、さらに官邸にも逆流していった。

怒ったのは安倍だった。自分の発言が勝手に独り歩きされては困る。消費税の再引き上げをどうするのかはまだ決めていない。それを「嫌がっている感じはない」「非常にアンチではない」などと伝えられれば、不必要な反響がでてくる。

安倍は側近をつかまえてこう言った。

「そんなこと全く言ってないのに。ひどいね。黒田さんも財務省なんだね」

その口調は、かなりきつかったという。[31]

安倍は、自らが信じたリフレ理論実現のため黒田を任命した。しかし、一から十まですべて任命権者の指示にはなかなか従ってもらえない。消費税に関する考え方が違うからと言って、黒田をクビにすることなどできない。自らが任命した日銀総裁が足を引っ張る事態に、安倍はどんな思いだったのだろうか。

消費税をどうするかは政治の決断だ。黒田が何を言おうが、日銀に決定権限があるわけではない。しかし、金融政策は違う。日銀に決定権があり、安倍が公約した「大胆な金融政策」で「デフレ脱却」を目指すなら、この総裁以外にはいないと考えたのだろう。一〇〇点満点ではないが九〇点の仕事というわけだ。

一方、安倍が依拠したリフレ派も面倒なことを画策していた。日銀副総裁の岩田は、一八年に退任した後も金融政策によるデフレ解消に意欲を示した。そして、それを自らの後任にも強く要請。「共同声明」の変更を金融政策決定会合で決めるべきだと迫った。「当面、消費税の引き上げを停止する」という内容にして政府に飲ませればいいというわけだ。後任の若田部昌澄が提案を出せば、リフレ派の審議委員らの賛成で可決できるかもしれない。

これに賛同したのが、スイス大使になっていた本田だった。やはり消費税引き上げの影響を重視し、「デフレ脱却まで消費税を増税しないことを内外に鮮明にするべきではないか」と意見した。

しかし、若田部は首を縦に振らなかった。「自分からは難しい」と黒田への背信行為には踏み切らなかった。

もし、ここで若田部が岩田や本田の提案を受けて、「共同声明」の見直しを提案していたらどうなっていたのか。正副総裁三人は「執行部」といわれて、普通は一致団結する。しかし、もし若田部が黒田に反対する形で提案をすれば、しかもそのテーマが政府を巻き込む「共同声明」の見直しということであれば、事態はかなり深刻な影響を各方面に与えていただろう。黒田も若田部も、どちらも安倍による任命だ。その正副総裁が「仲間割れ」を起こす事態は政治的にもプラスにはならない。

若田部が踏み切らなかったことで「クーデター」は起こらなかったが、特定の主張を強く打ち出す政治任命は時として政権の障害ともなり得た。(32)

リフレ派への不信感

話を黒田再任のプロセスに戻す。

財務次官の佐藤が気に掛けたのはリフレ派の動向だった。副総裁の岩田らは、消費税の再引き上げを主張する黒田の総裁再任などは論外であり、一八年に交代する新総裁には安倍に近い本田が適任だと主張している。そんな動きを耳にしていた佐藤が考えたのは、やはり黒田の再任だった。

人事は一度流れができるとなかなか止められない。リフレ派の力には限界があるし、本田総裁が本当に実現するとは思えなかったが、決定権者は安倍だ。何が起こるか分からない。リフレ派に流れを作られる前に黒田再任の道筋を固めておく必要がある。財務省はこう考えていた。

日銀総裁人事の話は次官が中心に動かねばならない。佐藤が動き始めたのは一七年五月。連休が明けた直後のことだった。

財務省二階の大臣室と事務次官室は隣り合わせになっている。それぞれの窓からは中庭が見渡せ、正門前を走る桜田通りの喧騒は聞こえてこない。

佐藤は大臣室に入り、人払いをしたあと麻生にこう話した。大臣のわきには常に秘書官らが待機するが、人払いを求められたときは、人事の話だろうと想像ができた。

「来年の日銀総裁人事ですが」

「まだ早いんじゃないか」

「あと一年ありますが、ここで固めておかないとリフレ派の本田さんにでもなったら大変です」

佐藤はこう説明した。

「アベノミクスはまだ道半ばです。ここは黒田さんを変えずに政策を継続するという意味合いも打ち出せるようにしたらどうでしょうか」

黒田を一期五年で交代させれば、アベノミクスがうまくいっていないような印象を与えてしまう。二%の物価目標は黒田が言っていた二年どころか四年経っても実現の目途さえついていない。再任させればアベノミクスを成功させるための異次元緩和継続が明確に打ち出せる——。佐藤の言っていることはそういう意味だった。

財務省にとって、黒田はベストの候補者ではなかった。しかし、こんなとき誰か別の人物を選ぶことは、リフレ派につけ込むすきを与えかねない。もちろん、黒田のリフレ派的政策に賛同しているわけではなかったが、かといって別の有力候補を立てられるかと言われれば、そのような人物の顔も浮かばなかった。

金融政策だけで言えば、黒田は明らかにリフレ派的な考え方を指向していると分類された。この考え方を財政との関連で考えれば「財政ファイナンス」の恐れがあった。

日銀は市中にマネーを流すために、民間金融機関などが保有する国債を購入する。その規模は黒田の異次元緩和以降、爆発的に増大している。普通、国債が大量に発行されれば、市場金利は上昇する。それを日銀が根こそぎ買ってくれれば市場金利は抑制されるし、国債も安心して発行できる。まるで借金を手助けしているようなので、こういう状況は「財政ファイナンス」と呼ばれる。

いくら消費税のことを言おうが、黒田のやっていることは財政ファイナンスそのものであり「市場原理」を破壊して財政赤字への警告機能を奪っているとの批判は強く、財政当局としても手放しで称賛できるものではなかった。

しかし、ほかに適当な候補者が見つからないのだ。だから「ワーストではなくワースの選択」(財務省幹部)として黒田の留任で話を進めることにした。消費税に関する黒田のふるまいは、安倍にとって望ましいものではないはずだが、金融政策自体はメガネにかなっている。そんな候補者はなかなかいない。財務省はそう考えた。

別の幹部は当時を振り返り「あきらめにも近い心境」と表現した。安倍の政治的な強大さの前に、人事の重要性を認識しても戦いをいどむことができない状況を「あきらめ」と言っていた。

そもそも、財務省はリフレ派に対してきわめて懐疑的だった。ある次官経験者はこう話す。

「リフレ派は明らかにドグマ的であり信仰に近いものがある。従って財務省はリフレ派には懐疑的。そのようなやり方で日本経済がデフレから脱却して正常化することはありえないと考えていた」

また別の財務官僚はこう話す。

「財務省の中で、リフレ派については、基本的にネガティブな見方が大勢だ。資金供給量を増やすことで物価上昇を実現しデフレ脱却を目指す、という政策論としてのリフレ政策を追求すべきとの考え方を省内でまじめに議論しているのを見聞きした覚えがない。財務省としてリフレ派の是非について経済思想的な立ち位置に照らしながら真正面からまとめたのも記憶にない。リフレ派の主張はその程度の扱いだったということだ」

二〇一七年五月。財務大臣室で黒田留任を勧める佐藤に対して麻生がこう聞いた。

「あいつも年だろう」

「大臣より年下です」(33)

そしてこう詰めた。

「この話を大臣から安倍さんにあげて決めることにしていただけませんか」

すでにこの段階で、日銀の中曽が黒田への意向確認を済ませていたことは佐藤も知っていた。もし安倍がこの線で了承すればすべてはOKということになる。リフレ派の策動を封じ込めることができると財務省は考えた。

その二日後、佐藤は麻生から呼び出しを受けた。

「総理と話をした。日銀総裁の話だと切り出すと、向こうから「黒田再任はできないのか、手続き上問題があるのか」と言われた」

麻生は「自分もそのつもりできた」と返した。事実上、黒田再任が固まった瞬間だった。一七年五月の連休直後だった。(34)

人事は権力に直結する。権力とは政策を思うように自在に扱える力でもある。

黒田という人物を総裁に据えて金融政策の風景を一変させることに成功したリフレ派の面々もそれはよくわかっていたし、安倍も、そして財務省も同様だった。ただ、それをどういう形で仕組んでいくのかは政治家を巻き込んだ綱引きになる。財務次官の佐藤は自らのボスである麻生を頼りながら、「黒田留任」を摸索し、リフレ派を封じ込めた。

一方、リフレ派が推した本田は、このころ大使としてスイスに赴任していた。

もともとは大蔵省の入省だ。安倍とは若いころ知人の結婚式で知り合ってからの長い付き合いだ。リフレ派の理論に目覚めた本田は、一次政権後に雌伏していた安倍にリフレ派的金融政策を進言。アベノミクス推進の立役者となった。

そんな本田は岩田を副総裁に抜擢した。それから五年経ち、今度はリフレ派の中心メンバーである岩田が本田を総裁にしようと動き出した。

岩田は、本田を推薦する書状を書いて官邸に届けた。人事に関して書状がしたためられることはまずない。ほとんどが記録を残さずに決まっていく。しかもこの書状の中身は「ひいきの引き倒し」的だったという。日銀に還流したし、財務省も入手したこの書状は、完全に無視される形となった。

岩田は本田に対する賛辞を惜しまなかったし、退任後に書いた著作でも「文句なしの総裁適任者」と折り紙をつけた(35)。しかし、人事はそんな真正面から行うものではない。どんな組織であれ、関係者をしぼり、隠微に、内密に、進められる。

ただリフレ派は、黒田批判を強めていた。金融政策で言えば黒田の主張していることは確かにリフレ派の考えに近いが、岩田にとってみれば自分の上司は「消費税増税」という邪魔者を認めてしまい異次元緩和の成果を台無しにした主犯格だった。

副総裁は日銀内禅譲

このころ、財務省は安倍の足元を見ていた。それは一連のスキャンダルだ。

大阪府の学校法人「森友学園」が国有地を不当に安く取得していたのではないかというのが疑惑の発端。この学園に夫人が講演に訪れていただけでなく名誉校長に就任していたことなどが判明し、極端な国家主義的教育方針と安倍の価値観がだぶり、野党やメディアは追及を強めた(36)。

安倍は一貫して関与を否定したが、二〇一七年三月には国会で森友学園の理事長の証人喚問が実施され、安倍本人や夫人らの関与などが質された。

さらに、財務省が麻生を通じて黒田再任の働きかけを行おうとしていた一七年五月には、岡山市の学校法人「加計学園」による獣医学部新設で便宜が図られたのではないかとの疑惑が報じられた。この学校法人の理事長が安倍の友人であったことから疑惑は深まっていた。

安倍にはこれらの問題が結構響いているように見えた。

そんなとき、官邸を守っているのは財務省理財局長の佐川宣寿(のぶひさ)だという評判がたった。

「全く承知していない」「記録は残っていない」

国有地売却に関する質問を居丈高にはねつける佐川の答弁を安倍が評価しているという情報も入ってきた(37)。事件の舞台となった近畿財務局も「不正はない」との主張を続けた。

森友問題や加計学園関連の疑惑に対する攻撃に疲れてきた安倍。同じように関与を疑われながらも、それを守っている財務省。政権発足以来、決して親和性は高くないと思われてきた両者だが、やや局面が変わってきた。

ある財務省幹部は、「打ち込む余地ができた」と判断していた。「打ち込む」というのは霞が関用語。政策課題の存在やその解決方法について役所側の意見を政治家らに認識させることを言う。森友事件で協力しているのだから、麻生さんの言うことくらい聞いてくれ――。下世話に言えば、そんな態度が取れるタイミングだった。(38) 安倍の意向もあり、総裁は黒田再任でほぼ決まりという道筋が見えてきた。

ただ、リフレ派も巻き返しにでた。今度は本田を副総裁に充てたらどうかと動き始めたのだ。総裁がだめなら副総裁で、というわけだ。それを察知した財務省は全力でつぶしにかかった。

「本田は副総裁でもだめです。日銀内が割れてしまいます。派閥をつくり、執行部が割れます。だから絶対にやめておくべきです」

幹部は麻生にこう繰り返し、安倍に言ってほしいと依頼した。ここでも頼ったのは「麻生カード」だ。財務省内にはこんな情報も出回った。

「本田は黒田の悪口を言っている。菅は「トップの悪口を言っているようでは、つとまらない」みたいなことを言っていた。これで本田は安倍さんの信頼を失った」

「菅が、あまりに「お友達」の重用になると安倍にアドバイスした」

結局、当時スイス大使だった本田のところには官房副長官の杉田から国際電話がかかってきた。一八年の年明けだ。

「あなたを副総裁にするという話もあったが、今はスイス大使なのでそれは無理だ。いい人がいたら推薦してほしい」

スイス大使であろうが、何であろうが、しようと思えばいつでもできる。単なる口実だった。

気を取り直した本田はリフレ派の早稲田大学教授、若田部昌澄を推薦した。年が明けてから急ぎ副総裁・若田部の就任手続きが開始された。

副総裁の中曽は任期中、行内の融和に全力を傾けてきたつもりだった。黒田や岩田という、これまで日銀が体験してきたことのない「異分子」の存在と、日銀職員の集団である事務当局の間で円滑な意思疎通を図ることに心を砕いた。

そんな中曽だったが、次第に終わりも見えてきた。黒田の再任意向を確認した中曽は、理事の雨宮への禅譲に向けて動き出した。

「自分の次には君を考えている」

雨宮は早い段階から中曽にそう言われていた。ただ、官邸対策には慎重さが要求された。中曽は日常的に官房長官の菅のところに出入りしていた。自身も「長官のところで定期的に経済や金融についてご説明申し上げている」と周辺に隠さなかった。最終決定権は安倍にあるとはいえ、実力派の官房長官である菅に食い込んでおくことは非常に重要と思われた。

ある時、菅から「お前、留任するつもりはあるのか」と聞かれた中曽は、「雨宮理事の昇格でお願いしたい」と答えた。一七年春のことだったようだ。

雨宮の名前は菅にも届いていたようで、特に異論もさしはさまれなかった。これで「雨宮副総裁」の芽は大きく伸びたが、中曽は自らの母体から足を引っ張られることになる。OBたちだった。元総裁の福井が「中曽留任」で麻生に働きかけを行なったのだ。一七年の一二月だった。背景にはOBの間に横たわる雨宮への不信感があると指摘されたし、福井も周囲に「雨宮君は修行が足りない」という表現で中曽留任をにおわせていた。黒田という強烈な異分子の跋扈を許し、具体的な緩和手段を次々に編み出した雨宮は副総裁に適任ではない――というわけだ。

一方、財務省もかなり早くから中曽の辞意をつかんでいた。それは中曽が意図的に仲の良い財務省ＯＢらに「もう自分はやらない」と伝えたからでもあった。当然このＯＢは現役に知らせるだろうとの読みもあった。

財務省にはこのＯＢルートと菅の周辺のルートから、中曽が自身の退任と雨宮の昇格で動いているとの情報が入ってきていた。そして彼らもそのことに異論はなかった。一三年の異次元緩和開始以降、黒田を支えて驚くような金融政策を打ち出しているのは雨宮であることは「霞が関」でも有名な話。黒田が留任するにせよ、退任するにせよ、雨宮を今の日銀から外すことは無理と財務省では見ていた。

「中曽退任・雨宮昇格」は、少なくとも官邸と財務省の中では既定路線になっていた。同意していないのは日銀のＯＢだけという構図が出来上がってしまった。しかし、ＯＢ集団に政治的な調整力はなく、「総裁に黒田、副総裁に雨宮と若田部」という異次元緩和第二期体制が一八年に発足した。(39)

第五章　そして、新総裁は選ばれた
――日銀人事はどうあるべきなのか

黒田東彦の後任人事で、首相の岸田文雄は東京大学名誉教授の植田和男を次の日銀総裁に選んだ。そのプロセスに日銀・財務省を深く関与させず、最終的には官邸の限られたメンバーだけで決めた。日銀人事の政治任命化は二代続けてだ。その選考プロセスを検証すると「陰の主役」は就任要請を徹頭徹尾拒んだ最有力候補だったことが分かる。もし、この人物が総裁職を引き受けていれば――選考過程が政治任命であれどうであれ――形の上では日銀・財務省のたすき掛けが復活したのだから。なぜ、この人物は就任を断り、学者登用に道を開いたのか。

人選開始

首相官邸で誰が政策決定に関与するのかは、「権力の所在」を見極めるときに非常に重要になってくる。例えば第二次安倍政権では、首相に加え官房長官の菅義偉(すがよしひで)、政務秘書官の今井尚哉(たかや)の三人で物事を決めているとされた。財務省などはこの三人に「食い込む」ことを重視した。

安倍の後を襲った菅政権が退陣したあと、首相に就任した岸田文雄の場合は、岸田と官房副長官の木原誠二、そして首席秘書官の嶋田隆の三人で物事を決めることが多かった。副長官の木原は岸田の派閥、宏池会の若手を代表する政治家だった。岸田の信頼厚く、政策にも強いという評判。政権内での存在感を増していた[1]。

ようやく二〇二二年度予算が成立し、国会運営にも一段落がついた四月ごろだった。岸田、木原、嶋田で話していた時、誰からともなく、日銀総裁人事について「参議院選挙が終わったら、内々には決めていないとね」という話になったという。新日銀法によれば、総裁の任命権は内閣にある。ということはそのトップである内閣総理大臣たる岸田が次の総裁を指名できるわけだ。

しかし、首相の毎日は忙しく、スケジュールもびっしりと埋まっている。首相が動けば記者団も動く。面接しようとして誰かと秘密裏に会うのは骨の折れる仕事になる。

この時、七月には参議院選挙が迫っていた。政権発足直後に衆議院を解散し、二一年一〇月の選挙で勝利した岸田首相の次の政治的目標は参議院選挙での勝利だった。総裁人事はそれを乗り越えたら、その先に見えてくる案件だった。

もう一つ、岸田が考慮しておかねばならない要因があった。それは自民党内の政治状況だった。病で退いたはずの安倍は非常に元気だった。経済政策の方向性を決める二〇二二年版「骨太の方針」をめぐっても、細かな文章表現をめぐってまで、なんだかんだとうるさいくらい注文をつけてきた。「いざというときに十分な支出ができるようにするためにも、平時から財政秩序が必要になる」という文章は安倍によってバッサリ削られ、「債務残高が増えすぎないように」という表現は「債務残高対GDP比が増えすぎないように」と改められた。「財政秩序を確保することは」という一文も、安倍から「経済成長を実現し、財政余力を高め、ひいては財政秩序を確保することは」と成長優先の思想に置き替えるべきだと注文がついた(2)。

このころの安倍からは、派閥のトップとして、首相経験者として、そして何よりもアベノミクスの「創業者」としての意地のようなものが感じられた。したがって、この元首相の同意をどういう風に得るのかは、岸田にとっても非常に重要な要素になっていた。

もちろん、岸田なりの経済政策観はあった。「新しい資本主義」と銘打ち総裁選に臨んだ。しかし、アベノミクスを引き継ぐかどうかは、明確には断じていなかった。国会でも「アベノミクスを踏襲するのか、それとも脱アベノミクスを目指すのか」と問われても、いつもこういう趣旨で答えている。「アベノミクスは、経済政策を進める中で、デフレではない状態をつくり出す、GDP等の向上に大きな成果を上げた経済政策であったと思う。私自身はこのアベノミクスの成果の上に立って、新しい時代の経済を考えていかなければならないと思っている(3)」

聞きようによってはアベノミクス離脱を言っているようにも聞こえる。周辺にも「政治家としての

「あるべき論」は持っているつもりだが、今は言っても摩擦を起こすだけだ。それは言わないことになっている」と安倍派への配慮をにじませながら話していた。

しかし、岸田と接触する人々は、明確に言わないものの、この宰相の頭にあるのは異次元緩和からの「正常化」だということを確信した。岸田にも近い財務省OBはこう話す。

「総理はよくわかっている。今はアベノミクスからどうやって脱却して行くかが最大の課題だ。総理はそれを少しずつ変えていこうとしている」

その「少しずつ変えていこう」という漸進主義戦略は、岸田にとって重要だった。

総裁人事に関して、岸田、木原、嶋田の三人は、暗黙の了解として、「自民党内で了解を得られる人」を最優先の基準と決めていた。

いくらアベノミクスに懐疑的であろうがなかろうが、国会、とりわけ自民党の賛同が得られなければ政治的に意味がない。むしろ岸田の失点になる。アンチ・アベノミクスが明確な候補者についてはリストアップするのもためらわれた。安倍という関門を通れない可能性が高いためだ。

そして、「国際的な感覚の持ち主か」という点も官邸は重要視した。経済政策で特に米国と平仄を合わせつつ日本を長い停滞から抜け出させるきっかけを作れる人物。各国中央銀行のトップと互角に渡り合えるだけの語学力もほしい。もちろん国際的に名前が通っていればさらによい――。

日銀総裁に必要な資質は相当高く設定された。

もう一つ、金融政策運営の経験を持っていることも必要と思われた。一時期に比べて金融政策はきわめて複雑になっている。黒田緩和の後遺症なのだが、事の是非は別として、それを理解していないと日銀のトップは務まりそうもなかった。

岸田は候補者がどんな経歴なのかは問わなかった。特定の分野を最初から門前払いにするような態度も示されなかった。

政治的なカモフラージュとして、黒田路線の継承者のように見えて、徐々に出口を出ていけるだけの存在。そして最終的にはこの異常な状態からうまく出口を出られる人――。このような条件に合致する人物を探すことから、人選はスタートした。

黒田は総裁就任からすでに一〇年近く経っている。今度は別の人物だろうというのが大方の見方だった。そしてメディアや市場で名前がささやかれていたのは黒田時代の二人の副総裁だった。ひとりは中曽宏。もう一人は雨宮正佳だ。どちらも黒田を支え、異次元緩和を推進してきた経験をもつ。逆に言えば問題点も含めすべてを知り尽くしている。「次期総裁候補ナンバー1」などと書かれることも多かった。ただ、動き始めていたのは官邸だけではなかった。

OBたちの画策

都心の赤坂や六本木に近い超高層ビル。その一室に三人の男たちがそろっていた。二〇二二年の春。この日は休日で、いつもはビジネスマンの出入りが激しいこのビルも、人影はまばらで閑散としており、隣を走る首都高速からの騒音が街に響いていた。

顔をそろえたのは、前日銀総裁の白川方明と元財務事務次官の丹呉泰健。そして、もう一人は岸田の片腕である首席秘書官の嶋田隆だった。

二人は元副総裁の山口廣秀を日銀総裁に推挙するため、嶋田に会っていた。

山口は〇八年から一三年まで白川体制の下で副総裁を務めた。もともと、「エース」の一人で、接待汚職事件など日銀がピンチに立たされた場面では処理役を引き受けるなどその胆力も評価されていた。副総裁をやめた後は民間シンクタンクの理事長に収まっている。

嶋田側がこの二人との面会を決めたのは、ＯＢとはいえ日銀総裁と財務事務次官という組織のトップをつとめた先輩たちの要望だからという側面が強かった。

日銀と大蔵・財務省の関係は面白い。対峙することも多い反面、相互の人事交流や各レベルで繰り広げられる定期的な会合を通じてのきずなは太い。様々な人間関係が、霞が関と日本橋本石町の間に網の目のように広がっている。

財務省の丹呉は若いころ、日銀に出向していた。山口はこの時、机を並べて仕事をした間柄だし、白川ともそのころからの付き合いだった。また、日銀幹部となった山口は政治向きの話に関する相談を、よく丹呉に持ち掛けていた。

一九七四年に日本銀行に入った山口は、徹底したリアリストでもあった。「独立した中央銀行である日本銀行は」などという表現を部下が使った場合は、単なる「日本銀行は」に直していった。「政治の反発を食うだけだぞ」と説明しながら。

ある日、丹呉が山口を訪ねてきた。

「日銀総裁の話が来たら「断らない」と言ってくれないか」

丹呉は直截にこう迫ってきた。

山口をめぐっては、日銀のＯＢたちも動いていた。その一人が総裁経験者の白川だ。以前から「山口君にはずいぶん助けられた」と話していた白川は、「バランス感覚がいいし、いろいろなところに目配りができている」とこの副官を高く評価した。〇八年の総裁就任後、リーマン・ショック、東日本大震災、アベノミクスと、様々な「難局」に直面した白川は、政治の世界から強く批判された。そんな中、山口は身を挺して白川を守ってくれたし、時には真摯に意見をしてくれたと周囲は聞かされた。

特に、第二次安倍政権が始まったころ、「共同声明」をめぐる官邸からの圧力に対して、「正副総裁同時辞任」が検討されたことがある。(4) 結局、このときは、政治的な影響が大きすぎるとして見送られたが、思いつめる真面目な白川をギリギリで支えたのが山口だった。

白川から「副総裁というのは山口君のような者をいう」と聞かされた関係者は、やや鼻白む思いとともに、それが雨宮や中曽を批判していたようにも聞こえたと証言している。

このころ、白川は今回の総裁人事で金融政策の正常化に向かわなければ大変だ、という危機感を抱いているように見えた。関係者によると、二一年の段階で白川は山口にこう言ってきた。

「総裁をやらないか」

そのときはあいまいに返事をしたが、もう一人、日銀関係者で山口を推していた大物がいた。元総裁の福井俊彦だった。福井が日銀を去ったのは〇八年。その後、シンクタンクの理事長として東京駅前に建つ高層ビルの自室から東京駅の駅舎や丸の内のオフィス街を見下ろしている福井は、「日銀のプリンス」として育てられ、総裁退任後も影響力を保っていた。

福井はこのころ、中央銀行の独立性をめぐり懸念を感じていた。特に不満があったのは政治に対してだった。周辺には「党利党略で動くのはやむを得ないが、新日銀法の根本的な考え方をどこまで踏まえて行動しているのかわからない政治家も多い」ともらしていた。

総裁ポストを統治の道具に使おうとしてきた安倍政権に対しての批判だと周囲は受け取った。

確かに新日銀法ができる前の旧法には「中央銀行の独立」などという概念はなく、政府は、政策にも、人事にも関与ができた。今は違う。言葉こそ「自主性」だが、法律の中で明確に独立性尊重が位置付けられたと解釈できた。

しかし、与党からも野党からも、日銀批判が聞こえてくる。ある日銀ＯＢは「見識の高い政治家がいっぱいいいた昔と比べて法律すら読まない議員ばかりだ」と嘆いた。

福井はそんな日銀関係者のフラストレーションの結節点にいた。黒田体制にも批判的だ。あるときは、定例のＯＢ会の席上「長期金利にまで手を付けるとは、考えられないことが起きた」とイールド・カーブ・コントロール（ＹＣＣ）政策を批判した。その会合にはＹＣＣを導入した現役の面々も顔をそろえていたにもかかわらず、だ。

そんな福井からみて、黒田の次に日銀を託せる適任者は山口しかいないように見えた。少なくとも周辺はそう受け取った。ただ、福井は特に官邸に積極的に働きかけたりしたわけではなかった。誰かに聞かれれば、「僕はだれも推していないが、候補者は言われているような、雨宮や中曽だけではありませんよ」という言い方で対応することも多かった。

一代前の総裁である白川に続き、「日銀のドン」と言われる二代前の総裁経験者にまで要請された。この二人が山口に声をかけたのだから、「ＯＢを含めたオール日銀は君を推す」というシグナルだと周囲は受け止めた。そして古くからの知り合いとはいえ、財務省の実力次官ＯＢからも求められた。山口は「ちょっと考えさせてほしい」と引き取った。

日銀総裁は激務だ。海外出張もこなさなければならない。そして、それ以上に政治的な圧力に耐え忍ばねばならない。黒田のように安倍という政治的な大物と政策的に協調できる人物なら別だが、九八年の新日銀法施行以降、速水、福井、白川と続いた総裁がどれだけ苦悶の日々を送ったかは近くで見てよく知っているだけに、安易に引き受けるわけにはいかない。特に白川時代には副総裁として政治の圧力にさらされる怖さ、難しさも直接体験していた。

しかし、山口から見れば、一〇年続いた異次元緩和は明らかに失敗だったし、その退却戦にも等しい正常化への道筋をつけることはリフレ派の仕事ではない——とも思えた。

後日、丹呉のもとに「そういうことになれば断らない」と山口からの返事が届いた。

山口は、「この動きの背後には武藤さんなんかもからんでいるようだ」と周囲に話していた。「武藤さん」とは武藤敏郎のこと。財務次官経験者で日銀副総裁のときに総裁昇格の指名を受けたが、国会の反対で就任できなかった「経歴」をもつ。その後東京五輪・パラリンピック組織委員会の事務総長をつとめたが、その幅広い人脈と政治力から「財務省のドン」と呼ばれることが多かった。

そんな武藤が山口推挙に絡んでいるという推論は当たっていた。武藤は周辺に対して、「何が何でも山口くんというわけではないが、彼くらいしかいないだろう」と話したことがある。また、「雨宮くんは気の毒だ」という言い方もしていた。「これから何かをするたびに、変節だとか継承だとか言われる。日銀ＯＢの中での雨宮批判は強い。総裁になるのは気の毒なことかもしれない」

武藤から考えを聞かされたことがある関係者はこう理解した。

オーソドックスな人事の発想からすれば、本命は雨宮だと思っている。しかし雨宮総裁になって方針を転換しても、しなくても、強い批判が浴びせられるだろうと予測できる。だとすれば雨宮は断るのではないか。またそうなれば、ここは山口しかいないだろうと思われる——。

関係者によると、武藤は官邸に陣取る木原と嶋田に「総裁人事は山口でお願いしたいと総理に伝えてほしい」というメッセージをそれぞれ伝えた。二二年の夏ごろのことだったようだ。武藤が事務次官だった時、木原は若手の財務官僚として武藤を補佐する役割だったので、気心はしれていた。側近中の側近二人に話をしたのだから、当然自分の意思は岸田に伝わるだろうと考えるのは自然だった。

また、関係者は、武藤が総裁に山口を推挙するだけでなく、副総裁人事にも積極的に関与したと証言する。それは、金融庁長官経験者の氷見野良三だった。

今後利上げ局面になれば、「システミック・リスク」[5]を排除するわけにはいかないだろう。そのとき、金融機関監督の経験があるのとないのとでは大違いだ。副総裁の一人には金融行政をよく知る者がいいだろう――という狙いだった。もう一人の副総裁を日銀が出してくるとすれば、理事である内田眞一あたりの昇格を言ってくるだろう。この人物は金融政策の担当が長い。だとしたら、誰かひとり金融危機の発生を防ぎ金融システムを安定させるための、いわゆる「プルーデンス政策」に通じた副総裁がいてもいいだろうということが、氷見野選任の判断基準だった。

「政局になる」日銀人事

話を二〇二二年春の休日に戻す。

日銀正副総裁の任期は二三年の春に切れる。だとすれば、その前年、つまり二二年の秋深まるころまでには形を付ける必要がある。

丹呉は小泉純一郎が首相だった時、秘書官として官邸に勤務した経験を有する。福井を選んだ際のことを思い出し、「一年前には人選が始まる」と官邸に申し入れを決めた。時間的な逆算をしていけば、二二年の夏前から候補をそろえておくことはタイミングとして決して早くはなかった。

嶋田と向き合った丹呉は、「次期日銀総裁は山口でどうだろうか」と打診した。

この日の会合は、丹呉と白川が嶋田に申し込んだものだった。官邸のすべてのことに反応しなければならない嶋田はとにかく忙しい。休日に会談するのも仕方のないことで、この時の会談の日時も嶋田から指定されてのことだった。

高層ビルの個室で始まった三人の話は、白川の「新総裁の任務は何なのか」というレクチャーから始まった。黒田がこの一〇年間実施してきた異次元緩和に対して、白川はすでに雑誌『世界』二〇二一年四月号に「中央銀行は漂流しているのか?」という論文を書いて発表していた。

論文の内容は、日銀をめぐる議論への「違和感」や「もどかしさ」を分析するというアプローチを通じて、「グローバルな視点の欠如」「民主主義社会における中央銀行のあり方という意識の希薄さ」などを論評したもので、直接的なアベノミクス批判ではない。しかし、全体を読めば「デフレは貨幣的現象」などという言葉に象徴されるリフレ派による日銀批判がいかに的外れであったかと断言するなど、姿勢は明確だった。

この中で白川は、「政府と日銀の関係」について、ドイツの首相をつとめたヘルムート・コールの発言を引用しながら「この言葉ほど独立性の意味を分かりやすく語った言葉を知らない」と書いた。コールはこう言っているのだそうだ。

「政治家としてブンデスバンク(中央銀行)の金融政策決定を好ましく思ったことはあまりないが、一市民としての自分はブンデスバンクの存在を喜ばしく思う」

いつもは「発言はしない」と自らを律することの多い白川だっただけに、この論文には多くの関係者が驚いた。(6)

この日の嶋田に対する説明も、リフレ派的な政策からの転換を図らないと危険だという内容だったという。二人は「あくまでも日銀のミッションから誰がいいかを考えた」と強調しながら、山口について「候補者の一人としてノミネートしてほしい」と要請した。

関係者によると、嶋田は丹呉たちの話を聞くとこう繰り返したという。

「ううむ。政局になりますね」「政治の問題かなあ」

経済産業省の事務次官を経験した嶋田だが、ボスと慕うのは財政再建派の巨頭だった与謝野馨だ。この政治家が通商産業大臣だったとき秘書官として仕えたことをきっかけに、一七年に与謝野が亡くなるまで支え続けた。

山口がどういう人間なのかは嶋田もよく知っていた。与謝野を囲むある勉強会で、日銀から出席していた山口と知り合い、それ以降も付き合いを続けていたからだ。金融政策に明るいのは当たり前だが、政治的な勘所も外さない。日本で必要な「随所への目配り」も完璧にこなせる優秀な日銀マンであることは疑いがなかった。白川の山口評はすんなりと受け入れられた。

しかし、問題は黒田日銀、そしてその背景に存在するアベノミクスへの批判を隠さないことだった。例えば二〇年八月にはメディアのインタビューに答えて、「これまでの政策はうまくいかなかったのではないか、ここまでの大胆な緩和を打ち続ける必要があったのだろうか」と答えている。この記事はアベノミクスに対して「辛口の評価をせざるを得ない」と見出しを付けられて報じられた[7]。

そして、白川が山口を評価すればするほど、この元副総裁には「白川色の強い候補者」というレッテルを張られてしまった。安倍の金融緩和路線に抵抗した白川が高く評価する山口――。こんな図式は安倍派が牛耳っていた当時の政界であまり通用するものではなかった。

嶋田が丹呉や白川の要望に「政局になりますね」と答えたのは本音だった。山口を選ぶということは政治的にかなりリスキーだったわけだ。

当時の自民党内の派閥的に言えば、岸田政権下では三派が主流とみられていた。岸田派、麻生派、茂木派だ。安倍も岸田に協力的ではあったが、アベノミクスへの態度を判断基準にしているところがあった。安倍派は党内で最大の派閥。一〇〇人近い大所帯だった。党内中堅派閥を運営する岸田から見れば、安倍にそっぽを向かれることは自らの政治基盤がぐらつくことを意味した(8)。

そんな政治情勢を考えれば、最大派閥の安倍派に配慮せざるを得ない。アベノミクス継続、異次元緩和続行が総裁人事の承認権限を握る自民党内での必須条件になっていた。

これはもう経済理論の問題ではない。理屈では割り切れない日本の政治的などろどろとした感覚の世界だった。それを非合理的だとののしっても意味がない。常日頃「理論の人」として精緻な議論を展開する白川を含め、この日の会合に臨んだ三人全員がよくわかっていた。

嶋田の「政局になる」というのは、山口の総裁就任は安倍派の反発が抑えられるかがキーになるとの考えを示していた。

日銀総裁と財務次官の経験者という実力者たち二人を前にしても、嶋田は人事の選定状況について多くを語らなかったが、「その場合、副総裁は誰になりますか」などと自問するようにつぶやいた。そして、三人の間で副総裁候補としてでてきたのは、日銀理事だった内田と、氷見野の名前だった。

「内田さんですかね」「どうなんでしょうね」

年齢の問題も指摘された。山口は一九五一年生まれで、二〇二三年四月の総裁就任時は七二歳になっている計算だ。決して若いとは言えないが、一八年に黒田が再任されたときも七三歳だった。プラス材料にはならないが、致命的なマイナスになるとも思えなかった。

話題が変わった。

「高田さんにしたときはたいへんだったんでしょ」と嶋田は二人から同情された。「高田さん」とは、この三人の会合の直前、安倍の意向を無視して審議委員に選んだ高田創（たかたはじめ）のことだ。

このときは安倍側近が日程的なミスを犯したことを理由にすることができた。しかし、世の注目が集まる総裁は全く別だ。反アベノミクスの山口を総裁に据えたとなれば、安倍に公然と反旗を翻しているととられるのは明らかだった。嶋田が発した「政局になる」というのは、安倍が反岸田で動き始めることを意味した。政権基盤の弱い岸田としては、そこまでの決断はできていない。嶋田はつい最近の出来事を振り返りながら、白川と丹呉に高田を選んだ時の事情や安倍の反応を説明した。

約一時間。山口を推す理由を繰り返す日銀と財務省の最高幹部経験者の話を聞いた嶋田は、しかし、言質を与えず「検討させてください」と言い残して部屋をあとにした[9]。

関係者によると、その後白川は何度か「山口総裁」に向けて嶋田に補足説明したが、丹呉が表立って行動することはなかった。この元官僚は周辺に「放っておいた」と説明したという。官邸にいる嶋田は案件が立て込んでいるかもしれないということもあった。かえって迷惑になるかもしれないと。「インプットすれば、私たちの一つの役割は終わると思っていた」——。丹呉は、日銀に対する深刻な危機感と黒田に対する違和感を、周辺に対して率直に語っていたという。

山口推薦に財務省の現役たちは関与していない。しかし、財務省ＯＢの中でも有力者とされる武藤と、事務次官の茶谷栄治ら幹部は総裁人事に関して連絡をとりあっていた。そのプロセスで現役幹部たちも、武藤や丹呉らが山口擁立に向けて動いていることを把握していた。

ただ、現役幹部たちは「山口総裁の誕生はない」と判断していた。山口を総裁に指名したら、アベノミクスの修正を図りますと天下に公言しているに等しい。「大蔵支配」と呼ばれていたころに比べれば衰えたとはいえ、政治の世界がどう流れていくのかの見通しについて、財務省の読みはかなり精度が高かった。今回も政治の動向にじっと目を凝らした。様々な問題で安倍派に依存する岸田首相がそこまで踏み込むだろうか。多分踏み切らないだろう。従って、いくら白川や丹呉らが要望しようが、岸田はそれに応じることはないだろう――。財務次官の茶谷以下、現役幹部たちはこういう判断を固めていた。白川や丹呉たちの要望は実現しないという財務省の判断は、日銀の現役幹部とも共有できるものだった。

日銀当局者によると、白川らが山口を真剣に推していることは知っていたが、「おそらく実現しない」とみていたという。

「白川さんを支えてきたということで色が強すぎる。岸田政権はある程度政治的なバランスを取らざるを得ないだろう。そうなれば山口さんになることはないと判断できた」

日銀当局者はこう振り返る。

総裁室での密談

四月ごろから開始されていた岸田、木原、嶋田による「この人はどうだ」「あいつはいい」などという荒っぽい話は、参議院選挙後の内定に向けてますます本格化していった。

二〇二二年六月二〇日、午後二時四八分から約三〇分、岸田は執務室で黒田に会っている(10)。この席で後任総裁人事についても話題に上ったようだというううわさが関係者の間をかけめぐった。黒田が

「次期総裁は雨宮副総裁をお願いしたい」と岸田に頭を下げたというのだ。事の真相は別にして、このような真偽不明の情報がかけめぐること自体、雨宮が最有力候補であるとメディアも市場も官界も政界も、誰もがそう思っていた証しだろう。

財務省は「雨宮以外にいない」と思っていたが、市場ではもう一人、中曽宏の名前も取りざたされていた。黒田第一期の副総裁。日銀出身で英語も堪能。黒田の前半を支えていたため、下馬評では雨宮と並び有力候補として名前が出ていた。本人は「関心がない」ことを繰り返し周辺に伝えていたが、「本心は違うのでは」などと言われていた。

二二年の「政治的なヤマ」とされた参議院選挙は七月一〇日に投開票を迎えた。結果は自民党の勝利。岸田は前年一〇月の衆議院選挙に続き、国政選挙二連勝となった。

しかし、選挙期間中の遊説で安倍が撃たれて亡くなるというニュースが飛び込んできた。政治家たちは一瞬、悲嘆にくれたが、すぐに次の事態の展開を読みにかかった。

安倍亡きあとの安倍派は分裂するのだろうか。分裂しないのであれば会長ポストは誰が継ぐのか。それは単に政局的なニュースというだけでなく、政策的にも大きな意味を持っていた。そして当然、日銀総裁人事にも関連するとみられた。

ボスの死去により安倍派が四分五裂するなら「アベノミクスへの配慮」がどうのこうのということではなくなる可能性もある。しかし、自民党では数の力が常に優位に立つ。そして政治家たちはそれを熟知している。安倍亡き後も安倍派は当面存続していくだろう。何人かの離脱者はでるかもしれないが、一〇〇人近い大議員集団であることに変わりはなさそうだ。だとすれば下手に喧嘩は売れない。そんなことをしたら手痛いしっぺ返しを食らう可能性は高い――。

そう考えた岸田、木原、嶋田の三人はこのあと、じっと政局の展開を観察することになるが、その前に本格的に動き出したのは財務省だった。

二〇二二年の夏、安倍が凶弾に倒れてから四日後の七月一二日、黒田は財務次官、茶谷栄治の訪問を受けた。

事務次官は財務官僚のトップとして様々な政策を統括する立場に立つ。実務は各局が行なうので次官が乗り出していく案件はそう多くないのだが、日銀総裁人事の問題だけは「次官の担当」であると歴代引き継がれていた。

この時はまだ首相銃撃事件と、その直後に自民党が勝利した参議院選挙などで、世の中のムードは騒然とした感じだった。しかし、やるべきことはやっておかなければならない。

関係者によると茶谷の訪問名目は「就任ごあいさつ」。六月末に事務次官となったばかりなので、総裁にもごあいさつをしたいというわけだ。次官が日銀を訪れることがないわけではない。しかし、霞が関の慣例に従えば、次官のカウンターパートは副総裁だ。事務次官のあいさつ回りも通常なら副総裁や理事まで。総裁にあいさつに来るというのは異例だった。

茶谷の訪問を把握した日銀幹部や、行内で偶然、その姿を目撃した関係者は、「何事か」といぶかった。勘のいい者は「おそらく次期総裁の件だろう」と察しがついたようだが。

黒田は財務省の出身。しかし、総裁室で相対した二人は、上司と部下の関係になったことはない。入省年次も二〇年近く離れている。茶谷はこの時、組織としての財務省を代表し、日銀総裁から話を聞いておかねばならなかった。

この二人の間で何が話されたのかは当然ながら極秘扱いにされたし、今でも当事者たちの口は固い。

しかし、周辺には断片的に会談内容が漏れ伝わってきた。

▼黒田は茶谷に対し、後継総裁には「この間の経緯を知っている人」がいいと伝えた▼二人の間では、雨宮、中曽、山口の三人の名前が出た▼山口は黒田の言う「この間の経緯を知っている人」に該当しないので不適当とされた▼中曽と雨宮であれば、雨宮の方が全部分かっていると判断された▼総裁、副総裁の候補を含めて、黒田は特定の人物を強く推すことはなかった――。

大まかに言えば、こんな感じだったと限られた関係者は聞かされた。

財務省は一カ所だけこの話し合いの中身を伝えた。決定権者のいる官邸だ。

そして、その伝え方は「財務省の考える総裁・副総裁人事案」という形をとった。事実上の推薦だ。財務省から提出された案には、「総裁・雨宮、副総裁・氷見野」、そしてもう一人の副総裁は「学者」と書かれていたという。そして提案書には、もう一枚の「付属文書」として、歴代の事務次官や金融庁長官、財務官らが現在何をやっているのかなどの一覧表がついていた、と関係者は証言する。

つまり、ほかの候補者になりうる官僚OBたちは、それぞれ「定職」を抱えており、シンクタンクの「エグゼクティブ・フェロー」という肩書で割合に動きやすい氷見野以外に適任はいないということを説明するための表だったようだ。

またさらに別表として、「学者」の候補者名も具体的に書かれていた。東京大学教授の渡辺努や星岳雄らだ。しかし、そこには植田和男やコロンビア大学で教鞭をとっている伊藤隆敏の名前はなかった。雨宮を総裁にした場合、副総裁の年次を下にしなければならない。この学者リストに載ったのは六〇代前半までの人々だった。

ただ、「参考」として、年代を広げた場合の候補者を記したリストも提出された。その中には植田も伊藤も書き込まれている。何事にも目配りの効く財務官僚らしい準備だった。

この提案を岸田官邸に提出する意味は小さくなかった。組織としての財務省が雨宮を推挙したということになるからだ。武藤や丹呉といった有力次官ＯＢたちがボランティアで山口を推しているのとは重みが違った。

財務省が本格的に動き出した夏、次期日銀総裁人事には正式に号砲が鳴らされた。ひと昔前なら、日銀総裁と現職次官の固めた案はそのまま「内閣の案」となり、実現の運びとなった。しかし、官邸は雨宮に強い関心を示したものの、結局そうはならなかった。

もし雨宮が総裁ポストを引き受けていれば、結果的に財務省次官と日銀総裁が検討した案が実現したことになる。それは以前のような状況への「先祖返り」と言えるのか。吟味の余地はあろう。

必要なのは博士号と語学力

二〇二二年八月三〇日。東京・新宿から郊外に延びる小田急線の途中駅、祖師ヶ谷大蔵。駅前商店街の一角に位置する雑居ビル二階の小さな寿司屋で、初老の紳士三人が談笑していた。窓の向こうからは時折、高架線を通る電車の音が聞こえてくる。

財務事務次官を務めた有力ＯＢ二人と現職の日銀副総裁、つまり木下康司、太田充と雨宮だ。

彼らのような顔ぶれの会食だと、都心の日銀施設などが利用されることも多いのだが、三人には世田谷区在住で小田急線の沿線に住むという共通点があった。この寿司屋は「味がいい」と近所で評判。彼らは地元の名店に集うことにした。

木下と雨宮は入省・入行が共に一九七九年。当時の日銀・大蔵省の若手同士が「もっとお互いのコミュニケーションが必要だ」として始めた定期的な飲み会などを通じて以前からよく知っていた。雨宮と太田とはあまり接点がなく、この官僚が日銀を担当する総括審議官に就任して以降のつきあいではあったが、電話や面会などを通じてのやり取りはかなり濃密なものだった。

アルコールがダメな雨宮も気心の知れた官僚OBを相手に、あれやこれやと四方山話に花を咲かせた。

財務省を代表して雨宮の動向を探ろうと企画された会合ではなかったが、話はどうしても黒田の後任人事に話が及ぶ。このとき、最有力候補と言われていた雨宮は二人にこういう趣旨の話をした。

――新総裁は、黒田体制の一〇年だけでなく九八年の新日銀法施行以降の「非伝統的」と呼ばれた金融政策全般を対象に点検・検証するべきだ。しかし、自分はそのほとんどすべての政策に関与してきたので、中立的立場から議論する場を主宰する任にはふさわしくない。新総裁は様々な論点をフレッシュな目で見る必要がある――。

確かに、雨宮は二〇〇〇年代以降の金融政策を一貫して主導してきた。量的緩和開始、異次元緩和実施、イールド・カーブ・コントロール(YCC)導入。どんどん複雑になり「増築を重ねて迷路のようになった老舗旅館」と揶揄される「非伝統的金融政策」の仕掛け人ともいえる。その張本人が問題点を含めた検証を行おうとしても正当性が確保できないという言い分には一理あった。

この寿司屋の会合は気軽な飲み会と位置付けられていたため、聞く方も、聞かれる方も、人事の件は話題の一つに過ぎず、「帰り際にちょっと出た程度」だったという。雨宮の答えも心境をすべて吐き出したものではなかった。この席ではそれ以上の展開にはならず、寿司を堪能した三人は残暑の街を帰路についた。

ただ、ＯＢとはいえ財務省の次官経験者二人に雨宮が「総裁の意思なし」と伝えたことの意味は小さくなかった。彼らから財務省現役に情報は流れていくはずだからだ。財務省幹部にとってみれば、雨宮昇格で進めている人事の参考にはなる。

この時はあまり言及されなかったが、雨宮が周囲に強調していたポイントがもう一つあった。それは「学者の起用に道を開く」ということだ。副総裁就任後、中央銀行総裁が集まる会合に代理出席する機会も多くなった雨宮は、各国のトップたちが部下の助けも借りずに難解なテーマを英語で議論している現場を目の当たりにしてきた。

彼らの多くは経済学の博士号を保持する。ノーベル経済学賞を受賞したベン・バーナンキ（元米連邦準備制度理事会＝ＦＲＢ＝議長）、ジャネット・イエレン（同前議長）、スタンレー・フィッシャー（元イスラエル中銀総裁）、ラグラム・ラジャン（元インド中銀総裁）らは世界的に名の通った学者たちでもある。中国や韓国でも中央銀行のトップは学者が務めていた。

しかも、中央銀行の国際的な連携は、事務当局者同士が下で詰めて上げていくというやり方から、トップが電話で協議するというやり方に変わっていた。契機はリーマン・ショックだったのだが、問題はそのコミュニティーに入っていけるかだ。経済・金融理論に対する深い知識や語学力など、日銀総裁には従来と大きく異なる資質が求められることを雨宮は肌で感じていた。

その後、ＦＲＢは弁護士出身のジェローム・パウエルへ、ＥＣＢも仏人弁護士のクリスティーヌ・ラガルドにその地位は引き継がれたので、一時期ほど「アカデミズムの殿堂」ではなくなっているが、日銀関係者によると、依然として中央銀行総裁が集まる会議の出席者の九〇％程度は経済学の博士号を保持しており、最新の経済分析手法などを楽しそうに議論しているのだという。英語と高度な経済学的知見は必須のように思えた。

「優秀な学者が中央銀行トップになるという国際標準を、日本でも実現するべきではないか」

雨宮は「学者でなければだめだというわけではないが」との前置きをつけながら、限られた部下たちにこう説いていた。しかし、雨宮も理解していたように、学者が日銀総裁になったら、これは戦後ずっと続いてきたガバナンス構造への挑戦になる。下手をすれば財務省のみならず、雨宮は自らの出身母体を敵に回しかねない。歴代総裁は、一人を除き、全員日銀か大蔵省・財務省の出身。しかも黒田を除き全員事務次官経験者だ。

このポストは昔、「大蔵次官にとっての天下り先ナンバー1」と言われたように事務次官経験者の中でも最も格が高く、マクロ経済政策立案のヒエラルヒーで頂点に立つという位置づけだった。次官に上り詰める財務官僚は主計局長からの昇格が大半を占める。主計局長になるには、多くの場合、局内で主査や主計官という予算関連のポストを歴任する。財政を担当するセクションは政治との折衝に忙殺される。政治とうまく付き合い、ものごとを何とかまとめていく調整能力に長けた官僚が座ることのできるポストが事務次官だった。

今の時代、大物事務次官と言われた人物というだけで、あるいは日銀副総裁を経験したというだけで、総裁ポストが務められるのか、各国中銀トップで構成されるコミュニティーに入っていけるのか——。雨宮が「学者」に言及する背景にはこのような問いかけが潜んでいた。

「次官をなさった方は皆それなりの人なんだけど、その方が総裁というのは少し違うんじゃないか」

もう一つ。雨宮はこれまでのような日銀・財務省たすき掛け人事に直感的な違和感をもっていたのかもしれないと指摘する後輩もいる。「政策的にみていても、彼は伝統とか因習にしばられることを嫌う。総裁選びでもそれがでたのではないか」というわけだ。

確かに雨宮は信頼できる部下にこう伝えている。

「主計局などで政治家と切った張ったをやってきたとか、日銀で副総裁として実務をやってきましたというだけで総裁はできない。何とかそういう慣行を壊したいんだ」

財務省が自分を推していることを耳にした雨宮は周囲にこう指摘した。

「彼らが見ているのは次だ。財務・黒田、日銀・雨宮ときて、次は財務と考えているんだろう。こういうことをどうにかしたい」

旧弊を打破するという日銀副総裁の計画が動き始めた。

関係者によると、雨宮が「総裁を引き受けない」という腹を固めたのは二二年の春ごろではなかったかという。黒田にも伝えるとともに、夏が過ぎて秋の虫が騒がしくなるころから、問われれば「自分がなることはありませんから」と答えていた。

世田谷の小さな寿司屋で財務省ＯＢに、ホテルのレストランで会食した友人に、赤坂の小料理屋で旧交を温めた知人に、雨宮は「自分が総裁になることはない」と伝えていった。

あるとき、財務省元事務次官の岡本薫明（しげあき）や現職次官の茶谷らとの会合があった。この席で雨宮は「自分が総裁をやることはない」と繰り返した。茶谷たちは「今は、そう言っておくんだろうな」という受け止めだったが、その後日銀から情報が逆流してきた。

「自分はやらないと財務次官たちに言っておいたと雨宮が行内で触れ回っている」

財務省は「これは反雨宮であるＯＢ対策なのかな」と考えてみた。しかし、仮にそうだとしてもどんな効果があるのだろう――。「自分はならないというのはポーズで、最後には引き受けるのではないか」とみていた財務省幹部は、雨宮が最有力候補であることは間違いないとの読みは継続させた。

また黒田と茶谷の会談時、すでに二人の耳に雨宮の意向は入っていたが、「それでも他にいないだろう」という観点から官邸への推挙になった。

「この段階で、自分が受けますという候補者はいない」

財務省はこう思っていたし、最終局面までこの考えを捨てなかった。

雨宮は「学者が適任ではないか」とも言っている。しかし、学者が巨大組織を引っ張るのは無理だと考えている関係者は数多い。

それを知っているだけに、財務省は学者総裁の就任にも疑念をいだいていた。

確かに、このころから日銀、財務省の間でも植田の名前はちらついてはいた。しかし、本命・雨宮の対抗馬としてそれほど有力だとの見立てはできていなかった。

だいいち、植田は一九五一年生まれ。二三年の総裁就任時には七一歳になっている。近年の例をみれば、どの政権も自民党の要職や閣僚などを除き、七〇歳以上の人物を重要ポストに起用するのは躊躇している。財務省はこの観点からも植田総裁誕生の可能性は低いとみていた。

茶谷たち財務省は、雨宮の真意を測りかねていた。

言っていることは本心なのだろうか。それとも一種の目くらまし戦術なのか――。

そのポストは、入行以来日銀一筋で生きてきたこの男にとっても魅力的なはず。「自分はない」という雨宮が本当のことを言っているのか。この手の話ではやりたいと思っても、最初は「自分には無理だ」などと言って一歩下がるのは常識的な対応だとも言えた。特に謙遜を美徳とする日本にはそういう雰囲気が強い。

この役所は正副総裁について、いくつかの組み合わせを想定してみた。最有力だったのは雨宮を頂点とするバージョン。副総裁の一人に財務省関係者、もう一人を学者にする案が検討された。

副総裁候補には財務官経験者ら何人かの名前が挙がったが、幹部はこう考えた。「雨宮が総裁であるならば、年次の問題がある」

霞が関や日銀ではその組織に入ったのがいつなのかということが今でも重視される。出世の階段を上るときも、「年次を飛び越えて」ということはまだそう多くない。それは日銀総裁にもいえる。雨宮は一九七九年に日銀に入行している。だとしたら、副総裁はそれよりも年次が若くないとつり合いが取れないというのが霞が関の常識だった。

雨宮総裁を想定していた財務省の中で、年次的につり合いがとれる副総裁候補として浮上してきたのが氷見野だった。金融庁長官をつとめたが、もともとは八三年の大蔵省入省だ。「氷見野副総裁」が浮上したのは、政策的に異次元緩和の出口で万一混乱が生じたときの信用秩序維持政策に詳しいからというだけではなかった。財務省が年次的にも「雨宮総裁」を予想していたことの裏返しでもあった。ほかにも何人かの財務官経験者などの名前が挙がったが、雨宮よりも年次が上、あるいは同じなどの理由で候補者リストには載らなかった。

氷見野は長く信用秩序維持の立場から金融危機などにも向き合い、金融機関の管理・監督で国際協力の中核となるバーゼル銀行監督委員会事務局長をつとめた経験もある。金融庁長官を二〇二一年七月に退官したばかりだった。英語も堪能で、丸メガネの優しそうな風貌だが、酒席でも様々な問題を論理的に詰めていく真面目な官僚だ。

二〇〇三年の福井総裁就任に合わせて副総裁になった岩田一政以降、学者も副総裁の一角を占めてきた。白川時代には西村清彦、黒田一期目は岩田規久男、二期目には若田部昌澄という具合だ。財務省にとっては副総裁の枠を一つ確保できれば、二三年の人事はそれでよかった。そもそも彼らは今回の人事をこう位置づけていた。

「今回はうちの番ではない」

黒田という元財務官が一〇年も務めた。いくら自分たちが推薦したわけではないとはいえ、次は「一回休み」でいいという意識だ。

多くの財務官僚は、「もう次官経験者が日銀総裁になる時代ではない」という。ある財務次官経験者もこう話す。

「次官を務めただけでは物足りないということなのだろう。時代が変わったということだ」

かつて霞が関の官僚組織のみならず、官邸にも浸透し、政治的な舞台回しにまで影響力を行使できた日々がもう戻ってこないであろうことは、現役官僚はみな頭ではわかっている。日銀総裁選びも、政治主導といわれて久しい日本の政策決定シーンでの出来事に落とし込まれ、官僚が口をはさみにくくなっていることも理解している。しかし、つい「今回はウチの番ではない」という表現が口をつくのだ。昔の栄華は頭からなかなか離れないようだった。

「絶対にありませんから」

二〇二二年の夏前後から雨宮は会う人々に「自分はない」と強く訴えていく。ただ、相手によって話の仕方を変えた。

特にメディア関係者と話をするときは「学者総裁」の部分を封印した。最終的に決断するのは岸田だが、英語が堪能で、国際的にも名の通った学者で、そして金融政策にも精通しているとなれば、相当絞り込まれてしまう。名前が浮上するだけで本人の腰が引ける可能性もある。

雨宮は会う人ごとに――もちろん聞かれればではあったが――「自分はない」と伝えていたが、一番重要なのは首相官邸だった。

岸田政権の誕生以降、雨宮と嶋田は定期的に朝食のテーブルを囲むようになった。もちろん共に忙しいこともあり、その間隔は伸びたり縮んだりしていたが。

当時の経済状況をめぐっても意見交換がなされたし、その合間にも日銀人事が話題になった。嶋田は慎重だった。「就任要請」と受け取られることは避けねばならない。かといって雨宮の本音を知っておかねば人事が進められない。

二人の話は何度か、この話題になった。そしてそのたびに、雨宮は「自分が受けることは絶対にありませんから」と繰り返した。人事決定権者の側近に対して「絶対」とまで言う。

官邸にとって雨宮はナンバー1候補だった。異次元緩和を進めて黒田を支えたので、政治的に安倍派のウケもいいだろう。これまでとってきた金融政策の隅々にいたるまで理解している。財務省も「雨宮総裁」を推薦してきた。しかし、辞退の姿勢は変わらない。

嶋田は周辺に「雨宮さんの拒否は職業的信念だね」と漏らしたことがある。この日銀マンの考えは変わらないとみて、途中から戦略を変えた。この日銀マンを〝リトマス試験紙〟にしたのだ。雨宮にいろいろな名前をぶつけてその評価を聞いていった。

雨宮は一度官邸側に「学者なんかどうですかね」と逆提案をしたことがある。話の流れの中だったのだが、植田の評価もその時議論された。というよりも、雨宮は植田を推薦していた。世界的に名の通った学者で、金融政策に精通し、実務経験もあると言えば、それは植田以外に浮かばなかった[11]。

実は四半世紀前、雨宮は植田に対して「新しい日銀法はあなたのような方が総裁になるための法律なんです」と話したことがある。雨宮が企画局の若手を連れて東京大学の研究室に植田を訪ねたときのことだ。日銀法改正が議論されていたのだから一九九六年から九七年ごろ。同行した若手が植田総裁誕生のあと、この話を雨宮にしたが、雨宮は全く覚えていなかった。

植田については、岸田官邸もかなり早い段階から注目していた。世界的にも名の通った学者。英語も堪能。そして何よりも九八年から二〇〇五年まで日銀審議委員を務めていたという経歴は輝いていた。一部には学者であることを懸念する向きもあったが、関係者によると、岸田は気にするそぶりも見せずに、どの分野だからダメという話にはならなかった。

過去に六本木のクラブに通って豪遊しているところを写真に撮られ週刊誌に掲載されてしまったことがあり、一抹の不安はあった。ただ、それも決定的なダメージにはならず、酒が好きだとしても総裁になれば自重するだろうと思われた。

官邸は信頼できる日銀関係者にも、それとなく植田の評判を聞いてみた。「客観的にものを見ている」と評価されるこの関係者も「植田さんなら」と推薦した。

夏から秋に変わり、そして秋も深まってくる頃、雨宮の名前は官邸のショートリストには残ったが、優先順位は徐々に下がり、植田が浮上してきた。

雨宮も官邸にこんなことを伝えていた。新総裁は二十数年の論点についてフレッシュな目で見る必要がある。二つ目に、新総裁は理論と実務が分かった人であることが重要になる。そして三つ目としてグローバル・スタンダードに合わせてアカデミズムにも道を開くことが重要だ――。

この三つの条件を前提に、雨宮は一度、適任の学者として、植田とコロンビア大学の伊藤の名前を挙げたことがある。しかし、伊藤は〇八年に副総裁候補として国会に提案されながらも参議院で否決された経歴を有する。一度国会が「ノー」と言った人物を再び、しかも今度は総裁として提示することはあり得ない選択と思われた。

財務省も雨宮から植田と伊藤の名前を聞かされた。彼らは「雨宮最有力」との分析を維持していたが、同時に仮に雨宮の言うように学者となるにしても伊藤はないだろうとみていた。植田一人を推薦しているように見られるのを嫌い、「あり得ない」と分かっていて伊藤の名前を出してきたとも受け取れた。

関係者によると、二二年が終わるまでに、雨宮は複数回、岸田と会っている。官邸に呼ばれてのことだったようだが、雨宮はこの席でも自らの考えを直接伝えた。もし雨宮に受諾の意思があれば、この面会は新総裁誕生に向けての大きなステップになるはずだった。結局そうはならなかったが。

雨宮から固辞の理由と新総裁の条件について聞かされていた岸田は、共鳴するところがあったようで、「どのような人物が総裁にふさわしいのか」と聞かれた国会質疑で発表直前まで「主要国中央銀行トップの緊密な連携」、「内外の市場関係者に対する質の高い発信力と受信力」[12]などを挙げている。雨宮の主張にそっくりだった。

そして、大本命の雨宮の辞意が固いとみた岸田官邸は、かねてから目をつけていた植田への傾斜を強めていく。最終的に正副総裁三人の人選が固まったのは二二年の年末から二三年の年始にかけてだったといわれる。

昭和の時代から続いてきた慣行を見直したいという雨宮の主張が、総裁就任の要請を拒否する唯一の理由だったのかどうかは本人にしか分からない。しかし、結果的にはその狙い通りの展開になった。のちに「植田総裁誕生」の一報を聞いた雨宮は「自分の言うことを聞いてくれた」と周囲に笑顔を見せた。

遠ざかる「日銀出身者」

日銀総裁人事をめぐる動きはいく筋にもなって渦巻いていた。

最終決定権が岸田官邸にあることは関係者全員がよく理解していた。しかし、それを前提にしても、「うごめき」はやまなかった。

一昔前は、日銀と大蔵省の「エスタブリッシュメント」たちが人事を決めてきた。政治家が仮に何か言いたくても、彼らの判断に大きな影響を与えることは難しいように見えた。官僚や日銀マンなりの緻密な理屈付けと情報管理、そして特に大蔵省の「腕力」がものを言っていた時代だ。

しかし、政治主導が確立すると、岸田の判断に影響をあたえるべく、陰に陽に働きかけがあった。そして、かつては決定権者だった財務省や日銀の関係者も、その働きかけを行なった。見ようによっては「政」と「官」が攻守所を変えていた。

「エスタブリッシュメントが決める時代」が終わったことは、みんなよくわかっていた。しかし、どうしても昔の感覚が前に出てしまうことがあった。

雨宮が「自分はならない」と繰り返していることは福井の耳にも入ってきていた。その福井が雨宮にモノ申したのは二二年の秋も深まるころだったという。

「辞退したいという君の気持ちもわかるが、それも総裁職の苦労の一部と思えばいい。正式に打診があったら断るべきではない」

このことを伝え聞いた関係者は不思議に思った。福井は山口を推していたはずだ。なぜ雨宮に「断るな」というのだろう──。

日銀ＯＢ会（旧友会）の会長もつとめる福井は、周辺に「総裁＝日銀経験者論」を語っている。「もう一〇年も総裁ポストから遠ざかった。総裁の仕事は金融政策だけではない。日銀全体のマネジメントがわからないと組織は動かない」

この実力者の言っていることは本音だ。「もう一〇年」なのだ。

関係者は二股とも思える福井の言動について、「山口さんを推すのも本音。でも雨宮さんになってもよし。要するに日銀枠が確保できればそれでいいというわけか」と受け止めた。

「総裁は日銀出身者でなければならない、という気持ちはいくらかある」

以前、福井は周辺に正直にそう吐露したことがある。「総裁は金融政策だけでなく、日銀全体のマネジメントがわからないとだめだ。組織が動かない」というのも福井の口癖だった。

また、黒田は財務省出身者なのだが、事務次官経験者ではない。黒田が官僚トップの事務次官ではなく、ナンバー2の財務官であったことから、日銀の中にはこれまでの大蔵省出身者とは区別する雰囲気があったと証言する当局者もいる。それは日銀の中で総裁のポストには「重い人」が就くべきだという伝統的な考え方が残っていたからだとも説明された(13)。

日銀の中には雨宮を待望する声も根強かったと関係者は指摘する。雨宮は一〇年間黒田を支えてきて、その間政策の責任者として活躍してきた。確かに政策は日銀の伝統的な価値観からすれば許されない内容にも見えた。ただ、雨宮以下は、黒田というリーダーが突然天から降ってきたのだから仕方なくそれに仕えたとみることもできた。

福井に受諾を勧められた雨宮は、しかし、最後まで最有力ＯＢに対しても首を縦に振らなかった。

財務省幹部の「図上演習」

日銀総裁人事は各方面に様々な影響を与える。特にマーケットは敏感だった。市場参加者は自分たちの損得で行動する。金融緩和が継続されるかどうかは、金融機関の収益に直結するし、債券市場、株式市場、外国為替市場なども総裁人事をめぐって大きな変動が予想された。だからこそ、二〇二三年二月八日に都心のホテルで極秘に次期総裁・副総裁と会った財務省側は想定問答まで用意したわけだ。

人事は下世話な話だとさげすむ向きもある。しかし、人事こそ権力の源泉であることはポストをめぐる政界の駆け引きを見ていればわかるし、人事に高い関心が寄せられるのは人間の性として古今東西共通するものだ。


この間も、様々な観測が流れた。

「朝日新聞」が朝刊の一面トップでこう報じたのは二二年一〇月七日だった。

「日銀総裁の後任人事に注目が集まっており、岸田首相も「人事は大変。頭が痛い」と嘆いている」

この記事では、後任候補として三人を挙げていた。

一人は雨宮。「日銀では例のない金融緩和策の立案に携わった」と紹介された。もう一人は黒田体制の一期目である一三年から一八年まで副総裁だった中曽だ。卓越した語学力で海外に知己も多く、「国際派」「金融危機に幹部として対応」などと書かれた。

三人目は、アジア開発銀行（ADB）総裁の浅川雅嗣。黒田と同様、財務省でナンバー2の財務官を務め、国際的な人脈もある。「麻生自民党副総裁の信頼が厚い」とも紹介された[14]。

日銀総裁が決まったのならわかる。しかし、一般紙の一面トップに人事の予想記事が座るという異例の現象に関係者は驚いた。それだけ国民的な関心事になっているのか。それとも政治主導で昔のような「予定調和」が効かなくなっていることが影響したのか――。

OBたちが山口推薦に動き、現役たちは「山口は無理」として雨宮を推薦していた財務省も、実はかなり以前から準備を怠らなかった。この組織が霞が関に君臨できたのは、予定を把握し対応策を準備する抜かりのなさによるところも大きかった。

関係者によると、岡本が事務次官だった二〇年ごろ、当時官房長だった茶谷と日銀の人事構想を詰めたことがある。人事の「図上演習」だ。黒田の任期が切れる二三年はまだ先だ。岡本や茶谷は周囲に「頭の整理をするだけ」と説明していたが、二三年には茶谷が事務次官に昇格している可能性が高い。官僚人事は、だいたい一年か二年のサイクルで動いていく。次官や官房長といった人事を担当する幹部になればその後数年間の予想を頭に描いておくことは必要だった。

実はこの作業を主導した岡本自身、日銀総裁に向けた「財務省の隠し玉的候補」と言われていた。しかし、関係者によると、周囲の勧めをよそに早くから総裁ポストなどに関心がないことを後輩たちに伝えていた。

岡本と茶谷がシミュレーションした結果は「雨宮副総裁が総裁に昇格する」。岡本も、茶谷も、そして、それを漏れ伝え聞いた財務官僚たちも、「この人しかいないだろう」と納得した。

しかし、財務官僚たちは「仕掛ける」たぐいの行動には出なかった。彼らの行動はあくまでも、頭の整理であり予測だ。その結果がまとまったところで何をするのかと言えば、答えは「何もしない」だった。茶谷が黒田に会い、意見を聴き、「雨宮総裁、氷見野副総裁＋学者」というトリオを官邸に推挙したくらいだ。二〇一三年の人事で財務省は激しく動いていた。それなのになぜ二三年はあまり行動しなかったのか。

彼らは、武藤や丹呉といった有力ＯＢが白川や福井と共闘する形で、元副総裁の山口を推して運動していることを知っていた。それはＯＢたちからも「仁義を切る」形で連絡を受けており、官邸からも「お前たちの先輩がこんなことを言ってきたぞ」という情報として入ってきていた。

しかし、財務省の現役たちは「山口擁立」とは距離を置いていた。一つにはその実現可能性が低いと思われたからだ。そしてそれは最後まで変わらなかった。

また、ある官僚は「今回は、財務次官クラスを総裁とか、総裁含みの副総裁などに送り込むというのは、どうも必要なさそうだ」とも考えていたし、実際、省内の幹部同士の会合でそう口にした。

二〇〇三年の「武藤副総裁」のように、総裁を取りにいく場合、大物と称される次官経験者を次期総裁候補として副総裁に据えるのはひとつのやり方だった。この人物には「お目付け役」としての役割も期待された。

速水、福井、白川と一五年間、プロパーの総裁が続き、財務省の中にも日銀に対する不信感のようなものができていた。黒田になって財務省とのコミュニケーションはかなり改善されている。財務省にとっては「話のできる日銀マン」として文句はなかった雨宮の存在が大きかったので、その人物が総裁になるのであれば次官経験者を送り込んでお目付け役にする必要もなさそうだった。

「以前のように「あいつら何をするか分からない」というムードはなかった」とある次官経験者が

話すように、相互の信頼関係は人事にまで影響を与えるようだ。

「フレア」をばらまく

二〇二二年も秋色深まるころになると、日銀総裁選びは次第に佳境に入ってきた。人選の進み具合など本当のことを知っているのは岸田、木原、嶋田の三人だけだが、どこで、どんな風に情報漏れが発生するかわからない。仮に「これは」と思う候補が固まってきたときに名前が出てしまわないように、防衛策はとっておく必要があった。

その役割を果たしたのは木原だった。官房副長官として様々な会合に顔をだし、日銀総裁人事について聞かれた木原は、「総理はもう決めていると思う。でも絶対口にしない。だから自分も知らない」という前提を強調しながら、実名を挙げてこうリップサービスした。

「この前、総理は元財務次官のKさんと会食したみたいだ。総裁候補なのかな」

しかし、別の場所では「日銀副総裁OBのYさんや、前ADB総裁のNさんなんか総裁にいいんじゃないかと思っているんだ」とも話した。

さらにある会合では「ぜひ女性を副総裁に入れたいと思っている。エコノミストのNさんや政府機関の長をしているKさんなんか適任じゃないか」。

こういう情報を聞かされた関係者は確認に走る。しかし、裏は取れない。そのうち「木原さんから聞いたんだけど」という形で様々な人名が広がっていく。

ある関係者は、官邸の目くらまし戦術ではないかと感じた。軍用機は敵のミサイル攻撃をかわすため、飛びながら熱源をばらまく。熱を追尾するミサイルをだますおとりなのだが、これは「フレア」

と呼ばれる。木原の話は一種のフレアではないかというわけだ。

いろいろな名前を意図的に拡散させることで、何が本当のことかをわからなくさせる。情報過多にして核心から遠ざける。陽動作戦ではよくある手だ。また木原はこうも話していた。

「総裁が誰になるかはわからない。しかし、一三年にアコードを結んでいる。これによって、日銀総裁は誰がやっても同じになった。政権が変わればアコードの見直しはあるかもしれないが、岸田政権では変える必要はない(15)」

しかし、官邸内で共同声明の見直しを主張していたのは木原自身だ。木原の主張はフレアではなくフェイクだったということになる。

政治家の動きも注目された。もちろん総裁人事決定プロセスの中心にいるのは岸田だが、それ以外の自民党幹部も動いていた。関係者によると、麻生は「国際的な人じゃなきゃダメだ」と言いながら、元金融庁長官の森信親(のぶちか)を推した。当初は麻生の信頼が厚いADB総裁の浅川を推すのではないかとみられたが、ADBに行ってまだ二年であり、このタイミングで戻すことに異論もあったようだ。

関係者によると、森を推したのは麻生だけではなく、別の自民党有力者も官邸に働きかけを行なっていたという。また関係者によると、この有力者は森本人に直接「日銀総裁を考えてほしい」と連絡をとったという。

森は日銀が二〇〇〇年八月にゼロ金利解除に踏み切ったとき、大蔵省側の担当として苦々しい思いで議決延期請求権を提出した経験がある。それ以来、日銀の政策展開に疑問をもってきただけに、一三年の黒田就任を歓迎していた。

また人事に関しても「今の日銀がおかしいというなら、政府の意向を体現して、おかしくないような政策を実現できる人物を選ぶべきだ」という論の持ち主でもあった。

二〇二二年の秋から冬に移行する時期、朝晩の冷え込みが厳しくなる頃、岸田と森が首相公邸でひそかに会談した。岸田は何の目的の会談かは明言しなかったが、関係者によると、森は総裁指名への口頭試問ではないかと受け止めたという。

ただ、最終的に森は断った。「体力に自信がない」ということを理由にした。

官邸がどこまで本気になって「森総裁」を摸索したのかははっきりしない。単に有力政治家から「会ってやってくれ」と言われただけなのか、真剣に検討した結果の面会だったのか。

いずれにせよ、森が断ったことで、候補者はまた一人消えたことになった。

四つのキーワード

一二月に入ってロイター通信からこんな記事が配信された。

「日本も高インフレ継続、来年はＹＣＣ修正も」

元日銀副総裁の山口廣秀に対するインタビュー記事だった。

この記事を読んだ関係者は首を傾げた。もし山口が本格的な総裁候補であればこのタイミングでのメディア露出は避けるはず。インタビューは当たり障りのない内容ではあったが、この関係者は「山口さんはもう総裁にならないというシグナルかな」と思った。

しかし、このインタビューはむしろ世間の耳目を山口に集めるため、もう少し露出した方がよいのではないかという山口サイドの戦略だったのだという。このあと「総裁候補」としての山口の名前は、暮れも押し詰まったころ一部新聞に掲載されたが、このときはすでに植田総裁誕生に向けて秒読みが始まっているタイミングだった。

山口のアベノミクスに対する見解から安倍派を説得できないと悟った官邸は、総裁への登用を考えていなかった。山口を推挙する財務省の有力ＯＢの一人は官邸関係者に働きかけを続けたが、この元副総裁は結局後継候補にはならなかった。

岸田やその周辺からは日銀総裁選びに臨み四つの単語がよく聞かれた。明確に基準としていたのかは別にして、人選にあたってのキーワードなのだろうと関係者は理解した。

「実務」。日銀の金融政策を、理論のみならず現実の問題として肌感覚で理解できることが求められた。

「見識」。世界を広く見て、物事を判断できるかどうかが重要だというわけだ。経済学的な見識は当然のこととして受け止められた。

「インナーサークル」。各国の中央銀行総裁たちでつくる排他的なコミュニティーに入っていけるだけの語学力と経済理論への理解も求められている。

そして「バランス」。特定の言説に固執する態度を示すことなく、政治や社会全体にも目配りできる能力も必要になる。

リフレ派であることや、黒田日銀の継続、アベノミクスの一層の推進などといった安倍時代を思わせるスローガンは影も形もなかった。

官邸はこれらの条件を満たしているかを見極めようとしている――。関係者はそう理解した。そして、これらのキーワードが最有力候補に当てはまるかどうか直接確かめる機会が訪れていた。それは雨宮が以前に提示した「理論と実践が分かった人」などの条件に該当するかのテストにもなった。

予算編成も大詰めを迎えていた二〇二二年暮れ。岸田は防衛関連や子育て予算の財源問題をどう片付けるかなど、様々な課題を決着させなければならなかった。朝から晩までスケジュールはびっしりと詰まっていた。

そんなある日、岸田は植田と会った。これが総裁選定過程で実現した、最有力候補との初めての面会になったという。関係者によると、植田には「総裁候補者」などということは事前に一切言っていない。名目は「金融政策に対する考えをお伺いしたい」。

しかし、総裁人事をめぐる報道が大量に流れているこの時期に、首相が「金融政策の考え」を聞きたいと言っている。しかも、面会のやり方が徹底的に人目を避ける形だ。これらを重ね合わせれば、何の目的で会うのかは明確だった。

大本命だった雨宮という選択肢は消え、「山口総裁」は政治的な状況を考えれば困難に見えた。そんな中で植田の名前は常に岸田、木原、嶋田の三人の頭にあった。首相に近い関係者は振り返ってこう話す。

「当時物価がアップしていたが、これは賃金上昇を伴うものではなかったので、総理自身すぐに何かを大きく転換してやろうということではなかった。したがって次期総裁も、慎重に、思慮深く対策を進められる人でなければだめだと思っているようだった。路線転換後に何が襲ってくるかわからないのだから」

この関係者がいう「路線転換」とはいわゆる金融専門家たちのいう「出口」だった。リフレ派の政策をやめると言っても、一度始めてしまった異次元緩和の枠組みはそう簡単に変えられない。常にマーケットを相手に神経戦を強いられたし、政治的にも即座の変更は難しかった。

岸田と会った植田は、やや緊張した面持ちで、準備してきたペーパーを読み上げ、自らの考えを岸田に伝えた。

植田は一九九八年の新日銀法施行直後、東京大学教授から審議委員になり七年間そのポストを務めた。そのとき、二〇〇〇年八月のゼロ金利解除に反対した。「時期尚早」という理由だったが、実際にそのあと景気は崩れ、植田の見通しの正しさが証明されたと受け取られた。

ただ、審議委員退任後は著作の中で「金融政策はもっとうまくやれたのだろうか。いろんな論点がある。二〇〇〇年八月の利上げは適切だったのか。ゼロ金利政策下あるいは量的緩和政策下のコミットメントはもっと明確であるべきだったのかどうか等である」[16]と書いただけで、直接的な速水批判は控えている。

官邸側はそれらをリサーチ済みだった。岸田の抱いている考え——正常化に向けて歩みを進めるべきだ——を実現できる人物なのかどうかが慎重に吟味された。

雨宮が繰り返し指摘したように、国際的なコミュニケーション能力も必要とされる。白川や黒田は英語に堪能で、深夜自宅に海外中央銀行のトップが電話をかけてきても通訳なしで全く問題はなかった。植田はどうか。

マサチューセッツ工科大学(MIT)で学んでいたという経歴があるので大丈夫だろうと想像できたが、一応聞いてみるとこんな答えが返ってきたという。

「英語の記者会見よりは、日本語の会見の方がちょっと楽」

相当の使い手であることが分かった。[17]

学者としての実績、しっかりしている語学力、審議委員としての経験、そして何よりも、経済をきちんと見る力がありそうだというのが官邸の判断だった。出口を出るにしても慎重にコトを運ぼうとしている姿勢は評価された。岸田周辺によると、「実務、見識、インナーサークル、バランス」という四つのポイントも全てクリアしていた。

もちろん、大組織を運営したことはない。しかし、組織運営は副総裁や理事などがしっかりしていれば何とかなる。官邸は楽観的だった。

リフレ派の衰退

二〇二三年が明けた。雨宮の知人は、ラグビー、駅伝と正月恒例のスポーツ番組を横目に年賀状を整理していて、あれっと首をひねった。

差出人は雨宮だった。印刷された年賀状のあいさつの横に、自筆でこう書かれていた。

「当方、「自由の身」になってもお付き合い願います。これまで以上に遊んでください」

多くがそうだったように、知人は「次期総裁は雨宮で間違いない」と思い込んでいた。二カ月前に会食したときも「自分はその任にない」と強調していたが、多くの友人、知人と同様、「それでも最後は受けるのではないか」と考えていた。この知人は、しかし、年賀状の文面を読んで見方を変えた。もし本当に総裁になる人なら、二月には発表されるであろう人事を前に、こんなことを書けるだろうか。

――彼の言っていることは本当だ。意図的にこの文面を書いている――。知人は「雨宮総裁は幻に終わる」と確信した。

その通りだった。雨宮は何人かの年賀状でわざと強めのメッセージを出していた。受け取った側はそれを読んで「雨宮総裁説」を撤回した。

本田悦朗が雨宮に電話をかけたのは、年明けすぐのことだった。

「辞退していると聞いているけど、本当にやらないのか。あんたくらいしかいないじゃないか」

雨宮はいつものようにこう返したという。

「いや、やりませんよ」

安倍政権下、審議委員の人事は、本田と岩田が、エール大学の浜田らの意見を参考に決めていた。中心になったのは本田だった。本田によると、安倍が言っていたのは「たすき掛けはだめ、出身別もだめ」ということだった。たすき掛けというのは日銀の次は財務省などというもので、出身別というのは金融界出身とか産業界出身とかいうことだった。

そういう基準での人選ではなく、アベノミクスを推進できる人かどうかで選ぶという意味だった。ただ、出身は無視できず、結局経団連などに頼らざるを得ない現実があったが、そのほかの学者やエコノミストの「枠」とされるポストにはリフレ派からの登用を図っていった。

しかし、安倍亡き今、リフレ派は岸田官邸に働きかけるすべを失っていた。派閥は集団指導体制の下、一〇〇人近くで結束を保っていたが、やはり日銀総裁に誰かを押し込むとなれば、安倍自身のパワーが必要だった。

審議委員人事で岸田に強く文句をつけたのは前年の三月。それはあくまでも黒田の後継選定に一定の影響力を行使するための駆け引きでもあったが、ある関係者はこうも考えた。

リフレ派からの適任者がいない――。

本田になることには一八年のときと同じように財務省が大反対するだろう。しかしその前にリフレ派色が強すぎる元官僚、しかも安倍に極めて近かった本田を岸田が選ぶことはあり得ないとも思えた。

このとき岩田はすでに年齢も八〇に近づいており、他のリフレ派の審議委員経験者も総裁適任者で誰かいるかとなれば言葉に詰まるところがあった。

だいいち岸田は絶対にリフレ派からは選ばないだろうと多くの関係者は思った。それは三月に非リフレ派の高田創を審議委員に据えた一件を見てもわかる。

したがって、リフレ派にとってもセカンドベストは黒田を支えてきた雨宮が路線を引き継ぐことだった。本田が年明けに直接本人に電話をしたのも、そういう状況を反映していた。

ちょうど一〇年前、安倍という政治家を戴き、「デフレは貨幣的現象なのだから日銀が徹底的な緩和を行えば物価は二年で二%に上昇する」と喧伝、総裁、副総裁の人選にも大きな影響力を行使していたリフレ派の勢いは、もうどこにもなかった。

本田が雨宮に電話をかけた二三年一月、その月末段階で日銀にかつてないほど積みあがった国債残高は五八三兆五四九一億八九七〇万二〇〇〇円。[18] リフレ派にとっての「兵どもが夢のあと」だった。

新総裁の初仕事

二〇二三年二月に入って、財務省にこんな情報がもたらされた。

「副総裁が氷見野と内田に決定した」

財務省と日銀の出身者が一人ずつだ。正副総裁に日銀出身者が二人入ることは過去にもあったが、最近は学者が加わることも多い。もし雨宮が総裁になるのであれば、内田は入ってこないのではないか。逆に言えば内田が入ってくるという意味は、総裁は雨宮ではないということか――。

また、こんな話も入ってきた。

「雨宮さんが二月一〇日ごろの宴席をバンバンいれている」

この情報に接したとき、財務省幹部は「これは本当に雨宮さんではないな」と感じたという。要請され受諾したのであれば、世間に漏れ伝わるころの予定は空けておくものだ。一〇日に事実上の発表という日程は財務省もつかんでいたが、日銀も当然発表日を知っているはずだ。それにお構いなしに夜のアポイントを入れるというのは、本当に可能性は消えたということだろうと財務官僚は考えた。

財務省は最後まで正式にこの人選を知らされなかった。過去に日銀を従えて総裁選びに深く関与してきた財務省は、一三年に続き今回のプロセスにも一切たずさわれないままだった。

総裁人事を岸田の近くで観察していた官僚はこう振り返る。

「植田さんにしたのはバランスをとらなければいけないということだった。当面政治的にはアベノミクスを継続することも重要なのだが、同時に「岸田さんが決めた日銀総裁」ということも大事だった。急激に政策を変えるのも困るが、岸田流のスタンダードから外れるのも困るということだ。今後金利は上昇する可能性が高いので、特にスタートにおいては慎重に行こうということだった」

ただ、政策転換は容易ではない。元財務省幹部はこう話す。

「安倍政権はオーソドックスな経済理論ではない人たちが政権の中心に入り込んだり、影響をもったりした。彼らはそうでない人たちにケチをつけ、非難したのでまともな学者の人も正論を吐かなくなってしまった。植田さんにしたというポイントは、高名な学者なので、アベノミクスシンパみたいな人も黙らざるを得ないということだ」

ある政府高官はこう言う。

「人事で何かを変えるということは、白川から黒田になったときには可能だったかもしれない。しかし、黒田から植田の場合はそう簡単ではない。誰がやってもナロー・パス〔狭き道〕だろう」

ところで、この総裁選びでもう一つ話題になっていたのは、女性の登用だった。女性活躍が言われているのに、日本の中央銀行も「男だらけ」の社会であることは隠せなかったので、様々な名前が上がった。日銀出身のシンクタンク理事長、様々な政府審議会で活躍するエコノミスト、日銀審議委員経験者。

しかし、決定に関与した政府関係者は「女性云々はあまり意識していなかった。みんなこの難局を乗り切るのが先決だと考えていた」と話す。

財務省の幹部もこう言う。

「首相は女性登用を意識していなかったようだ。そういう形跡はない。政権幹部と話した時もそうだった。〔女性登用が〕シリアスな会話にはならなかった」

選考プロセスを断片的に聞かされていた関係者は「要は適任者がいないということだろう」と話す。

適任者がいなかったのか、あるいは適任者を探せなかったのか、はたまた適任者を育ててこなかったのかは不明確だ。確かに学者、官僚、日銀当局者、エコノミストという候補の母集団で考えれば、まだ数の上では圧倒的に男性の方が多い。諸外国を見れば、米FRB、欧州ECBなどでも中央銀行のトップに女性が就くことは珍しくなくなってきているのに比べてもその差は明らかだ。

元日銀審議委員の須田美矢子はこう話している。

「今回女性が入らなかったのは適任がいなかったということが大きいだろう。そもそも経済学を本格的に勉強してきた女性の絶対数が少ない。私も昔東大の偉い先生から「経済学はお嬢さんたちには向かない」と言われたことがある。のちにある審議会の委員をやめようとしたら、所管する役所に「女性の適任者を選ぶのは大変なんですよ」と愚痴られてしまった[19]」

二〇二三年の総裁選びで女性が本格的に候補者に擬せられることはなかった。課題は二八年に持ち越された形だ。

二月一〇日、岸田は茂木、麻生、公明党の山口ら連立与党の幹部たちに順次連絡を入れた。最初に電話をした茂木には、しかし、携帯がつながらず、周囲が慌てる一幕もあったという。

「次期日銀総裁に植田氏でいきたい」

おそらくこの情報はあっという間に拡散していくだろうという官邸の読み通り、メディアは相次いで「次期総裁に植田氏」と速報を打った[20]。植田の自宅にはテレビカメラが何台も殺到した。

この日の昼、植田は横浜にいた。非常勤取締役を務めている企業の本社で役員会に出席するためだ。同じく非常勤取締役をつとめていた元日銀理事の松島正之によると、役員会終了後、植田を含めて遅い昼食をとっていると、同席者の携帯端末にニュースが飛び込んできた。

――日銀総裁に植田氏。

「ええ、本当なのか」と興奮しながら問いかける松島らに、植田氏ははにかみながら否定をしなかった。

日が暮れて自宅に帰ると、植田は並んだテレビカメラの前で静かにこうコメントした。

「現在の日本銀行の政策は適切。現状では金融緩和の継続が必要だ」

二月八日にホテルの一室で確認した通りの対応だった。乱高下しかけた市場は、植田が緩和の継続を明確にしたため、大きな変化はないと歓迎し、すぐに落ち着きを取り戻した。

日銀総裁としての、事実上の初仕事は、とりあえず無難に終えられた。

その後植田は旧知の日銀元副総裁、山口廣秀に電話をしている。結果的に総裁ポストを山口と争う形になった事情を植田がどこまで正確に把握していたかは定かではないが、簡単なあいさつ程度の話だったという。

関係者によると、祝辞を述べた山口は「政治の重要性」を強調した。

新日銀法施行から二五年。この四半世紀、中央銀行の独立性は「政治主導」の確立を目指す官邸や国会との摩擦を感じざるを得ない日々だった。それが頂点に達したのは白川から黒田への交代劇だったのだろう。

これを機会に人選が政治任命化。特定の経済政策を是とするか、否とするかで人事が決められるようになった。それが中央銀行の独立性を侵すものなのかどうかという吟味はほとんどなしに、だった。

この間の表も裏も知っている山口の言葉は重い意味をもった。

「政治の重要性」

首相による政治任命で選任され第三二代総裁となった経済学者は、政策という権力の具体化をめぐる渦の中に放り込まれることになった。

エピローグ

最高気温が三二度まで上がり、東京はまるで夏のような一日だった。

二〇二三年五月一八日の夕刻。日銀・鳥居坂分館にリフレ派の主だったメンバーが集まってきた。ここは食事もできる施設だ。ただ、この日の主役は日銀の副総裁をつとめた岩田規久男でも若田部昌澄でもなかった。二一年一一月に亡くなった中原伸之を「しのぶ会」が開かれたのだ。

中原は東京大学を経て米ハーバード大学に留学。財界の「御曹司」として父親から会社経営を引き継いだあと、日銀の審議委員に抜擢された。彼は、リフレ派を束ね、勉強会を主宰し、若手を叱咤激励した。同時に政治の世界にも顔を利かせ、知り合いの財界人を連れて安倍との会食などを重ねた。金融理論的にはマネーの量を重視する考え方をとる。

「しのぶ会」には、副総裁経験者の若田部や審議委員をつとめた原田らも含めて十数人が集まった。アベノミクス、とりわけ安倍が踏み込んだ大規模緩和に関して、中原の功績をたたえるスピーチが相次いだ。「金融政策の歴史的な転換に大きな役割を果たしてくれた」という賛辞も。審議委員をつとめた原田泰は中原が自らと同じポジションにいたころの話をした。

「中原さんが同調圧力に負けずに反対されたにもかかわらず、日銀は二〇〇〇年八月にゼロ金利を解除してしまいました。中原さんが信念を貫き通すことが可能だったのは、良い意味でお坊ちゃまだったからではないかと思います。つまり、恵まれた環境で国際的にも広範な人脈を築き「日銀がすべて」などとは思わない強さを持っておられた」

確かに「お坊ちゃま」だった。この人は思いついたときにすぐに電話をかける。相手がどのような状態にあるのかはあまり考慮されない。「中原ですが」という低い声から始まる電話は経済から政治の話に飛び、人物月旦に花が咲くこともよくあった。三〇分、一時間の長電話も平気だった。

日銀が一六年九月にYCC（イールド・カーブ・コントロール）を導入して誘導目標を量から金利に戻した際、「なぜこんなことをする必要があるのか」という怒りの電話を知人にかけ続けた。そのうちの一人は「今電車に乗っているので折り返します」と言っても無視された。途中下車を余儀なくされたこの人はホームのベンチに座りながら延々と憤懣やるかたない中原に付き合った。この電話癖は「しのぶ会」でも多くの人が触れる話題となった。

安倍にも近かった中原は、経済政策で様々なアドバイスをするとともに、易の名人として「首相の運勢は今後よくなっていくとでている」などと知人に話していた。要するに占いだ。

この日の「しのぶ会」で易の話をしたのは本田悦朗だった。内閣官房参与として安倍を支えていたころ、よく中原から電話がかかってきた。そして占いの結果を「安倍さんに伝えてくれ」と言われた。最初はこまめに首相の耳にいれていたが、そのうち「あんまり当たっていない」というので易の取次ぎはやめてしまった——。本田はこんな話を披露した。

占いでは安倍に疑念を持たれてしまった中原だが、政策面では影響力を発揮した。本人も総裁ポストに意欲を持っていたようだが、黒田が就任するとそれを支える黒子的な存在になった。

しかし、何をおいても中原の最大の功績は安倍に人事の効用を強調し続けたことだろう。留学時代を含めて米国に通じていた中原にとって、能力本位のポリティカル・アポインティ制度は「当たり前」のシステムだった。大統領が代わると数千人の政府高官がワシントンを出たり入ったりする。そして、政策は大きく転換させせられるケースが多い。

「政策を変えたいなら、人事を変えるべきだ」という主張は、最終的に安倍という政治家の手によって、金融政策の現場で実践され、黒田の就任という形で結実した。「人事を通じて政治が中央銀行を操る」という戦略はリフレ派の中でしっかりと引き継がれている。問題はそれを実践する有力政治家がいなくなってしまったということだろう。

五月とは思えない天候の中、汗を流して集まってきたリフレ派の歓談は夜更けまで続いた。

全国に張り巡らされた鉄路の集結点となるのが東京駅だ。

周辺はこの数十年で大きく姿を変えた。東側の八重洲エリアにも、西側の丸の内周辺にも高層ビルが何棟も建ち並び、今もあちらこちらで新しい槌音が響く。

そんな駅前の高層ビルの一角で、日銀副総裁だった雨宮正佳を慰労する会合が開かれたのは二三年七月二四日。真夏に突入しこの日も東京の最高気温は三五度を超えた。そんな中、集まってきたのは雨宮の部下だった日銀の元幹部や、財務省の幹部OBたちだ。

丸の内の街を下に見て、中華料理をつつきながら、会話は思い出話が中心になった。雨宮は退任後、非常勤ではあるものの、母校である東京大学の教壇に立ち本郷キャンパスに研究室をもつことになった。昔大学近くにあったカレー屋がどうなったとか、経済学部の建物の中に学生のベンチャー企業が拠点を作っているとか、話は他愛のないものに終始した。

杯を交わす面々は皆、一時期、金融・財政政策の立案や運営の中心的存在だった。彼らはバブルの生成と崩壊、不良債権処理から金融危機、そしてデフレと続く日本経済の統御を試みた。東西冷戦の終結、同時多発テロ、リーマン・ショック、東日本大震災などの激動をくぐり抜け、自民党単独支配から連立政権へ、そして民主党への政権交代とアベノミクスの開始という政治の展開にも対応してきた。

時代は権力の所在が、官僚から政治に移る過程だった。「政治主導」の名のもとで最終的には人事という突破口を通じて金融政策を変更させられるという形にまで到達した。

宴席の中心で中華料理を楽しむ雨宮は、初代政治任命型総裁を支え続けた。政策の中身もさることながら、政治との間合いにも気をつけながら、異次元緩和を継続してきた。そして最後まで自身の総裁昇格を拒み続けた。

二〇二三年三月一七日付で日銀職員専用のサイトに掲載された「別れのあいさつ」の中で、雨宮は中央銀行というものが「三大発明の一つであると言われている」と紹介しながらこう述べている。

「〔中央銀行を三大発明とする〕この言葉で私が気に入っているのは、中央銀行を「発明」としているところです。つまり、自然発生的に生まれた仕組みではなく、問題解決のために、具体的には、人々が安心してお金を使えるように、そしてそれを通じて人々の生活が安定するように、この独特の不思議な組織が人智をもって「発明」されたということです」(1)

実は雨宮は企画局長だった二〇〇六年にも、この三大発明の話を行内サイトに掲載している。「三大発明」のあとの二つの発明は、火と車輪だと紹介しながら雨宮はこう警告した。

「うまく使えば便利だが、扱いを間違えると大変危険なもの」[2]

別れのあいさつでは警句の部分が省かれたが、確かに中央銀行の扱いを間違えれば、「人々の生活が安定する」どころか、とんでもない事態を招来することになりかねない。果たして総裁の政治任用化が危険物の取扱にどう影響を与えるのか。

東京駅前の高層ビルに集まったメンバーたちのアベノミクス評はそれぞれだった。人事権を行使されることの怖さ、重みも実感しながら、異形の経済政策についての感想は各人の胸の奥にしまい込まれた。「異次元緩和」が「便利なもの」だったのか「危険なもの」だったのかの判定までにまだ時間はかかるのだろうと。

東京駅を中心に林立する高層オフィスビル群の窓からは煌々とした明かりが夜空を照らしている。雨宮を囲んだ中華料理店からは見えなかったが、東京駅の北東側に位置する日銀本店ビルもまた、遅くまで灯火の列が不規則に並んでいた。


二〇二三年四月に就任した総裁の植田は慎重な政策運営を行なっている。急速に進んだ円安への対応を除けば、おそらくそれは岸田の期待通りだろう。市場にあった「就任後すぐに本格的な政策転換を行う」という一部予想は見事に裏切られた。

途中から自民党の派閥裏金問題が噴出し、安倍派が急速に力を失ったため、金融政策の変更に際して政治的な圧力はやや緩和しているようだが、それでも日銀は、アフリカのサバンナで猛獣を警戒する草食動物よろしく、周囲への警戒を怠らず四方八方に目配りしている。

長期金利の誘導上限を外すなど少しずつではあるが微修正に乗り出した彼らは、二四年三月の金融政策決定会合で一一年続いた異次元緩和の終了を決めた。名実ともにアベノミクスが幕を閉じたことになる。あとは、植田が実施を公言した「レビュー」でこの一〇年をどう総括するかが課題として残った。一部からは異次元緩和からの脱却が遅かったとの批判があるものの(3)、岸田の口頭試問に合格して総裁に就任した植田に対する強い不満は、政治の世界からもあまり聞こえてこない。

ただ、総裁の政治任命化に意見は様々だ。

リフレ派の国会議員として安倍をサポートした山本幸三はこう話す。

「独立性についての理解をはっきりさせたのは安倍政権だ。つまり、目標は政府と共同でつくる。そこから先は日銀にやってくれと。それまでは目標も日銀だった。安倍さんはそれには乗らなかった。政治任命も当然だ(4)」

ある日銀副総裁経験者はこう話す。

「政治任用のシステムそのものはそれなりの考え方だ。もしそうでなければ、日銀内の派閥人事になるか、早くからのプリンス人事になるので、政治任用は制度上否定しない。問題は選び方だと思う。時の政権が高い知見をもって選べるか、それだけの才覚があるかが問題だ。しっかりとした政治家がいないという選定プロセスはいかがなものかだ」

著書『リスクとの闘い』(日本経済新聞出版社)で、「意見の多様性」が重要であることを強調した元日銀審議委員の須田美矢子はこう疑問を抱く。

「日銀は完全に独立しているわけではない。政治が人事権を握っているのだから。しかし、〔安倍政権では〕任命でここまでやられてしまうのか、という感じがする。それは総裁でも審議委員でも同じ。

九人で多様な意見をぶつけ合って政策を作り上げるのではなく、単に過半数をとればいいということなのだろうか(5)」

日銀の中心メンバーとして法改正に関与した元理事の稲葉延雄も、「任命権と独立性の関係については気づいていた。審議委員には出身母体別に多様な人材を集めて議論の偏りを防ぐことを考えた。最初のころは上手くいっていたのだが最近はちょっと違ったようだ。チェック・アンド・バランスの仕掛けはいろいろなところに埋め込む必要があったかもしれない」と話す(6)。

日銀や財務省の現役たちはどう受け止めているのか。財務省の幹部は「総裁の決め方は、そのとき、そのときの政権によるのではないか。ある種不安定化するのかもしれないが」と話す。また日銀の幹部は、「選挙の争点にするなどという事態を考えれば、法律上の独立性は意味をなさないことを改めて痛感した。日銀は子会社だという感覚をもった総理がまた生まれてくるということを考えておいた方がいい」と警戒心をあらわにしていた。

この報告がファクト・ファインディングを中心とした内容であることは事前にお断りした通りだ。ただ、その事実の集積から気づいたこともある。

まず、同じ政治任命でも、安倍と岸田の選考プロセスは違うという点だ。安倍はリフレ派、もしくはそれに近い考えをもつ候補者から総裁や審議委員を選んでいる。側近の意見は聞いたが、それ以外の声はほとんど無視した。「間口」の狭さは顕著だった。しかも、特定の担当者がきわめて少数で検討したため、対象となる母集団がさらに小さくなってしまう。このような人選を繰り返していくと、特に審議委員には「質」の問題が浮上してくるとの懸念も聞こえてきていた。

これに対して、岸田の総裁選びは、雨宮という日銀生え抜きの副総裁を軸に進んだ。財務省もリフレ派も雨宮を推した。官邸は割合に広く意見を聴き、次期正副総裁を検討した。特定の経済政策が前面にでることはなかった。

また、安倍が日銀総裁を政治任命化した際、中央銀行の独立性との関係は吟味されていなかったことも確認できた。「内閣任命・国会同意」という法律の枠組みさえクリアすれば何をしてもいいわけではないだろう。独立性との関係から考えれば、人事権を駆使して政策を一八〇度転換させることの意味は軽くない。

特定の政策に傾斜した安倍は、金融政策を自らの政権維持のための道具に使おうと試みた。政策というのはナマの権力行使だ。その行使に当たって慎重さは感じられなかった。

何よりも、この首相が「アベノミクス推進」を人選の基準にしていたことも確認できた。

アベノミクスとその中核を成す異次元緩和には、「微益微害」から「完全な失敗」まで様々な評価が加えられている。おそらくその副作用も含めてトータルで客観的な判断が下せるのはまだ少し先になるのだろう。ただ、アベノミクスがどのように評価されようが、時の権力者が人事を通じて自らの思うような方向に日銀の政策を曲げたという現実を確認すると、一九九六、九七年の日銀法改正時によく使われたフレーズが頭に浮かぶ。

「日銀は誰のものか」――。

雨宮が言うように、金融政策は「危険物」ともなる。それを政治家が人事をテコに振り回すという現実を目の当たりにしたとき――法律に違反したものではないにせよ――それは中央銀行の独立性を尊重するべしという「統治の作法」に則ったものだったのかという強い疑問が残る。

当初は「二年あれば二%は達成できる」と豪語していた黒田だが、物価はなかなか上昇せず、五年間かけても結果を残せなかった。しかし、その責任を問うこともなく総裁ポストに留任させた。安倍政治の限界だったのだろう。

さらに、政治任命に対してチェック・アンド・バランスの機能を有するはずの国会と審議委員の問題だ。特に二〇一三年の政策転換に関して言えば、両者がその固有の機能を果たしたとはいえないことが検証を通じて見えてきた。もちろん、日銀法改正の脅しなど様々な仕掛けが埋め込まれていたことも承知の上での評価だ。

チェック・アンド・バランスについては、米国の例が参考になる。一九年、連邦準備制度理事会(FRB)理事の候補者二人が相次いで指名を辞退した。この二人は当時のドナルド・トランプ大統領の友人。大統領が指名の意向を表明していたが、上院で共和党議員も含め反対が上回り承認の見通しが立たない状態だった。著名なハーバード大学教授もこのうちの一人を名指しして「知的威厳がない」と厳しく批判していた(7)。

三権分立の明確な米国らしい展開といえるが、総裁、副総裁、審議委員含めて、日銀の人事でチェック・アンド・バランスが明確に作用したのは、政争の色彩も帯びていた一三年のケースに限られる。

もうひとつ、この検証を通じて確認できたことがある。それは「権力構造の変化」は不可逆的かもしれないという点だ。具体的には財務省の関与の度合いを指す。

安倍時代、急激に遠ざけられたこの役所は、岸田の人事選考でも死活的に重要な役割を果たすことはなかった。おそらくこれからも、利害関係者であり、人材提供の母体ではあり続けるとみられるが、昔のように人事決定の主体に復活することはないだろう。

安倍が去り、黒田が退任したことで問題は解決したのか。人事の政治任命化は安倍時代ほど目立たなくなっている。しかし、これから五年後、一〇年後は分からない。再び同じような状況に追い込まれる可能性はある。

ではどうすればいいのか。道は二つあるように思われる。

一つは、現行制度を変革することである。官主導の前時代的な決め方に戻るのでもなく、行き過ぎた政治任命にもならないための制度を摸索できるかということだ。すでに一部からは「そのときどきの政局の影響が及びにくい参議院に候補者の人選を行う常設委員会を設置するか、日銀自身が候補者をリストアップする」というアイデアも出されている[8]。

もう一つは、現行制度の中でチェック・アンド・バランス機能をより意識的に活用していくことだろう。審議委員をリフレ派で埋めていくようなやり方ではなく、多角的な議論で時に執行部を追い詰めるようなことがあっても、それはそれで間違いではないだろう。

また、「〔総裁の任命の仕方を定めた〕日銀法二三条の任命権には、「非政治的であるべきポストを政治が任命する」という矛盾が存在する」と喝破する経済学者の髙橋亘は、『政治は独立性のもつ非政治性等を尊重し、本来そのコントロールは第三者による検証などの事後的なアカウンタビリティを通じてなされるべきであろう」と論じている[9]。

人事に手をつけようとする側にはそれなりの理屈がある。おそらく安倍には二〇〇〇年代から日銀の政策展開に対する不信感が根強かったのだろう。エール大学の浜田との対談で、安倍は官房長官時代のある出来事を振り返っている。

「小泉〔純一郎〕総理と私、日銀の福井〔俊彦〕総裁と武藤敏郎副総裁の四人で昼食をともにする機会がありました。そこで福井総裁に内閣側からお願いしようとしたのです。小泉総理から直接ではなく、私がいったほうがいいだろうということになり、「もうしばらく量的緩和を続けてもらえないだろうか」という話をしたのです[10]」

二〇〇六年の量的緩和解除時のことだと推測できるが、もしこの逸話に示されたように、政治側からの要請が失敗に終わったことの延長線上に「人事による政策誘導」があるのであれば、そして人事が中央銀行を統御する、より有効な方法として取り入れられたのであれば、そこには重大な示唆も含まれている。

総裁の政治任命化には、日銀側にも一定の責任があったのではないかという、少々当たり前のような結論だ。

要するに政治に付け入るスキを与えない金融政策運営が求められていたのだろう。経済や金融現象の責任が日銀だけに求められないとしても、総裁ら最高幹部には様々な意味での「政治力」が必要になってきていたはずだ。原理原則だけに頼って政策運営することは自らを追い詰めることになる。

人事は時代によっても規定される。一九九七年の法改正当時、多くの関係者の頭にあった「内閣任命、国会同意」の具体像は――この報告でも明らかになったように――日銀や大蔵省の当局者たちが総裁を選んでいくという旧来型の姿だった。決して最初からポリティカル・アポインティが考えられていたわけではない。それから四半世紀経ち「政治主導」全盛の時代に「内閣任命」の内実は大きく姿を変えた。

そんな時代の変化を反映させながら、日銀総裁の人事は、中央銀行の独立性も尊重しつつ、誰がどう決めていくべきなのか。その際、何を基準にするべきなのか。特に一三年以降の展開はそんなことを改めて考えるきっかけを与えてくれた。

そのとき、内実の検証を繰り返していくことは、人事であれ、政策であれ、最終的には日本の民主主義を強くしていくことにつながっていくと確信している。

注

プロローグ

(1) 二〇二三年二月八日、衆議院予算委員会議事録より。
(2) 二〇二三年二月八日、時事通信配信
(3) 二〇二三年二月六日付「日本経済新聞」朝刊
(4) 二月六日の報道について、「日本経済新聞」は二月一一日の朝刊で「雨宮氏に打診したのは事実であり、本人が固辞した」という趣旨の弁明の記事を掲載。誤報ではないという姿勢を取った。西野智彦『ドキュメント異次元緩和』(岩波新書、二〇二三年)は「やらない」と言い続けていた雨宮の最終的な意思確認を官邸が行い、「日経」がそれを部分的につかんで報じたとの見方を示している。
(5) FRBの「アコード」は、一九五一年に米財務省との間で締結された。国債の価格支持を取りやめることが目的だった。白川によれば、これは「FRBの金融政策運営の独立性の回復」であり、日本の場合は「日本銀行の独立性を制約し、金融政策運営に対し政府の影響力を強める」という逆方向を目指すものだった(白川方明『中央銀行』(東洋経済新報社、二〇一八年)など参照)。
(6) 「共同声明」をめぐる詳細は、拙著『官僚たちのアベノミクス』(岩波新書、二〇一八年)参照。
(7) 詳しくは拙著『ドキュメント 強権の経済政策』(岩波新書、二〇二〇年)参照。
(8) 詳しくは拙著『アフター・アベノミクス』(岩波新書、二〇二三年)参照。
(9) 二〇二二年一二月一七日、共同通信配信など。
(10) 各紙朝刊に掲載される首相の動向を追ったクロニクル。何時に、どこで、誰と会ったかが細かく記録されている。新聞により呼び方は異なる。「朝日新聞」は「首相動静」だが、「日本経済新聞」は「首相官邸」、「産経新聞」は「岸田日誌」など。

第一章 日銀の独立と総裁人事

(1) 大和銀行ニューヨーク支店の行員が一〇年以上にわたり簿外で米国債の不正取引を行い、最終的に一一億ドルの損失を発生させた。同行はこの事件により米国から事実上追放された。
(2) 東京証券取引所の平均株価が急落を始めたのは一九

九〇年一月だった。地価の下落はそれよりも一年程度後ろにずれた。

(3) 一九九四年に東京協和信用組合と安全信用組合の二つの信用組合が乱脈融資などから経営破綻した。

(4) 山崎へのインタビュー、二〇二一年三月一五日

(5) 「平成八年七月から同一〇年六月までの銀行局行政」(二〇〇二年四月一一日)。これらの資料は大蔵省・財務省の幹部たちからのオーラルヒストリーで、通称「史談会資料」と呼ばれている。

(6) 日銀法改正の経緯については、西野智彦『ドキュメント 日銀漂流』(岩波書店、二〇二〇年)、鯨岡仁『日銀と政治』(朝日新聞出版、二〇一七年)、真渕勝『大蔵省はなぜ追いつめられたのか』(中公新書、一九九七年)、山脇岳志『日本銀行の深層』(講談社文庫、二〇〇二年)などが参考になる。

(7) 稲葉は二〇二三年一月、NHK会長に就任した。

(8) 一八八二年(明治一五年)に設立された日本銀行は、最初「日銀条例」を根拠法規としていた。一九四二年の旧日銀法は「日本銀行ハ国家経済総力ノ適切ナル発揮ヲ図ル為」から始まる戦時立法で、戦争遂行のため「日本銀行ハ専ラ国家目的ノ達成ヲ使命トシテ運営セラルベシ」(第二条)などの規定も並んでいた。

(9) 改正案三四条の二。一九六五年二月二四日、大蔵省作成「日銀法改正の要点」。日銀法改正を審議した一九九六年の中央銀行研究会への大蔵省提出資料に収められている。このほか、五〇年代、六〇年代の改正の試みについては『日本銀行百年史第五巻』や『昭和財政史(昭和二七~四八年度)第一〇巻・金融(二)』(大蔵省財政史室編)などが参考になる。

(10) 一九六五年三月一九日「日銀法改正問題について(その七)」日本銀行所蔵

(11) 一九九六年六月二八日付第一回「日本銀行法改正の論点検討」、七月三日付第二回「日銀法改正の論点検討」。日銀企画局作成

(12) 以上は企画局作成部内文書、一九九六年六月二八日付「日本銀行法の論点検討(第一回:目的規定)」、同年七月三日付「同(第二回:目的規定)」、同年七月一一日付「日銀法改正の論点検討(第六回:金融政策〈三:政府・国会との関係〉)」などを参考にしてまとめた。

(13) 以上、一九九六年七月四日付日銀企画局作成「日銀法改正の論点検討(第二回、第四回:金融政策)」

(14) 一九六〇年の金融制度調査会答申

(15) 一九九六年八月二二日、第二回中央銀行研究会への大蔵省提出資料「日銀法の改正をめぐる過去の経緯について」

(16) 一九九六年七月一〇日付日銀企画局作成「日銀法改正の論点検討(第五回:金融政策〈二:政策委員会の任務と権限〉)」

(17) 一九九六年七月二五日付日銀企画局作成「日本銀行法改正の論点検討(中間報告—I)」

(18) 現在の内閣官房。内政審議室長は官房副長官補と名前を変えている。

(19) 国立公文書館所収「中央銀行研究会二」の中から「委員のご予定調べのお願い」(一九九六年七月一日内閣内政審議室作成)

(20) 田波は一九九八年一月に事務次官に昇格し本省に戻っている。

(21) 福井総裁時代の二〇〇七年二月、岩田一政副総裁が金融政策決定会合で反対票を入れたことがある。副総裁が総裁の提案にノーを突きつけたのは今のところこの一回だけである。

(22) ボブ・ウッドワード『大統領執務室』文藝春秋社、一九九四年

(23) 詳しくは、ポール・ボルカー『ボルカー回顧録』(日本経済新聞出版社、二〇一九年)やウィリアム・シルバー『伝説のFRB議長ボルカー』(ダイヤモンド社、二〇一四年)、拙著『検証 バブル失政』(岩波書店、二〇一五年)など参照。

(24) 一九九六年七月一一日付「日本経済新聞」朝刊

(25) 以上、第一回会合の模様は国立公文書館所収の中央銀行研究会議事録など関連文書より再構成した。

(26) 佐藤幸治「政治家の志とそれを支えるもの」(『61人が書き残す 政治家 橋本龍太郎』文藝春秋社、二〇一二年所収)

(27) 以上は、第四回中央銀行研究会議事録に関係者への取材を加えて再構成した。議事録は発言内容の趣旨を変えないで縮めたり語尾などを一部修正したりしている(以下の引用も同じ)。

(28) 佐藤は自ら執筆した憲法の解説書の中でこう述べている。「憲法自体に別段の定めがない限り、内閣から全く無関係の行政機関を設けることは許されないと解すべきであろう。ただ、その場合、行政はすべて内閣の指揮監督権に服さなければならないとみる必要はない。(中略)制度自体に合理性の認められる場合には、その限りにおいて職権行使の独立を認めうる余地があると解される。」(佐藤幸治『日本国憲法論』(第二版)、成文堂、二〇二〇年)

(29) 以上、第五回、第六回会合議事録より。

(30) 当時は大蔵省の中に銀行局があり、銀行監督などの金融行政も行っていた。

(31) それから一二年後、その「あり得ないこと」が実際に起こった。

(32) 新日銀法は五四条でこう定める。「日本銀行は、おおむね六月に一回、政策委員会が議決した第十五条第一項各号に掲げる事項の内容及びそれに基づき日本銀行が行った業務の状況を記載した報告書を作成し、財務大臣を経由して国会に提出しなければならない」

(33) 館龍一郎「相対的独立性を確保する」(『金融財政事情』一九九七年二月一七日号)

(34) 一九五九年(昭和三四年)一〇月二三日「日本銀行法改正の要点」に関する政策委員会議事要旨、日本銀行所蔵

(35) このあたりの議論については前掲『日本銀行の深層』にも詳しい。

(36) 塩野宏監修の『日本銀行の法的性格』(弘文堂、二〇〇一年)では、報告書について「日銀が内閣の統制下にあるというためには、内閣が予算権を握る必要がある」との考え方が明確に表現されなかったことは注目に値すると分析している。

(37) 二〇二〇年、安倍が体調悪化で退陣した時も、黒田辞任論は全く出なかった。

(38) 一九九六年八月二六日、中央銀行研究会第三回会合、同議事録より、一九九六年一二月二〇日、金融制度調査会・日本銀行法改正小委員会の第四回会合議事録

(39) 人事院の意思決定を行なう。人事官は三人いて、そのうちの一人が人事院総裁となる。

(40) 一九九七年二月二六日付「読売新聞」朝刊

(41) 前掲「相対的独立性を確保する」

(42) 一九九七年一月一四日、金融制度調査会第六回日銀法改正小委員会議事録より。

(43) 当時は政治家が大臣を支えるという名目の下、政務次官という肩書で役所に常駐した。実質的な権限はほとんどなく「盲腸」とも揶揄された。省庁再編時の二〇〇一年に廃止され、現在は副大臣、政務官になった。

(44) 接待の舞台が風俗店だった事例があり、国民の怒りが倍加した。

(45) 「座談会・中央銀行論」(『論究ジュリスト』二〇一六年冬号)

(46) 前掲『中央銀行』

第二章　エリート主義の終焉

(1) このときすでに大蔵大臣の三塚博、事務次官の小村武が辞任していたため、そのつり合いから正副総裁の辞任になったと言われている。

(2) 藤原へのインタビュー(二〇二三年三月二八日)や「話の肖像画」(「産経新聞」二〇一九年四月一日)など。

(3) 前掲『ドキュメント 日銀漂流』によると、このとき首相の橋本は東京電力の那須翔や新日本製鉄の今井敬にも打診したが固辞されたという。

(4) 筆者による速水の取材は総裁退任後の二〇〇三年一二月九日に行なわれた。当初このインタビューは「バックグラウンド(ニュースソースとしての名前を出さない)」という約束で行なわれた。しかし、速水の退任から二〇年、二〇〇九年の死去から相当期間を経過していることを考え実名で報じることにした。なお、実名化に当たってはご家族の了解を頂戴した。この引用は当時の取材ノートによる。

(5) 吉崎へのインタビュー(二〇二三年八月二三日)、「東洋経済オンライン」二〇二三年三月一八日配信、「植田和男・新日銀総裁が抱える「五つの超難問」」

(6) この記者は筆者である。

(7) 拙稿「総裁の帰るべき場所」(『FACTA』二〇〇九年七月号)

(8) 初代の審議委員は退任時期がダブり同時交代となるのを避けるため、特例として二年から四年までの任期だ

った。植田は最初から二年プラス五年という想定で日銀入りした。

(9) 拙著『ドキュメント ゼロ金利』岩波書店、二〇〇四年

(10) 一九六〇年前後に日銀法改正が議論された際の政策委員会の議事録を読むと、政策委員から「ここに書いていることは理解に苦しむ」とか「どういうつもりでこのような案を作ってきたのか」などきわめて厳しい叱責の言葉が飛び、日銀法改正要綱が執行部に差し戻されている。このころはかなり活発に議論がなされており、決してスリーピングボードではなかったことが分かる(一九五九年一〇月二三日、政策委員会議事録、日本銀行所蔵)。

(11) 辞任会見で福井が発した言葉。当時関係者の間で流行した。

(12) このあたりの事情は、前掲『ドキュメント ゼロ金利』に詳しい。

(13) このあと常に引き締めを主張していた篠塚の再任を日銀が摸索したのに、大蔵省が拒否するという事件があった。人事選考が、引き締めを指向するタカ派か、緩和を指向するハト派かということで影響を受けるということはゼロではなかったようだ。

(14) 一九九八年は日本長期信用銀行などの破綻第二幕が待ち受けていた。

(15) 速水は「円を安くすることは国を売ることだ」と主張し続けた。退任後の著作にはこう書いている。「通貨は強くて安定し、使い勝手のよいことによって信認を得るのであって、(中略)その国の通貨の強いことこそがその国の国力や発言力に直接、間接に影響を持つのである」(速水優『強い円 強い経済』東洋経済新報社、二〇〇五年)

(16) のちに日銀総裁となる黒田東彦は一九九九年に財務官となり、様々な会議に速水とともに出席したが、「金融政策や為替を巡る発言には困らされた」と回顧している(二〇二三年一一月一九日付「日本経済新聞」朝刊、「私の履歴書」)。

(17) 吉野俊彦の名著『歴代日本銀行総裁論』(講談社学術文庫、二〇一四年)によれば、まだ設置根拠が日銀条例だったころの第二代総裁、富田鉄之助は「大蔵大臣と意見を異にしたため、大蔵大臣から職権をもって罷免された」という。

(18) 「福井俊彦元副総裁のオーラルヒストリー記録について」二〇一八年八月、日銀金融研究所

(19) 藤原へのインタビュー、二〇二三年三月二八日

(20) 福田へのインタビュー、二〇二三年八月二八日

(21) 藤原へのインタビュー、二〇二三年三月二八日

(22) 福田の証言によると、山口の名前は官房長官にも届いていたという。

(23) 一九九〇年代に日本を支配した不良債権問題の解決には公的資金、つまり税金を投入するのが一番効果的とされたが、九五年の住宅金融専門会社(住専)問題で六八五〇億円の公的資金を投入し世論の強い批判を浴びた。

このため、九七年後半に入り金融危機が発生した際、公的資金投入の議論がタブー視されていたムードを何とかしようと宮澤が当時の橋本龍太郎首相に投入を勧めた。
(24) 前掲『ドキュメント ゼロ金利』
(25) 同右
(26) 一時期、小泉がある経済評論家を総裁に考えている──という情報が出回ったが、小泉周辺は「それはなかった」と否定している。また前掲『日銀と政治』によると、このときは中原伸之と黒田東彦も候補者として検討されたという。
(27) 時事通信配信「首相動静」による。
(28) 二〇〇三年一月二一日、時事通信配信
(29) 竹中へのインタビュー、二〇二三年八月七日
(30) 前掲『ドキュメント 日銀漂流』によれば、この場で財界人二人は小泉が常々民間人がいいと言っていたことに配慮したのか、福井の名前を出した後、「福井さんは日銀出身だが、経済同友会で積極的に活動をされており、民間の経済人です」と強調したという。福井は接待汚職で逮捕者がでた一九九八年に責任をとり日銀副総裁を辞し、そののち富士通総研理事長に就任していた。
(31) この経緯については、竹中平蔵『構造改革の真実』(日本経済新聞社、二〇〇六年)でも触れられている。
(32) 福田へのインタビュー、二〇二三年八月二八日
(33) これらのやりとりは、福井自身が日銀内部のオーラルヒストリーに答えて明らかにしている。
(34) 竹中へのインタビュー(二〇二三年八月七日)。竹中は当時、ことあるごとにインフレ目標を導入して政府と目標を共有するべきだと主張していた。竹中前掲書や『「改革」はどこへ行った?』(東洋経済新報社、二〇〇九年)
(35) 竹中へのインタビュー、二〇二三年八月七日
(36) 二〇二四年一月二三日付「日本経済新聞」朝刊、「私の履歴書」
(37) 当時は金融監督庁。
(38) このあたりの経緯については、江田憲司『誰のせいで改革を失うのか』(新潮社、一九九九年)などに詳しい。
(39) 詳細は前掲『検証 バブル失政』参照。
(40) 「三重野元総裁のオーラルヒストリー」、日銀金融研究所、二〇〇三年四月~〇六年三月まで。
(41) このあたりは前掲『バブル失政』に詳しい。
(42) 西野智彦『平成金融史』中公新書、二〇一九年
(43) 前掲『ドキュメント ゼロ金利』
(44) のちに安倍晋三はこのときの日銀の判断は誤りだったとしきりに強調した。しかし、このとき安倍は官房長官だ。そう思うならなぜ二〇〇〇年八月のときのような議決延期請求権の行使に踏み切らなかったのだろう。〇六年のとき、政府は正式な意思表示をしなかった。議決延期請求権を持つ内閣の要職にあった安倍の日銀批判は「天に唾するもの」ではないのだろうか。
(45) 二〇〇六年六月一三日参議院財政金融委員会、同年六月一五日参議院予算委員会、六月二二日衆議院財務金融委員会の議事録などによる。

(46) 二〇〇八年三月一二日付「朝日新聞」朝刊
(47) 田邉昌徳『令和金融論講座』武蔵野大学出版会、二〇一九年
(48) 須田へのインタビュー、二〇二三年五月六日
(49) 二〇〇八年三月七日、金融政策決定会合議事録より。
(50) 須田へのインタビュー、二〇二三年五月六日
(51) 二〇二四年一月二五日付「日本経済新聞」朝刊、「私の履歴書」
(52) 二〇〇八年三月一日、時事通信社配信
(53) 二〇〇八年三月一八日付「朝日新聞」朝刊
(54) 参議院のホームページ、一六九回国会会派別所属議員数一覧より。
(55) 二〇〇八年三月九日付「朝日新聞」朝刊
(56) 二〇〇八年三月七日、時事通信配信
(57) 二〇〇八年三月九日、時事通信配信
(58) 二〇〇八年三月一二日付「朝日新聞」朝刊
(59) 二〇〇八年三月一二日付「朝日新聞」夕刊。ただ、総裁人事の否定は日銀法改正時から議論されていた。例えば、「たすき掛け人事」について問われた当時の三塚博大蔵大臣は国会でこう答えている。

「識見があり要望される人材ということに関して、出身をもって論ずるということは民主主義下でどうなんでしょうか。ノーというなら両院の任命の際にノーと言えばよろしいわけでございまして、やはり人材を求めるということは極めて重要なことだと申し上げさせていただきます」（一九九七年五月二一日、衆議院大蔵委員会議事録より）

「いやなら否決しろ」と言っているわけだが、実際にそういう事態になることは、当時もあまり想定されていなかった。
(60) 二〇二四年一月二五日付「日本経済新聞」朝刊、「私の履歴書」
(61) 二〇〇八年三月一九日付「朝日新聞」夕刊
(62) 前掲『中央銀行』
(63) 二〇〇八年三月七日付「朝日新聞」朝刊
(64) 二〇〇八年四月九日付「朝日新聞」朝刊
(65) 福田へのインタビュー、二〇二三年八月二八日
(66) 二〇〇八年四月九日付「朝日新聞」朝刊
(67) 福田へのインタビュー、二〇二三年八月二八日
(68) 参議院事務局編「立法と調査」二〇一三年七月
(69) 預金保険法二六条によれば、理事長や理事は「両議院の同意を得て、内閣総理大臣が任命する」となっている。

第三章　政治任命化の完成

(1) 塩田潮編著『金利を動かす男たち』（かんき出版、一九九二年）より。
(2) 前掲『日本銀行の深層』
(3) 前掲『金利を動かす男たち』より。
(4) 日銀出身のエコノミスト、早川英男はリフレ派を以下の「三つの命題のすべてを基本的に受け容れる人た

ち」と定義する。

【命題1】 過去二〇年あまりにわたる日本経済の長期低迷は、基本的に需要不足によるものであり、需要不足をもたらした主因はデフレにある。

【命題2】 ゼロ金利の下でも中央銀行が使える有効な金融政策手段は十分にあり、ゼロ金利制約はあまり深刻な問題ではない。

【命題3】 財政政策に関しては、次のようなポジションを採る。

①財政政策、とくに財政支出の増加はマクロ経済に対して一般的には有効ではない、②にもかかわらず、なぜか消費税増税は景気に極めて大きなマイナスのインパクトを与える、③財政赤字の問題は、デフレ脱却の結果としての経済成長によって大部分解決できる。

早川はこの定義を定めると、インフレ目標政策を提唱してきたコロンビア大学の伊藤隆敏や消費税増税を実施するべしと論を張った日銀総裁の黒田はリフレ派ではないということになるが、同時に「リフレ的な政策が必要だと考える数多くの経済学者・エコノミスト」と「狭義のリフレ派」を区別する必要がある——と論じている(早川英男『金融政策の「誤解」』慶應義塾大学出版会、二〇一六年)。

(5) 『安倍晋三回顧録』中央公論新社、二〇二三年

(6) 二〇一三年二月一八日、参議院予算委員会議事録より。

(7) 岩村充『金融政策に未来はあるか』岩波新書、二〇一八年

(8) 二〇一三年四月一〇日付「朝日新聞」朝刊によれば、本田リストには七人の名前が書かれたという。

(9) 首相の動静はメディアが権力監視の観点からチェックしている。執務室周辺には立ち入れないので、記者団は官邸内の記者クラブ近くに設置されたモニターで人の出入りを確認している。

(10) 安倍は退陣後のインタビューで、森友学園への国有地売却問題について「私の足を掬うための財務省の策略」とまで言っている(前掲『安倍晋三回顧録』)。森友学園問題を詳しく知るには、朝日新聞取材班『権力の「背信」』(朝日新聞出版、二〇一八年)などが参考になる。

(11) 二〇二三年一一月一日付「日本経済新聞」朝刊、「私の履歴書」

(12) ADBの本部はフィリピンのマニラに所在する。

(13) 前掲『官僚たちのアベノミクス』参照。

(14) 財務省作成「衆・参議院運営委員会における内閣官房副長官発言要旨」

(15) この間の日銀、財務省、内閣府のやり取りについては前掲『官僚たちのアベノミクス』に詳しい。

(16) 決定会合の発言は、二〇一三年一月二二日、金融政策決定会合議事録より。

(17) 二〇一三年三月四日、衆議院議院運営委員会議事録より。

(18) 二〇一三年三月五日、衆議院議院運営委員会議事録より。

(19) 中曽はこの時のことを自著の中でこう記している。「質疑においては、二%の物価安定目標の達成時期が予想通り論点のひとつになった。この点について私は、「目標達成の具体的時期は世界経済など様々な要因にも左右されどうしても不確実性が伴うので、必ず二年で達成するとは申し上げられない」という立場で臨んだ。ただ、その上で「できるだけ早期に二%を実現する」という強い気持ちを持っていることは他の候補(黒田、岩田のこと)と全く同じである、という決意も併せて表明した。

一方で(中略)「政府による競争力と成長力の強化に向けた取り組みを前提にすれば、予想物価上昇率も二%に向けて上がっていく」というのが、共同声明策定当時の日銀の文面解釈だったと思われるが、この時点での日銀執行部は、「二%の物価安定目標は、自ら定めたものであり、政府の取り組みを条件とするものではない」との立場だった。自分もこの立場に沿った応答をした。このことから示唆されるのは、共同声明にある物価安定目標に向けた政府の取り組みとの関係について、当時の日銀内でも必ずしも統一的な理解が共有されていたわけではなかったことである」(中曽宏『最後の防衛線』日経BP社・日本経済新聞出版、二〇二二年)

(20) 二〇一三年三月三日、時事通信配信

(21) 参議院の採決の経緯については、二〇一三年三月六日、三月一二日、三月一五日、時事通信社配信、三月一五日「日本経済新聞」配信「黒田日銀総裁を国会承認」などを参照した。

(22) 二〇一三年三月四日、総裁に指名された黒田からの意見聴取、衆議院議院運営委員会議事録より。

(23) 二〇〇〇年八月一一日金融政策決定会合議事録より。

(24) 二月二三日には「朝日新聞」が「黒田氏軸に調整」と名前を出している。

(25) 内閣官房作成「日銀総裁・副総裁の事前報道に関する調査」より。

(26) 二〇二三年一一月二四日付「日本経済新聞」朝刊、「私の履歴書」

(27) 日銀のホームページではこう説明されている。「各金融政策決定会合の二営業日前(会合が二営業日以上にわたる場合には会合開始日の二営業日前)から会合終了当日の総裁記者会見終了時刻までの期間は、国会において発言する場合等を除き、金融政策及び金融経済情勢に関し、外部に対して発言しない」

(28) 木内へのインタビュー、二〇二三年七月六日

(29) 危機対応で票が割れたことはある。リーマン・ショック直後の二〇〇八年一〇月三一日の金融政策決定会合は、利下げの提案に対して、賛成四、反対四となり、可否同数のため議長である白川総裁が利下げを決した。ちなみにこのときは二〇〇八年三月の総裁人事の後遺症で、審議委員の一人欠員が続いていた。

(30) 前掲『ドキュメント 日銀漂流』には、このとき企画局がどのような推計方法(モデル)を使ったのか、内部文書をもとに詳述されている。

(31) 基本的には毎週火曜日と金曜日の二回開かれており、金融政策以外の諸案件が審議されている。

(32) 前掲『ドキュメント ゼロ金利』参照。

(33) 二〇一三年三月二一日、政策委員会・通常会合議事録より。

(34) 二〇一三年四月四日、金融政策決定会合議事録より。一人当たりの発言は相当量に上るため、各委員の発言は筆者の判断で要約してある。以降の発言も同様である。

(35) 二〇一三年七月二二日、佐藤審議委員記者会見要旨、日銀ホームページより。

(36) のちに木内は著書の中で、「一定期間であれば効果が副作用を上回るぎりぎりの規模感と判断して量的・質的金融緩和に賛成した」と述べている（木内登英『異次元緩和の真実』日本経済新聞出版社、二〇一七年）。

(37) 二〇一三年四月の金融政策決定会合で黒田緩和に賛成した審議委員のうち、森本、石田、佐藤、木内の四人が二〇一四年一〇月の追加緩和に反対票を投じている。ある審議委員はこの追加緩和について、「二年で二％などできるわけがなかった」と一三年四月の投票を悔やんだ。黒田緩和に賛成票を入れた審議委員たちは異次元緩和のスタートで総裁案をひっくり返すという行動にはでなかった。しかし、一年半後には黒田提案否決まであと一歩に迫った。もしこのとき、もう一人反対票を入れていたら、異次元緩和は継続できていたのか。またそういう日銀の意思表示に対して政治はどう反応したのか。興味深いところではある。

(38) 二〇一三年四月五日付「朝日新聞」朝刊は、「新たな量的緩和策の導入を全員一致で決めた」と報じ、同日付「読売新聞」朝刊は、「インフレ目標の達成時期を二年程度としたことに、木内登英審議委員だけが反対。その他の政策は全会一致で決まった」と伝えた。

(39) 経団連会長の指定席だった経済財政諮問会議から外すなど、安倍の米倉に対する態度は報復そのものだった。前掲『官僚たちのアベノミクス』など参照。

(40) 二〇一三年一月二二日、金融政策決定会合議事録

(41) 白井へのインタビュー、二〇二三年七月一一日

(42) 門間一夫『日本経済の見えない真実』日経BP、二〇二二年

(43) 宮尾龍蔵『非伝統的金融政策』有斐閣、二〇一六年

(44) 二〇一二年一二月一八日、朝日新聞デジタル配信

(45) 例えば、清水功哉『デフレ最終戦争』（日本経済新聞出版社、二〇一六年）。

(46) 須田へのインタビュー、二〇二三年五月六日

(47) 岩田規久男『日銀日記』筑摩書房、二〇一八年

(48) 原田泰『デフレと闘う』中央公論新社、二〇二一年

(49) 二〇一三年四月一九日付、日銀作成「宮尾審議委員記者会見要旨」

(50) 前掲『日銀日記』

(51) 前掲『中央銀行』

(52) 集団的自衛権の憲法解釈を変えない法制局長官にしびれを切らした安倍は、二〇一三年八月、山本庸幸（つねゆき）を更迭して外務省出身の小松一郎をそのポストに据えた。法

制局長官は「法の番人」と言われ、歴代政権の憲法解釈を支えてきた。内閣が変わっても、政権交代が起こっても、一貫した解釈を維持して国の礎となる憲法の姿を不変のものとしてきた。長官は官僚たちが順送りで座ってきたため批判もあったが、それでも政治による介入はなかった。しかし、安倍は腕力でその風景を一変させた。毎日新聞特別編集委員の山田孝男によれば、内閣法制局長官の人事は最高裁長官の進退にまで影響を与えたという説があると指摘している（「安倍政権と司法の攻防史」、二〇二三年一二月一八日付「毎日新聞」朝刊）。さらに二〇二三年一一月七日付「朝日新聞」朝刊によれば、一七年に安倍政権は弁護士出身の判事の数を事実上削減するような人事を行った。政権が「弁護士は国に反対する抵抗勢力と考えて、介入を強めたのではないか」とみられていたのだという。

このような状況に対して憲法学者の駒村圭吾は「内閣法制局をはじめとして、日銀あるいは日本放送協会もそうかもしれませんが、（中略）全体状況から見ると立憲的なものが浸食されている」と述べ、「立憲論的観点」から政権を批判している（前掲「座談会・中央銀行論」）。

（53）野党やメディアからは「人事権の濫用」という批判も数多く寄せられたが、政治学者の中北浩爾は、安倍政権が人事を通じて各省庁をコントロールした象徴として内閣人事局を認識することに懐疑的だ。内閣人事局の設置は第二次安倍政権の発案ではなく、首相官邸が各省庁の官僚を更迭したのも初めてのことではないとして、「第二次安倍政権が人事を通じて各省庁の官僚を統制したことは、長年にわたる政治・行政改革の文脈のなかで理解されなければならない」と書いている（中北「官邸主導　強力で安定したリーダーシップの条件」『検証　安倍政権』文春新書、二〇二二年所収）。

（54）二〇二二年五月九日、大分市内の会合で安倍は「（政府の）一〇〇〇兆円の借金の半分は日銀に（国債を）買ってもらっている」「日銀は政府の子会社なので六〇年で（返済の）満期が来たら、返さないで借り換えて構わない。心配する必要はない」と語った（二〇二二年五月九日、時事通信配信）。

第四章　リフレ派独占計画

（1）この主張に対しては、「マネタリーベースと為替の安定した関係があるわけではない」という反論がある。例えば、前掲『金融政策の「誤解」』など。

（2）原田へのインタビュー、二〇二三年一二月一二日。前掲『デフレと闘う』

（3）以上は、一九九六年七月企画局作成、「日銀法改正の論点検討（第三回、四回、金融政策）」、「同（第五回：金融政策（二）政策委員会の任務と権限））」、「日本銀行法改正の論点検討（中間報告―I）」に基づく。議論の様子は関係者への取材をもとに再構成した。

（4）一九九六年一〇月三日、第七回中央銀行研究会議事録より。

（5）一九九六年九月一八日、第六回中央銀行研究会議事録より。
（6）同右
（7）一九九六年一〇月三日、第七回中央銀行研究会議事録より。
（8）旧日銀定款第三章二四条
（9）一九九七年一月二一日、金融制度調査会総会に提出された大蔵省作成「日銀法改正小委員会におけるこれまでの議論の概要」より。
（10）日本銀行ホームページ、「櫻井審議委員就任記者会見要旨」より。
（11）二〇一五年四月二三日、ロイター通信配信「円高逆戻り招く日銀緩和「出口論」」
（12）前掲『ドキュメント 強権の経済政策』など参照。
（13）このメガバンクの頭取経験者への取材は、二〇一六年二月に行なった。
（14）前掲『日銀日記』は、黒田の消費税引き上げを促す発言を、日銀総裁としての矩を超えたとか、安倍首相に対する「脅し」だなどと強い調子で批判している。
（15）日銀は、二〇〇〇年八月のゼロ金利解除の時、万一提案が否決された場合、総裁は辞任するべきかを検討したことがある。それほど議長提案の否決は重い結果と位置付けられていた。
（16）原田へのインタビュー、二〇二三年一二月一二日
（17）前掲『中央銀行』
（18）須田美矢子『リスクとの闘い』（日本経済新聞出版社、二〇一四年）。日銀の副総裁だった武藤敏郎は、経済学者の研究などを引用しながら講演でこう語っている。

「知識の蓄積、考え方の多様性、チェック・アンド・バランスなどを理由に、委員会制度は個人による意思決定に比べより良い決定をもたらしうる仕組みである。ただし（中略）政策決定の適正性が機械的に保証されているわけではない」「委員会制度の採用が中央銀行の独立性維持の必要十分条件かというと必ずしもそうではありません。むしろ政府との関係の具体的なあり方がより重要です」（二〇〇七年五月一二日、日本金融学会における講演「中央銀行の政策決定と委員会制度」）
（19）木内登英『金融政策の全論点』東洋経済新報社、二〇一八年
（20）白川前掲書
（21）最終的に、元三井住友フィナンシャルグループ専務の田村直樹が任命された。
（22）この段階でリフレ派とみられていたのは、黒田を除いても副総裁の若田部昌澄、審議委員の安達誠司、野口旭、片岡剛士の四人だった。
（23）二〇一三年九月七日、「日本経済新聞」電子版
（24）前掲『日銀日記』
（25）一九九七年には不良債権問題はピークを迎え、山一証券や北海道拓殖銀行が経営破綻。取り付け騒ぎも拡大し、あわや「平成恐慌」に至る一歩手前で何とか食い止めた。
（26）日銀法改正案を大蔵省銀行局が作成したのは当時、

監督官庁だったからだ。銀行局や証券局が大蔵省から分離され金融庁に統合されたことに伴い、現在の日銀所管部署は財務省理財局になっている。

(27) 詳しくは前掲『官僚たちのアベノミクス』参照。

(28) 二〇一四年九月八日、時事通信配信

(29) 二人の会話は当局者が作成した会談録をもとにしている。首相と総裁が話し合う場には、秘書官も含めて誰も入らない。側近は二人だけの話の中身を総裁にヒアリングし、メモを作成し、関係者に回す。

(30) 九月一一日、当局作成の「黒田総裁ぶら下がり会見の概要」より。

(31) 黒田はこの後、二〇一四年一〇月三一日に追加緩和の実施を決める。「消費税再引き上げの支援」などと言われた。しかし、安倍は最終的に一一月、消費税再引き上げの延期を決める。このあたりの経緯については、前掲『ドキュメント 強権の経済政策』、同『ドキュメント 異次元緩和』などに詳しい。

(32) ポリティカル・アポインティが主流の米国では、大統領に任命された高官たちによる権力闘争が常だ。

(33) このとき、麻生は黒田以外に金融庁長官の森信親の名前を出している。前掲『ドキュメント 日銀漂流』など。

(34) その後、麻生は黒田と極秘に会食し再任の意思確認をしているという。

(35) 前掲『日銀日記』。またこの間の顛末は前掲『ドキュメント 強権の経済政策』に詳しい。

(36) 安倍が強く関与を否定したことに合わせるため財務省が公文書の改竄を行ったことが発覚するのは、二〇一八年三月二日の「朝日新聞」のスクープによってだ。

(37) 佐川の答弁について二〇一八年三月二六日の参議院予算委員会で、佐川の後任の理財局長が「事実に反していた」と認め陳謝している。政府が自らの答弁を虚偽であったと認めるのはきわめて異例のことだ。

(38) 安倍は回想録の中で、森友などを陰謀史観的に解説しているが、財務省のこのような態度を感じていたのかもしれない。

(39) 黒田の留任に合わせて、「二%達成の目標年次廃止」などいくつか異次元緩和の微修正がほどこされた。詳しくは、前掲『ドキュメント 強権の経済政策』、同『ドキュメント 異次元緩和』など参照。

第五章 そして、新総裁は選ばれた

(1) 木原については、『週刊文春』が「夫人の犯罪をもみ消した」と報じた。木原は「事実無根」と反論しているが、最終的に二〇二三年九月の内閣改造に合わせて官房副長官を退いた。

(2) 自民党「財政健全化推進本部報告」(政審了承版、総理手交版への修正点)

(3) 二〇二三年二月八日、衆議院予算委員会

(4) 前掲『官僚たちのアベノミクス』、同『ドキュメント 日銀漂流』など参照。

(5) 個別の金融機関の支払不能等や特定の市場または決済システム等の機能不全が、他の金融機関、他の市場、または金融システム全体に波及するリスクのことを言う(日銀ホームページ「教えて！にちぎん」より引用)。

(6) 白川は『週刊東洋経済』の二〇二三年一月二一日号にも「政府・日銀「共同声明」一〇年後の総括」という小論を発表している。この中で「異論を許さないような「時代の空気」が社会を支配することが時として起こる。(中略)一三年初めに頂点に達したデフレ論争の嵐はその最たるものだった」と述べた。

(7) 二〇二〇年八月二九日、「ダイヤモンド・オンライン」

(8) 二〇二四年一月、自民党の裏金疑惑をめぐって岸田は自らの派閥、宏池会の解散を決めた。安倍派なども同様の決断をし、これにより派閥依存型の政権運営は大きく姿を変えざるを得なくなった。もしこの疑惑がもっとずっと早く表面化していたら、日銀総裁人事にも影響を与えていた可能性がある。

(9) 官邸も山口には魅力を感じながら、政治の状況を考えれば党内を説得できないとして、結局有力な候補にはしなかった。関係者によれば、岸田も山口とは面会していないという。

(10) 時事通信配信、「首相動静」

(11) 西野によれば、雨宮は五月の連休明けに植田を訪ねて総裁就任を要請しているという。前掲『ドキュメント異次元緩和』

(12) 二〇二三年二月八日、衆議院予算委員会での答弁。国会議事録より。

(13) このような鼻につくエリート意識を日本の中央銀行で感じることは少なくない。「お公家さん集団」と蔑称されたゆえんだろう。

(14) 二〇二二年一〇月七日付「朝日新聞」朝刊

(15) 木原へのインタビュー、二〇二二年八月三〇日

(16) 植田和男『ゼロ金利との闘い』日経BP、二〇〇五年

(17) 実際、植田の国際デビューになったECBのポルトガルの会議で、FRBのパウエルやECBのラガルドらとのパネルディスカッションに臨んだ植田は、英語でジョークをとばし参加者たちを何度も爆笑させた。この映像を見た岸田官邸の幹部は「やっぱりこの人の英語はすごい」と舌を巻いていた。

(18) 二〇二三年一月二一日、日本銀行発表、「営業毎旬報告」。日銀の資産や負債などの数字が一覧表に記載されている。これを見れば一目で日銀の資産状況が分かる。

(19) 須田へのインタビュー、二〇二三年五月六日

(20) 最初に報じたのはその直前に「雨宮氏に打診」と報じた「日本経済新聞」だった。

エピローグ

(1) 二〇二三年三月一七日付、行内サイトに掲載された「BOJ役員室から皆さんへ」より。

（2）二〇〇六年九月一九日付、行内サイトに掲載された「BOJ業務最前線」より。
（3）山口廣秀のインタビュー（二〇二四年三月二九日付「朝日新聞」朝刊）、吉川洋のインタビュー（『週刊東洋経済』同年四月六日号）など。
（4）山本へのインタビュー、二〇二二年八月一八日。また最近では、マクロ経済政策の中で金融政策の位置づけが変化していることや、日銀に求められる役割が「インフレとの闘い」から「デフレ脱却」に移行したことと合わせ、独立性の議論も別のフェイズに移るべきだという意見もある。例えば、経済学者の飯田泰之は「現代の先進国において、財政政策と金融政策の垣根は徐々に低いものとなっている。そして、重要な政策目標を達成するためには、今日「財政政策」と呼ばれている政策、今日「金融政策」と呼ばれている諸政策は、高い連携性をもって運用されなければならない。かつて金科玉条のように主張された「金融政策の独立性」は、より限定的な、政策の細部に関する独立性に限定されるべきである」と主張している（飯田『財政・金融政策の転換点』中公新書、二〇二三年）。
（5）須田へのインタビュー、二〇二三年五月六日
（6）稲葉へのインタビュー、二〇二一年九月二一日
（7）以上は、二〇一九年三月二五日のブルームバーグ通信、同年四月二三日のロイター通信、同年五月三日の「日本経済新聞」の配信記事を参考にした。
（8）熊倉正修『日本のマクロ経済政策』岩波新書、二〇一九年
（9）高橋亘、二〇一八年五月二六日、日本金融学会春季全国大会における「中央銀行パネル」における報告より。
（10）浜田宏一『二一世紀の経済政策』（講談社、二〇二一年）。同じようなことは米国でも起こっている。米連邦準備制度理事会（FRB）の議長だったポール・ボルカーの前掲書『ボルカー回顧録』によると、一九八四年の夏、ホワイトハウスに呼び出され、ボルカーはレーガン大統領と首席補佐官のジム・ベーカーから「選挙の前は利上げしないように」と命じられた。レーガンはこの年の秋に再選を目指す大統領選挙を控えていた。

主な引用・参考文献

（五十音順）

朝日新聞取材班『権力の「背信」』朝日新聞出版、二〇一八年
朝日新聞政治部『鵺の政権』朝日新書、二〇二三年
アジア・パシフィック・イニシアティブ『検証　安倍政権』文春新書、二〇二二年
安倍晋三『新しい国へ』文春新書、二〇一三年、
――――『安倍晋三回顧録』中央公論新社、二〇二三年
飯田泰之『財政・金融政策の転換点』中公新書、二〇二三年
伊東光晴『アベノミクス批判』岩波書店、二〇一四年
岩田一政『デフレとの闘い』日本経済新聞出版社、二〇一〇年
岩田規久男『日銀日記』筑摩書房、二〇一八年
岩村充『金融政策に未来はあるか』岩波新書、二〇一八年
ウィリアム・シルバー『伝説のFRB議長ボルカー』倉田幸信訳、ダイヤモンド社、二〇一四年
植田和男『ゼロ金利との闘い』日経BP、二〇〇五年
江田憲司『誰のせいで改革を失うのか』新潮社、一九九九年
兼原信克・佐々木豊成・曽我豪・高見澤將林『官邸官僚が本音で語る権力の使い方』新潮新書、二〇二三年
唐鎌大輔『ECB』東洋経済新報社、二〇一七年
軽部謙介『ドキュメント　ゼロ金利』岩波書店、二〇〇四年
――――『検証　バブル失政』岩波書店、二〇一五年
――――『官僚たちのアベノミクス』岩波新書、二〇一八年
――――『ドキュメント　強権の経済政策』岩波新書、二〇二〇年
――――『アフター・アベノミクス』岩波新書、二〇二二年

――――「日銀法改正と戦後」(『「戦後日本」とは何だったのか』ミネルヴァ書房、二〇二四年所収)
河村小百合『日本銀行　虚像と実像』日経BP・日本経済新聞出版、二〇二三年
――――『日本銀行　我が国に迫る危機』講談社現代新書、二〇二三年
木内登英『異次元緩和の真実』日本経済新聞出版社、二〇一七年
――――『金融政策の全論点』東洋経済新報社、二〇一八年
岸田文雄『岸田ビジョン』講談社＋α新書、二〇二一年
鯨岡仁『日銀と政治』朝日新聞出版、二〇一七年
熊倉正修『日本のマクロ経済政策』岩波新書、二〇一九年
小池洋次『アメリカの政治任用制度』東洋経済新報社、二〇二二年
河野龍太郎『成長の臨界』慶應義塾大学出版会、二〇二二年
後藤謙次『ドキュメント　平成政治史4』岩波書店、二〇二三年
――――『ドキュメント　平成政治史5』岩波書店、二〇二四年
齋藤淳『進化する欧州中央銀行』日本経済評論社、二〇〇六年
佐藤幸治「政治家の志とそれを支えるもの」(『61人が書き残す　政治家　橋本龍太郎』文藝春秋社、二〇一二年所収)
――――『日本国憲法論』第二版、成文堂、二〇二〇年
塩田潮編著『金利を動かす男たち』かんき出版、一九九二年
塩野宏監修『日本銀行の法的性格』弘文堂、二〇〇一年
島村高嘉『戦後歴代日銀総裁とその時代』東洋経済新報社、二〇一四年
清水功哉『日銀はこうして金融政策を決めている』日本経済新聞社、二〇〇四年
――――『デフレ最終戦争』日本経済新聞出版社、二〇一六年
――――『植田日銀　こう動く・こう変わる』日経BP・日本経済新聞出版、二〇二三年
清水真人『財務省と政治』中公新書、二〇一五年
白井さゆり『超金融緩和からの脱却』日本経済新聞出版社、二〇一六年
白川方明『現代の金融政策』日本経済新聞出版社、二〇〇八年
――――『中央銀行』東洋経済新報社、二〇一八年
須田美矢子『リスクとの闘い』日本経済新聞出版社、二〇一四年

髙橋亘・斉藤美彦『危機対応と出口への模索』晃洋書房、二〇二〇年
竹中平蔵『構造改革の真実』日本経済新聞社、二〇〇六年
――『「改革」はどこへ行った?』東洋経済新報社、二〇〇九年
田中隆之『アメリカ連邦準備制度(FRS)の金融政策』金融財政事情研究会、二〇一四年
――『金融政策の大転換』慶應義塾大学出版会、二〇二三年
田邉昌徳『令和金融論講座』武蔵野大学出版会、二〇一九年
――『ガバナンス貨幣論』岩波書店、二〇二三年
中尾武彦『アジア経済はどう変わったか』中央公論新社、二〇二〇年
中北浩爾『自公政権とは何か』ちくま新書、二〇一九年
中曽宏『最後の防衛線』日経BP・日本経済新聞出版、二〇二二年
中原伸之『デフレ下の日本経済と金融政策』東洋経済新報社、二〇〇二年
西野智彦『平成金融史』中公新書、二〇一九年
――『ドキュメント　日銀漂流』岩波書店、二〇二〇年
――『ドキュメント　通貨失政』岩波書店、二〇二二年
――『ドキュメント　異次元緩和』岩波新書、二〇二三年
野口悠紀雄『プア・ジャパン』朝日新書、二〇二三年
浜田宏一『二一世紀の経済政策』講談社、二〇二一年
早川英男『金融政策の「誤解」』慶応義塾大学出版会、二〇一六年
速水優『強い円　強い経済』東洋経済新報社、二〇〇五年
原田泰『デフレと闘う』中央公論新社、二〇二一年
藤原作弥『わが放浪』時事通信社、二〇〇一年
ボブ・ウッドワード『大統領執務室』山岡洋一・仁平和夫訳、文藝春秋社、一九九四年
ポール・ボルカー『ボルカー回顧録』村井浩紀訳、日本経済新聞出版社、二〇一九年
真渕勝『大蔵省はなぜ追いつめられたのか』中公新書、一九九七年
三重野康『利を見て義を思う』中央公論新社、一九九九年
宮尾龍蔵『非伝統的金融政策』有斐閣、二〇一六年

門間一夫『日本経済の見えない真実』日経BP、二〇二二年
山脇岳志『日本銀行の真実』ダイヤモンド社、一九九八年
――『日本銀行の深層』講談社文庫、二〇〇二年
山家悠紀夫『日本経済三〇年史』岩波新書、二〇一九年
吉野俊彦『歴代日本銀行総裁論』講談社学術文庫、二〇一四年
日本銀行百年史編纂委員会編『日本銀行百年史第五巻』
大蔵省財政史室編『昭和財政史(昭和二七〜四八年度)第一〇巻・金融(二)』

あとがき

ようやく「あとがき」にたどり着いた。

今回はいつも以上に、長い道のりだったような気がする。問題意識が芽生えてから一〇年以上。ぼんやりした違和感が、明確な取材の対象として輪郭を表すまでに時間がかかってしまった。まずは、報告が遅くなったことをお詫びしなければならないだろう。

人事取材は難しい。政策的な話には応じていただける当局者の方が、苦しそうな顔をして「これは語りにくい」と苦悶していた。「墓場までもっていく」という文化が根付いてしまった日本で、人事決定に関与した人々の口はとりわけ重くなるようだ。性格上、文書として記録が残るわけでもない。

ただ、こちらもプロだ。簡単に引き下がるわけにもいかない。「人物相関図」的な色彩を消すことに留意するとともに、「政権による人事権の濫用」という単純な位置づけを避けつつ取材・執筆を続けた。日銀総裁や審議委員の政治任命は一種の「構造問題」であるし、民主主義国家における「中央銀行の独立性」という重要テーマにも直結すると思っているからだ。

ファクト・ファインディングの土俵で書きたいことは書いた。評価は読者の皆さんに任せようと思う。

今回も、いろいろな方にお世話になった。

まず、取材に応じていただいた多くの当局者の方々に御礼を申し上げたい。特にオンレコでお話を聞かせてくださった政治家や官僚、日銀関係者の方々に深甚の謝意を表したい。

取材ノートはどんどん膨らんでいったが、もともと「聡明」などという言葉とは縁遠いため、何度も同じことをしつこく聞いて不快な思いにさせた方もいたようだ。この場を借りてお詫びしたい。また、取材に応じてくださった何人かが、この報告完成前に逝去された。謹んでご冥福をお祈りしたい。

今回もゲラ段階での原稿に貴重なコメントを寄せていただいた髙橋亘氏に深く感謝したい。忙しい時間を削りながらのご協力にはお礼の言葉もない。

ある時はよきライバルであり、ある時は貴重な意見交換の相手にもなってくれる畏友、西野智彦氏。柔和な微笑みに乗せてアドバイスを届けてくれたと思ったら、次の瞬間は厳しいデスクとなり正鵠を得た指摘を繰り出してくる岩波書店の上田麻里さん。このお二人には特にお世話になった。改めて謝意を伝えたい。

原稿の最初の読者となってくれる妻、久美子と、異国の地で奮闘を続ける息子一家にはいつも励まされている。凡記者を暖かく支えてくれる家族にこの報告をささげたいと思う。

二〇二四年初夏、武蔵野の一隅にて

軽部謙介

軽部謙介
ジャーナリスト，帝京大学経済学部教授.
1955年東京都生まれ．1979年早稲田大学卒業後，時事通信社入社．社会部，経済部，ワシントン特派員，経済部次長，ワシントン支局長，ニューヨーク総局長，編集局次長，解説委員長等を経て，2020年4月より現職.
著書――『クリントン流対日戦略の黒衣たち』(フリープレス)
『日米コメ交渉』(中公新書，農業ジャーナリスト賞受賞)
『検証 経済失政』(共著，2018年：簡体字中国語版)『ドキュメント 機密公電』『ドキュメント ゼロ金利』『ドキュメント 沖縄経済処分』『検証 バブル失政』(以上，岩波書店)，『ドキュメント アメリカの金権政治』『官僚たちのアベノミクス』『ドキュメント 強権の経済政策』『アフター・アベノミクス』(以上，岩波新書)

人事と権力――日銀総裁ポストと中央銀行の独立

2024年7月26日　第1刷発行

著　者　軽部謙介（かるべけんすけ）

発行者　坂本政謙

発行所　株式会社 岩波書店
〒101-8002 東京都千代田区一ツ橋 2-5-5
電話案内 03-5210-4000
https://www.iwanami.co.jp/

印刷・理想社　カバー・半七印刷　製本・牧製本

ISBN 978-4-00-061648-5　　Printed in Japan

官僚たちのアベノミクス
—異形の経済政策はいかに作られたか—
軽部謙介
岩波新書
定価九四六円

ドキュメント 強権の経済政策
—官僚たちのアベノミクス2—
軽部謙介
岩波新書
定価九四六円

アフター・アベノミクス
—異形の経済政策はいかに変質したのか—
軽部謙介
岩波新書
定価九六八円

ドキュメント 日銀漂流
—試練と苦悩の四半世紀—
西野智彦
四六判三五八頁
定価二七五〇円

ドキュメント 異次元緩和
—10年間の全記録—
西野智彦
岩波新書
定価一〇五六円

〈シリーズ 現代経済の展望〉
経済の大転換と日本銀行
翁邦雄
四六判二二二頁
定価二五三〇円

岩波書店刊

定価は消費税10%込です
2024年7月現在